일과
사랑의
기술

일과 사랑의 기술
일하는 커플이 성공하는 법

초판 1쇄 펴낸날 2020년 4월 10일

지은이 제니퍼 페트리 글리에리
옮긴이 곽성혜
펴낸이 조영혜
펴낸곳 동녘라이프

전무 정낙윤
주간 곽종구
편집 구형민 정경윤 박소연
마케팅 권지원

등록 제311-2003-14호 1997년 1월 29일
주소 (10881) 경기도 파주시 회동길 77-26
전화 영업 031-955-3000 편집 031-955-3005 **전송** 031-955-3009
블로그 www.dongnyok.com **전자우편** editor@dongnyok.com
인쇄·제본 새한문화사 **종이** 한서지업사

ISBN 978-89-90514-75-2 (03330)

• 잘못 만들어진 책은 바꿔드립니다.
• 책값은 뒤표지에 쓰여 있습니다.
• 이 도서의 국립중앙도서관 출판시도서목록(CIP)은 e-CIP홈페이지(http://www.nl.go.kr/ecip)와
 국가자료공동목록시스템(http://www.nl.go.kr/kolisnet)에서 이용하실 수 있습니다.
 (CIP제어번호: CIP2020007522)

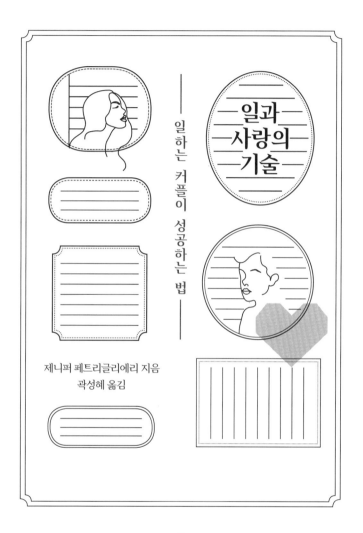

일 하 는 커 플 이 성 공 하 는 법

일과
사랑의
기술

제니퍼 페트리글리에리 지음
곽성혜 옮김

동녘라이프

일과
사랑의
기술

•

c o n t e n t s

01

일하는 커플은
혼란의 세 고개를 넘는다

갓 태어난 아기를 병실 침대 옆에 뉘었을 때 셰릴은 그렇게 행복할 수가 없었다. 근무하던 금융회사에서 석 달 동안 무급휴가를 쓰기 위해 저축도 제법 해두었다. 이제 셰릴은 아기 애너벨의 엄마가 되는 법을 배우며 긴긴 나날을 보내는 꿈에 푹 빠져 있었다. 이 육아휴직은 그녀에게 의미가 컸다. 어린 시절 내내 자주 돈 걱정에 시달려야 했던 그녀는 어른이 되고 나서부터 자기 아이만큼은 그런 걱정을 하지 않아도 되게 하겠다는 일념으로 열심히 일했다. 꿈은 현실이 되어 갔고, 셰릴은 그 사실이 자랑스러웠다. 조금 불안한 마음도 없지는 않았다. 남편 마크와 함께 예산을 바짝 끌어모아 더 큰 아파트를 샀기 때문이었다. 그래도 석 달 육아휴직을 보내는 동안 마크의 급여를 생활비에 보탤 수 있어서 다행이었다.

달콤한 몽상에 빠져 있던 셰릴이 문득 정신이 든 것은 마크가 환하게 빛나는 얼굴로 병실에 뛰어 들어왔을 때였다. 그의 손에는 두 사람이 병원으로 황급히 오느라 깜박했던 아기 옷가방이 들려 있다. 지난 2년 동안 마크는 하기 싫은 회사 생활을 억지로 견디며 스타트업 업계로 옮기려고 정신 나간 듯이 연줄을 대고 다녔다. 이직은 끝내 뜻대로 되지 않았지만 그래도 애너벨이 태어난 것이 그의 기분을 나아지게 해준 것은 분명했다.

마크는 셰릴에게 입을 맞추고 애너벨을 안아 올린 뒤, 하품하는 아기의 두 눈을 가만히 들여다보면서 말했다. "내가 당신 눈을 꼭 빼닮았을 거라고 했잖아." 그러고는 불쑥 덧붙였다. "그거 알아?" 흥분을 감추기 어려운 얼굴이었다. "무슨 일인데?" 셰릴이 기대감을 드러내며 물었다.

"방금 세바스찬한테서 전화를 받았어. 자기 스타트업에 1차 펀딩을 따냈다면서 나더러 같이 일하면 좋겠대!"

순간 셰릴의 얼굴에서 핏기가 가셨다. 정확히 마크가 꿈꾸던 일이기는 했지만 신생 스타트업에 합류한다는 것은 그의 급여가 곤두박질친다는, 어쩌면 전혀 없을지도 모른다는 뜻이었다. 모아놓은 돈은 얼마 안 되는 데다 새 아파트 융자금까지 갚으려면 셰릴은 겨우 2~3주 뒤에 직장으로 복귀해야 할 터였다. 지지해주려 애쓰면서 그녀가 말했다. "정말 잘됐다! 언제 옮길지는 나 퇴원한 다음에 얘기해 보자."

"미안하지만 그렇게는 안 돼, 자기야. 세바스찬이 일을 빠르게 추진하고 있어서 지금 바로 옮겨야 돼." 마크가 셰릴의 손을 꼭 쥐면서 대답했다. "회사는 벌써 사표 냈어. 새 직장은 월요일부터 출근이야!"

* * *

셰릴과 마크는 실제 인물이고, 나는 이름만 바꿔 썼다. 두 사람은 내가 이 책의 자료를 수집하면서 이야기 나눴던 많은 커플 중 한 쌍이다. 이들의 사연은(2장에서 계속될 테지만) 내가 수집한 이야기들의 한 가지 공통된 주제를 잘 드러낸다. 맞벌이 커플에게는 공들여 세운 계획이 예기치 못한 사건 앞에서 엎어지거나, 인생에서 가장 행복한 순간이 느닷없는 변화와 시련 속으로 휘말려 드는 일이 빈번하게 일어난다는 사실이다. 때로 최고의 기회가 가장 혹독하고 가장 적나라한 폭로가 되고, 개인적으로 가장 의미 있는 결정이 직업상 가장 중요한 기회와 겹치기도 한다.

일하는 커플의 세 번의 전환기

맞벌이 커플들이 겪는 어려움은 잘 알려져 있는 데 반해, 그 어려움에 대처하는 법을 제시해주는 유의미한 안내는 놀라울 정도로 부족하다. 경력에 관한 조언들은 대부분 개인들에게만 초점을 맞춘 채 인생의 주요 진로 결정 문제를 다룬다. 마치 우리가 혼자 날고 있기라도 한 것처럼 말이다. 배우자도 없이, 아이들도 없이, 형제자매나 친구도 없이, 또는 신경 써야할 노부모도 없이.

더욱이 커플들을 위한 조언은 대개 커플의 사적인 관계에만 집중할 뿐 그 관계가 서로의 직업적 꿈과 얽히는 방식에 대해서는 말하지 않는다. 그러면서도 한편으로는 커플들에게 이래야 한다, 저래야 한다는 식의 막연한 처방들을 귀가 따갑도록 늘어놓는다. "집안일은 똑같이 분담해야 한다", "삶과 일 사이에서 균형을 잡아야 한다", "서로를 위해 시간을 내야 한다"…. 그러나 이런 말들은 커플들이 일과 사랑에 관해 품고 있는 가장 깊은 욕구를 충족하는 데 도움이 되기는커녕 그 욕구를 좀 더 명확하게 이해하는 데도 아무런 쓸모가 없다. 심지어 일부 조언들은 일과 사랑에서 모두 충족감을 얻으려고 노력하는 이들을 대책 없이 순진한 부류로 치부하기까지 한다.

나는 요즘 떠도는 대다수 조언이 커플들에게 별 도움이 되지 못한다고 확신한다. 표면적인 수위에서 실용적인 문제들만 겨냥할 뿐 그런 문제들을 양산하는 근본 원인을 다루지 않기 때문이다. 이런 조언은 커플들에게 두 사람의 커리어에 우선순위를 매기는 법이나 가사를 분담하는 법, 건강한 관계를 유지하는 법에 관해 충고하지만, 애초에 우리가 왜 그런 문제들로 어려움을 겪게 됐는지는 탐색하지 않는다.

내가 인터뷰했던 커플들은 상당수가 서로의 일정을 조율하고, 가사노동을 분담하고, 두 사람의 커리어 사이에 균형을 유지하는 자신들만의 복잡한 방법들을 이미 고안해두고 있었다. 하지만 더 깊은 심리적·사회적 동력에 관해, 다시 말해 권력과 주도권을 둘러싼 싸움이나 공동의 삶에서 상대가 맡아주기를 바라는 역할들, 각자의 희망과 두려움에 관해 대화하는 커플은 거의 없었다. 또한 커플이 바라보는 좋은 관계란 무엇이고, 좋은 커리어란 무엇인가에 관한 공동의 관점은 두 사람에게 막대한 영향을 미치는 데도 불구하고 이 근원적인 정의에 대해서도 좀처럼 이야기하지 않았다.

같이 이야기를 하지 않더라도 이 뿌리 깊은 심리적·사회적 동력들은 커플이 관계 맺는 방식과 그들이 내리는 중요한 결정들에 영향을 미친다. 사람들의 행동과 관계 형태도 쥐고 흔든다. 때로는, 이를테면 이 책이 다루는 전환기들이 진행되는 동안에는 이 동력들이 너무나 압도적이고 피할 길 없는 어떤 것처럼 느껴질 수 있다. 그러나 또 때로는 그저 커플들을 싣고 흘러가는 잔잔한 흐름일 따름이다. 사람들은 이 동력들 중 일부는 분명하게 인식할 수 있지만, 일부는 막연하게만 알거나 심지어 전혀 감지하지 못하기도 한다. 이 연구를 진행하면서 나는 커플들이 이 근원적인 동력들을 다루지 않으면 이 동력들이 커플들을 훼방하고 갈등의 길로 굴러 떨어지게 할 수 있음을 알게 되었다. 반면 커플들이 이 동력들을 잘 이해하고 풀어나간다면 오히려 커플의 현실적인 문제들을 완화해주고 더욱 번영해나가도록 도울 것이다.

가사 분담을 넘어서

이 책을 쓰는 목적은 맞벌이 커플이 직면하는 어려움들의 현실적 측면을 넘어서서 그 이면의 심리적·사회적 동력들을 더욱 명확하게 밝히는 데 있다. 또한 나는 이 동력들에 관해 커플이 같이 고민하고 이야기하는 것이 어떻게 두 파트너가 일과 사랑에서 더 성공적이고 만족스러운 길을 걸을 수 있게 도와주는지에 관해서도 보여줄 것이다.

5년 전부터 나는 맞벌이 커플들의 삶을 자세히 들여다보기 시작했다. 단순히 이 커플들이 언제, 그리고 왜 힘들어 하는지 알고 싶어서가 아니라, 언제, 그리고 왜 번영하는지도 알고 싶어서였다. 그리고 이 앎을 토대로, 삶을 스스로에게 좀 더 유리하게 만드는 법을 커플들에게 제시하는 더욱 섬세한 접근법을 개발하고 싶어서였다.

나는 이 연구를 단순한 질문 하나로 시작했다. **맞벌이 커플은 어떻게 사랑과 일에서 모두 성공할 수 있는가?** 처음에 조사를 시작하면서 나는 순진하게도 커플들이 관계 초기에는 힘들어 하다가 어느 시점에 이르면 사랑과 일을 병행하는 법을 터득해서 비교적 순탄하게 갈 거라고 추측했다. 그러나 연구가 깊어질수록 이 그림에는 안개가 더욱 짙게 드리웠다. 커플들은 경력 기간 내내 어려움을 겪었고, 이는 서로의 관계와 커리어를 조율할 방법에 관해 최소 한 번 이상 다시 논의해야 한다는 뜻이었다.

더 많은 커플들을 인터뷰하면서 비로소 안개가 걷히기 시작했다. 그들이 겪는 어려움들 사이에서 유사성을 찾아낸 것이다. 더구나 이 어려움들은 커플의 일생에 걸쳐 예측 가능한 패턴으로 나타나고 있었다. 나는 커플들이 맞벌이로 살아가는 동안 세 번의 전환기를 거친다는 사실을 발견했다. 각각의 전환기는 커플들에게 다른 도전들을 제기했고, 또 각각은 잘 극복되기만 하면 관계를 새롭고도 더 깊어지게 해주었다.

이 전환기들을 세밀하게 분석하고 나자, 맞벌이 커플들이 직면하는 어려움들을 새로운 방식으로 이해하는 데 도움이 되었다. 이 분석은 그러한 어려움들을 초래하는, 이를테면 인생의 사건들과 관습에 순응해야 한다는 압박, 역할 변화 등과 같은 심리적·사회적 동력들을 드러냈다. 또한 이 세밀한 분석을 통해 나는 이 동력들에 관해 커플이 같이 생각하고 이야기하는 것이 어떻게 두 사람을 사랑과 일에서 모두 번영하도록 도울 수 있으며, 후회와 불균형 속에서 차츰 멀어지고 마는 결말을 피하게 해줄 수 있는지에 대해서도 알게 되었다.

그 결과가 바로 이 책이다. 맞벌이 커플들의 '진짜' 삶에 대한 초상이자, 그 삶을 더 나아지게 해주는 안내서.

일하는 커플의 탄생

본론으로 들어가기 전에, 먼저 일하는 커플로 사는 것이 이제는 하나의 표준이라는 사실을 인정하는 것이 중요하다. 북아메리카와 유럽에서는 커플의 65퍼센트 이상이 두 파트너가 모두 일하는데, 이 수치는 매년 증가한다.[1] 심지어 맞벌이 비율이 더 낮은 일본과 같은 나라에서도 이 추세는 꾸준히 오름세다.[2]

이 추세의 명백한 이유 중 하나는 경제다. 오늘날처럼 값비싸고 불확실한 세계 속에서 두 명의 수입은 끝없이 증가하는 생활비를 감당하는 데 도움이 되고, 한 명이 직장을 잃을 경우에 재정적 안전망을 제공한다.

하지만 경제적인 이유는 그림의 일부에 지나지 않는다. 전 세계 곳곳에서 커플들은 점점 더 평등주의자들이 되어간다. 남성들도, 여성들도 갈수록 의미 있는 삶을 정의할 때 좋은 커리어를 갖는 **동시에** 가정에서도 적극적인 역할을 담당하는 삶을 꿈꾼다. 게다가 상대적으로 자주 언급되지는 않더라도, 두 파트너가 모두 일하고 가정에도 똑같이 헌신할 때 커플에게 유리한 점이 훨씬 많다는 증거도 계속 늘고 있다.

한 파트너가 수입이 안정적일 때 다른 한 사람은 좀 더 자유롭게 직업 재교육을 받거나 새로운 길을 탐색할 수 있고 이직도 감행해볼 만하다. 가령, 창업에 뛰어든다 해도 파트너의 급여가 생활비를 감당할 거라는 사실을 알면 부담이 훨씬 덜하다. 또한 연구 결과에 따르면 둘 다 일하는 커플들이 서로의 일을 훨씬 존중하며, 그래서 감정적으로도 더욱 친밀하게 느낀다.[3]

가정에서도 두 파트너가 모두 적극적으로 역할을 할 때 자녀에게도, 커플의 관계에도 좋은 영향을 미친다. 가령, 아이들은 부모 두 사람이 함께 놀고 같이 숙제를 돕고 가족이 다 함께 모여 식사를 하는 경우 사회성이 더 높고 학교 성적도 더 우수하다.[4] 커플은 둘 다 가사 노동에 활발히 기여할 때 갈등이 더 적고 관계에 더 만족하며 섹스도 더 많이 한다.[5] 그러나 무엇보다 놀라운 것은, 두 파트너가 수입이 엇

비슷하고 가사도 동등하게 분담하는 커플이 평균적인 커플보다 이혼할 확률이 무려 48퍼센트나 낮다는 사실이다.[6]

장점이 이렇듯 길게 이어져도 인생은 맞벌이 커플에게 그다지 꽃길이 아니다. 가족을 뒤에서 지원하는 문제가, 한 사람은 밥벌이를 하고 한 사람은 가정을 돌보는 홑벌이 커플에게는 한결 수월할 테지만, 이들 맞벌이에게는 지뢰밭이 되기도 한다. 내가 인터뷰했던 커플들 중에서도 끔찍했던 출장 이야기나, 커플이 똑같이 중요한 회의가 잡혀 있는 날 아이가 아팠던 일 등 처절한 경험담을 들려준 사람이 많았다. 생활 관리는 부모나 친척들과 멀리 떨어져 사는 커플들에게 한층 더 고역이다. 사회적 지원망이 더 협소한 상황에서 일부 커플은 개인적인 삶에다 가족들의 생활까지 온갖 복잡한 일상사를 자기들만의 힘으로 처리해야 하는 압박 아래 산다.

게다가 커리어는 커플이든 아니든 누구에게나 유동적이다. 평균적인 노동자들은 평생 열 번에서 열다섯 번 가량 직장을 옮긴다.[7] 회사들은 더 이상 평생 고용을 보장하지 않고, 사람들은 성장과 기회를 좇아 활발하게 움직인다. 커리어에 대한 선택의 폭이 넓어진다는 데는 긍정적인 면이 많지만, 그럼에도 그러한 결정을 내리는 데는 스트레스가 많이 따른다는 것, 특히 자신의 선택을 가족들의 선택과 조율해야 하는 경우에는 더더욱 그러하다는 것은 틀림없는 사실이다.

과거에 비해 직장에 대한 소속감은 덜 중시된다 해도 커리어 자체는 인생에 의미를 부여해주는 하나의 원천으로서 훨씬 더 중요해졌다. 과거 어느 때보다도 지금은 우리가 무슨 일을 하는가가 우리가 누구인가와, 그리고 우리가 우리를 어떻게 정의하는가와 복잡하게 연결돼 있다.[8] 정체성, 자존감, 삶의 의미까지 모두 커리어와 밀접하게 얽혀 있는 상황에서 우리가 일에서 성공을 거두려고 어마어마하게 투자하는 것은 전혀 이상한 일이 아니다. 한마디로, 우리는 죽어라고 일한다.

이러한 추세는 맞벌이 커플들에게 수많은 어려움과 딜레마, 그리고 질문을 안긴다. 우리가 둘 다 똑같이 중요한 커리어를 유지할 수 있을까, 아니면 누구 일이 더 중요하고 덜 중요한지 우선순위를 둬야 할까? 일을 희생하지 않고 어떻게 아이들과 가족의 의무까지 다 감당할 수 있을까? 모든 것은 하나를 얻으려면 하나를 내줘야 하는 맞교환인 걸까, 아니면 둘 다 얻는 해결책이 있을까? 그리고 무엇보다 근본적인 질문. 우리는 어떻게 사랑과 일에서 모두 성공할 수 있을 것인가?

이 질문들은 나에게 단순히 학문적인 관심거리에 불과한 것이 아니다. 이 질문들은 내가 지난 14년 동안 살면서 씨름해온 문제이기도 하다.

맞벌이 하며 일하는 커플 연구하기

2010년 3월 어느 날 새벽 세 시, 나는 커리어를 포기하기로 결정했다. 그때는 회사 생활을 접고 학계로 진로를 전환하는 중이었고, 서른세 살로서 같이 박사 과정을 밟는 학생들 가운데 나이가 제일 많은 축에 속했다. 그리고 나는 더없이 사랑스럽고, 활기 넘치고, 절대로 잠들 줄 모르는 두 살 이하의 아이 둘을 기르는 엄마이기도 했다.

초보 부모들이 흔히 그렇듯이 남편 잔피에로와 나는 롤러코스터를 타는 중이었다. 우리는 우리가 세상에 데려온 두 어린 생명을 사랑했고, 두 아이는 우리에게 삶의 깊은 의미를 느끼게 해주었다. 매일 몇 번씩 경이로운 순간들도 선사했다. 우리에게 아이들은 모든 면에서 눈부시게 아름다운 존재들이었다. 하지만 그러면서도 아이들에게 쏟아야 하는, 그리고 쏟고 싶은 에너지와 시간은 너무나 감당하기 버거울 때가 많았다. 우리는 밤잠을 설치는 생활을 한 지 19개월째였고, 하룻밤에 서너 번씩 깨서 우는 패턴은 좋아질 낌새를 전혀 보이지 않았다. 우리는 완전히 지쳐 떨어진 상태였다.

다가올 몇 년을 내다봤을 때 나는 우리 부부가 이 상황을 어떻게 감당할 수 있을지 길이 보이지 않았다. 우리는 둘 다 포부가 크고 서로의 재능을 믿었지만, 학계는 워낙 일이 많은데다 스트레스도 높고, 제대로 하거나 아니면 그만둬야 하는 시스템이다. 한마디로, 꼼짝없이 매달려야 한다. 잔피에로가 저술과 교수 활동에서 계속 탁월한 결과를 내지 못한다면 그는 재직 중인 경영대학원에서 쫓겨날 터였다. 마찬가지로, 내가 참신하고 출판할 가치가 있는 연구 논문을 써내지 못한다면 나는 절대로 교수 자리를 얻을 수 없었다. 더구나 포부가 크기는 했지만 우리는 둘 다 아이들과 같이 보내는 시간이나 우리 둘만의 시간을 너무 많이 포기할 마음은 없었다. 뭔가를 내놓아야 했다.

내 친구들과 부모님은 (다들 맞벌이였는데) 모두 내게 공부를 잠시 중단하라고 조언했다. 처음에 나는 거부했다. 몇 달 이상 쉬었다가는 학계에 진입할 수 있는 문이 영영 닫힐 게 뻔했는데, 나는 내 꿈에 꼭 도전하고 싶었다. 나는 책이든 조언이든 길을 보여줄 만한 것들을 닥치는 대로 찾아다녔지만, 결국 얻은 것이라고는 집안일을 분담하는 법이나, 또는 용케 완벽한 균형을 발견해낸 부부들의 동화 같은 이야기들이 전부였다. 잔피에로도 장보기와 요리, 청소까지 집안일을 제법 많이 했지만, 균형은 늘 우리를 피해 달아나기만 했다. 그 3월의 어느 날 새벽 세 시가 되었을 때, 나는 더는 버틸 수가 없었다. 그래서 진한 블랙커피와 따뜻한 우유로 시작하는 아침 시간까지 기다린 뒤에 내 결심을 공표하기로 했다. 남편은 한편으로 안도감을 느끼면서 조금 말리는 시늉도 하겠지, 짐작했다. 그러나 그가 실제로 보여준 반응은 전혀 달랐다.

"당신, 잠이 부족해서 그런 얘길 하는 거야." 잔피에로가 말했다. "나는 절대로 당신이 꿈을 포기하게 놔둘 수 없어. 적어도 지금은 아니야." 아무 대꾸도 하지 못한 채 멍하니 앉아 있는 내게 남편은 내가 방금 큰 실수를, 두고두고 후회할 엄청난 실수를 저지를 뻔했으며 자신은 그 상황을 가만히 보고만 있지는 않을 거라고 말했다. 그는 내가 박사과정에 대한 꿈과 그 꿈이 내게 얼마나 중요한지 세상에서 처음으로 털어놓은 상대가 바로 자기였음을 환기시켰다. 또 공부를 시작한 뒤로 내가 망설였던 때가 지금이 처음이 아니며 마지막도 아닐 거라고 했다. 나는 약이 올랐다. 그도 눈치를 챘을 것이다. 나는 차 한 잔과 동정을 고대했는데 그는 사랑으로 내 엉덩이를 걷어찬 셈이었다. 하지만 그가 옳았다. 내가 한 발 한 발 앞으로 나아가고 그 힘든 시기를 헤쳐 나가도록 남편이 자꾸 등을 떠밀지 않았다면 나는 지금 하고 있는 일을 결코 할 수 없었을 것이다. 어쩌면 커리어 자체를 아예 갖지 못했을지도 모르고.

잔피에로의 애정 어린 압박이 나를 살렸다. 아니, 좀 더 정확하게 말하면, 나를 만들었다. 그는 지금도 내가 아내와 엄마로서만이 아니라 직업인으로서도 어떤 사람인지 끊임없이 자극을 준다. 그리고 나 역시 그를 만든다. 당시에는 되갚음을 당하기가 무척 힘들었지만, 사실 그의 압박은 전혀 낯설지 않았다. 그보다 몇 해 전 어느 날 아침, 나도 그에게 똑같이 해주었던 것이다. 우리는 그의 고향인 시칠리아에 방문 중이었는데, 아직 시작한 지 얼마 안 된 우리의 가슴 뛰는 사랑도 일에 대한 그의 조바심을 잠재우지는 못했다. 그는 프리랜서 컨설턴트이자 강사였지만 전임으로 가르치고 싶어 했다. 그러나 2년째 고배만 마시며 지원서를 넣다 보니, 한 번씩 거절당할 때마다 마음에 상처를 입었다.

그날 아침, 시칠리아의 대표적인 향토 음식인 아몬드 그라니따로 아침을 먹고 있는데 그가 지나가는 말투로 하는 얘기가, 그렇게 일하고 싶어 했던 유럽경영대학원 학과장에게서 이메일이 왔는데 지워 버렸다는 것이었다. 이 학교는 이미 두 번이나 남편에게 인터뷰를 제안했지만 번번이 아무 자리도 얻지 못했었다. 이번에 학과장에게서 온 이메일에는 전임 강사 자리에 공석이 생겼으며, 다만 임시직일 뿐이라고 적혀 있었다. 남편은 임시로 일하는 것도, 거절당하는 것도 넌더리가 난다면서 더는 할 수 없노라고 말했다.

"이걸 수락하지 않으면 당신 정신이 나간거야. 당신을 일단 채용하기만 하면 절대로 쫓아낼 수 없을 테니까." 내가 말했다. 분명 알기 때문이었다.

"당신은 사랑을 하는 중이고, 그 사람들은 사업을 하는 중이지."

이때만 해도 나는 그의 말이 맞벌이 커플들의 얼마나 애매한 부분을 지적하고 있는가에 대해 결국 책을 쓰게 될 줄은 몰랐지만, 어쨌든 이렇게 대답하지 않을 수 없었다. "나는 둘 다 하는 중이거든." 그런 다음 그의 노트북을 꺼내 이메일 '휴지통' 폴더를 열어 그의 미래 학과장(나중에는 나의 학과장도 되는 이)에게 한 줄짜리 답장을 썼다. "언제 시작할까요?" 남편은 거기서 13년째 일하고 있다.

이 책의 마지막 손질을 하는 지금, 나는 모든 일이 잘 풀렸다는 것을 안다. 그리고 2010년 3월이나 2004년 12월의 상황이 그랬듯이, 인생에서 벌어지는 모든 일은 하나의 과정이라는 것도 안다. 우리 부부는 이제껏 같이 살아오면서 많은 어려움에 직면했고 틀림없이 앞으로도 계속 직면할 것이다. 때로 우리는 그 어려움들을 곧잘 이겨내는가 하면, 때로는 좀 버벅거린다. 장애물을 만날 때마다 나는 유용한 조언을 찾아 헤맸지만 대개는 빈손으로 끝났다. 우리는, 그리고 우리 친구들도, 직장 동료들도, 학생들도 대부분 맞벌이 커플로서 그럭저럭 어려움을 헤쳐 나가기는 하는데 항상 성공적이지는 못하다. 나 스스로 경험하기도 하고 다른 사람들의 경험을 목격하기도 하면서 나는 자주 생각했다. "틀림없이 길이 있을 거야. 우리가 선택한 이 인생에 접근하는 방식 중에서 더 많은 커플들이 번영할 수 있는 길이 틀림없이 있을 거야."

초기 패턴들 관찰

이 연구를 진행하면서 나는 100쌍도 넘는 커플을 인터뷰했다. 구체적인 사연은 저마다 달랐지만 그들은 유사한 오르내림의 패턴을 경험하고 있었다. 커플로서 다들 유사한 어려움들과 싸워왔는데, 공교롭게도 인생과 커플 관계의 단계로 봤을 때 유사한 시점에 그 어려움들에 직면했던 것이다. 이 패턴이 커플들에게 미치는 영향이 보이기 시작했을 때, 그리고 이 격변의 시기들이 경력의 단계와 관계의 연차와도 같이 연동된다는 사실을 깨달았을 때, 나는 커플을 '인생 주기'의 개념으로 생각하기 시작했다.

불현듯 심리학자들이 성인의 인생 주기는 구조화해냈지만 커플의 주기는 그렇게 한 적이 없다는 사실이 떠올랐다. 인생 주기가 커리어와 관련을 맺는 방식에 대해서도, 그리고 각 주기를 지나 다음 단계로 넘어가는 사람들의 변화가 그 파트너들에게 미치는 영향에 대해서도 아무도 정밀하게 분석한 적이 없었다.

인생을 뚜렷이 구별되는 단계들을 밟아 나가는 하나의 여정으로 보는 개념은 역사가 매우 깊다. 이 개념은 고대 경전들과 셰익스피어의 희곡들을 비롯해, 여러 위대한 작가들의 작품에도 잘 나타나 있다. 좀 더 최근으로 오면, 심리학자 에릭 에릭슨Erik Erikson과 대니얼 레빈슨Daniel Levinson의 연구가 성인의 인생 주기에 관해, 특히 각 단계 사이의 전환기에 관해 깊은 통찰을 이끌어냈다. 에릭슨은 우리가 이 전환기들을 겪을 때 각 단계만의 고유한 발달상의 문제들을 반드시 해결해야 한다고 주장했다.[9] 그런데 레빈슨의 표현을 따르자면 이 "발달상의 위기들"은 필연적이기만 한 게 아니라 바람직하기도 하다.[10] 전환기 속에서 직면하는 이 위기들은 성장의 잠재력을 품고 있고, 이 위기 없이는 발달이 멈춘다.

수집한 자료를 깊이 들여다볼수록 나는 에릭슨과 레빈슨이 설명한 개인의 발달상 전환기와 내가 연구한 커플들의 발달상 전환기 사이에서 유사점을 더욱 명확하게 보게 되었다. 또한 중요한 차이들도 보았다. 두 파트너가 관계의 다음 단계에서, 그리고 경력과 인생의 다음 단계에서 나란히 번영하기 위해서는 반드시 풀고 넘어가야 하는 커플들만의 독특한 전환기와 도전 들이 있다는 사실이었다.

세 차례의 전환기

나는 맞벌이 커플이 처음 만나서부터 은퇴에 이르는 긴 여정 속에서 세 차례의 뚜렷한 전환기를 겪는다는 사실을 발견했다. 각각의 전환기는 커플들을 새로운 질문과 새로운 염려, 새로운 관계방식의 풍경 속으로 밀어 넣는다. 또한 각각의 전환기는 커플들에게 두 사람의 관계가 전제하고 있는 구체적인 심리적·사회적 동력들과 대면하게 한다. 이렇듯 전환기는 커플들을 관계와 인생의 더 깊은 층위와 씨름하게 하고, 한편으로는 이전 전환기들을 거치면서 형성했던 두 사람 만의 합의들을 다시 논의하게 한다.

첫 번째 전환기에서 커플들은 이제까지 평행하고 독립적이었던 서로의 커리어와 삶을 상호의존적인 형태로 옮겨가야 한다. 이 단계에서 수행해야 할 일은 커플이 함께 직면하는 인생의 첫 번째 중대 사건, 이를테면 직업상의 큰 기회나 첫 아이 출산과 같은 사건에 의식적으로 대응해나가는 것이다. 이 첫 번째 전환기를 잘 헤쳐 나가기 위해서는 두 파트너의 커리어에 우선순위를 지정하는 방법과, 양육과 가사 등 가족에 대한 책무를 분담하는 방법에 대해 두 사람 모두 후회를 남기지 않고 함께 번영해나갈 수 있는 방식으로 협상해야 한다. 이 과정을 통해 커플은 두 번째 전환기에 이르기까지 함께 여행할 공동의 경로를 닦는다.

두 번째 전환기에서 수행해야 할 일은 **상호적 개별화**다. 낯선 용어 때문에 지레 움츠리지 않기를 바란다. 이는 커플이 이전까지 타인의 요구와 기대에 순응하는 데 집중했다면 이제부터는 일과 삶, 그리고 관계에서 자신들이 진정으로 바라는 것이 무엇인지를 찾아내는 데 초점을 맞춰야 한다는 뜻이다. 이 전환기의 도화선은 주로 마음의 동요와 압박감이 야기하는 삶의 방향과 목적에 관한 실존적 질문이다. 이 단계에서 커플들은 각자만의 고유한 관심과 욕망을 찾아내야 하고, 각자가 서로의 삶에서 수행하던 역할들을 재협상해야 한다. 또한 더욱 성숙해진 관계의 지평에서 이 과제를 수행하는 동안 첫 번째 전환기 때 합의했던 커리어의 우선순위와 가사노동 분담에 대해서도 다시 협상해야 한다. 이 모든 일을 성공적으로 완수할 경우, 커플들은 세 번째 전환기에 이르기까지 함께 여행할 더 확장된 경로를 얻는다.

세 번째 전환기에서 커플들이 해야 할 일은 과거의 성취를 토대로 하면서도 미래의 가능성에 활짝 열려 있는 방식으로 자신들을 재창조하는 것이다. 이 전환기의 도화선은 역할 변화다. 역할들이 일터에서는 최고참으로, 가정에서는 빈 둥지를 지키는 부모로, 사회에서는 구세대로 변화하면서 공허한 정체성이 밀려오고, 이것이 세 번째 전환기를 촉발한다. 이 공허는 잘 보살펴야 할 상실의 감정과 함께 오지만, 동시에 새로운 기회들을 위한 공간도 열어준다. 커플들은 이 공허 속에 잠긴 채 부유할 수도 있고, 또는 이 공허를 탐색과 재창조의 공간으로 이용할 수도 있다. 후자로 가기 위해서는 반드시 앞선 두 여정에서 마무리하지 못한 발달 과제들을 다시 다루어야 하고, 그런 뒤에 새로운 포부와 인생의 우선순위들 속에서 앞으로 어떤 삶을 살 것인가를 고민해야 한다. 이렇게 하면서 커플들은 새롭게 발견한 목적을 품고 여행할 수 있는 경로를 닦는다.

이 세 전환기는 서로 연결되어 있다. 제1 전환기에서 커플들은 삶의 주요 사건들에 의식적으로 대응해나가는 한편 각자 서로의 삶에서 수행할 역할들을 암묵적으로 합의한다. 시간이 흐르면서 이 역할들은 제약이 되고, 제2전환기로 이어지는 마음의 동요와 질문들을 불러온다. 따라서 두 번째 전환기는 부분적으로는 제1 전환기의 부작용을 다루는 시기가 된다. 마찬가지로, 제3전환기도 앞선 두 전환기에서 넘어온 후회와 발달상의 불균형들을 해소하지 않고는 완수

될 수 없다.

어떤 사람들은 세 차례의 전환기를 모두 같은 파트너와 경험할 것이고, 어떤 이들은 각각 다른 파트너와 겪게 될 것이다. 이 책에서는 이런 다양한 경우들을 모두 살펴볼 예정이지만, 어떤 경우라 해도 세 전환기가 전개되는 방식은 유사한 패턴을 따른다.

전환기의 패턴

각각의 전환기는 커플이 이전 단계에서 닦아놓은 경로로는 계속 여행하기 어려워지는 어떤 계기로부터 시작된다. 이전 단계의 경로란, 커플이 제1전환기 이전에 걸었던 독립적인 경로일 수도 있고, 제1전환기 때 설계해 두 번째 이전까지 여행했던 공동 경로일 수도 있으며, 또는 제2전환기 때 건설해 세 번째 이전까지 여행했던 확장된 공동 경로일 수도 있다.

제1전환기의 도화선은 이를테면 해외파견이나 전근과 같은 지리적 이동의 필요성, 승진이나 해고, 출산, 연로한 부모에 대한 돌봄의 의무, 가족의 건강 문제 등과 같이 커리어나 사생활에서 비롯되는 인생의 중대 사건들이다. 제2전환기의 도화선은 내면세계에서 유래하는데, 우리가 살고 있는 인생이 정말로 누구의 것인가에 관한 실존적 질문과 회의의 형태로 나타난다. 제3전환기의 도화선은 공허한 정체성을 초래하는 역할 변화의 형태로 나타나서 이제 남은 시간과 에너지로 무엇을 할 것인가의 질문을 불러일으킨다.

이 도화선들이 중요하기는 하지만 그 자체가 각각의 전환기를 정의하는 것은 아니다. 도화선은 전환기를 정의하는 핵심 질문을 드러낼 뿐이다. 이 질문에 대답하는 것이 각 전환기에 부부가 풀어나가야 할 과제다. 내 연구에서 드러난 패턴에 따르면, 커플들 대다수가 전환기 때 씨름하게 될 질문들은 다음과 같다.

- 제1 전환기: 이 상황을 우리는 어떻게 감당할 것인가?
- 제2 전환기: 우리가 정말로 바라는 것은 무엇인가?
- 제3 전환기: 이제 우리는 누구인가?

이 핵심 질문들은 앞으로 인생을 어떻게 살아갈 것이며 두 파트너가 모두 번영할 수 있는 경로를 어떻게 건설할 것인가에 관한 본질과 직결된다. 전환기의 이 핵심 질문들에 마주칠 때 커플들은 혼란스러워지고 회의가 무성하게 올라온다. 안정이 무너지는 이 시기는 불안하기는 하지만 실제로는 오히려 유익하다. 기존의 경로를 재검토하고 새로 건설할 동기를 부여하기 때문이다.

모든 전환기에서 가장 중요한 경험은 커플이 이전 단계와 새로운 단계 사이에 유예된 채 힘겹게 투쟁하는 시기다. 이 시기에 커플들은 이전까지 여행했던 경로가 더 이상 유효하지 않다는 것을 느끼지만 아직 어떻게 다시 세워야 할지 확실히 알지 못한다. 각각의 전환기는 그 시기 투쟁에서만 나타나는 특유의 함정들을 숨기고 있어서 커플들이 여기에 갇힐 수도 있다. 일부 커플은 이 함정에서 헤어 나오지 못하고 공동의 여정을 끝내게 된다. 그러나 일부는 다시 방향을 찾고 앞으로 나아가기 위한 경로를 재건할 방법을 발견한다.

경로를 만드는 각각의 전환기가 끝나고 나면 커플들은 함께 여행하는 안정적인 시기에 접어든다. 이 시기 동안 커플들은 긴장을 풀고 숨을 돌릴 만한 여유 공간을 누린다. 전환기 때 그토록 막막하게 느껴지던 심리적·사회적 동력들도 한풀 꺾여 온건한 영향 정도 끼칠 뿐이다. 이제 커플들은 가족만의 특별한 시간과 낭만적인 순간 들, 커리어의 발전, 친구들과의 추억으로 가득 찬 행복의 기억 창고를 짓는다. 또는 일상을 영위하며 익숙함이 주는 고요와 평안을 누리기도 한다. 그러다가 종국에는 새로운 도화선을 맞닥뜨려 새로운 전환기에 들어서고, 그렇게 주기가 반복된다.

삶은 전환기의 연속이다

내 연구에서 전환기들이 예측 가능하다는 것이 드러났다 해도 그 시기는 커플들에게 느닷없이 찾아오는 때가 많다. 데이비드와 멜리사에게도 꼭 그랬다.

두 사람은 애틀랜타 에모리대학에 막내 아이를 데려다주고 다섯 시간 동안 운전해서 막 플로리다 집으로 돌아왔다. 한숨을 내쉬며 주방에서 늘 앉던 자리에 주저앉은 부부는 제일 좋아하는 와인을 두어 잔 비우며 이 자리에 오기까지의 긴 여정을 돌아다보았다.

30년 전, 그들은 대학을 갓 졸업한 사회 초년생들이었다. 경영학을 전공한 데이비드는 이미 대형 회계 법인에서 전도유망한 경력을 시작한 상태였고, 심리학을 전공한 멜리사는 홍보 분야에 첫발을 내딛고 있었다. 두 사람은 결혼했고, 양쪽 부모가 가까이 사는 보스턴에 집을 사서 가정을 꾸렸다.

고작 18개월의 격차를 두고 씩씩한 두 딸이 태어난 뒤 인생이 갑자기 복잡해졌다. 불쑥 첫 번째 전환기에 들어선 채로 잠 못 드는 밤들과 싸워야 했고, 한편으로는 직장에서 점점 흥미가 붙으면서도 갈수록 어려워지는 업무들을 소화하느라 애를 먹었다. 그러다가 겨우 리듬을 찾기 시작했을 때, 데이비드가 플로리다 지부의 책임자로 승진했다. 두 사람은 늘 서로의 커리어를 대등하게 여겨왔지만 플로리다로 이사를 간다면 당연히 데이비드의 일이 우선시 될 것이었다. 근처에 사는 부모님들의 지원을 받으면서도 일과 가족을 병행하기가 어려웠는데, 거의 2000킬로미터나 떨어진 플로리다에서 둘이 어떻게 감당한다는 말인가? 더구나 멜리사의 커리어는 어떻게 되는 것인가?

몇 주에 걸친 고민 끝에 결국 플로리다로 이사 가는 쪽으로 결론이 났다. 데이비드의 회사는 멜리사가 새로운 직장을 구하도록 도와주었고, 그의 급여 인상분은 아이들 보육비로 보탰다. 아장아장 걷던 딸들은 어느덧 소녀가 되었다. 플로리다 해변을 누비는 주말들, 가족과 함께 보내는 휴가, 술술 풀리는 커리어…. 분명 황금기였다. 12년 뒤, 다음 위기가 닥치기 전까지는.

제2전환기는 40대 초반에 시작됐다. 데이비드는 직장 생활에 환멸을 느끼고 회계가 여전히 자기 적성에 맞는지 의문을 품기 시작했다. 멜리사는 독립을 간절히 바랐다. 자기만의 의사소통 교육 센터를 차리는 게 꿈이었다. 하지만 두 사람이 새로운 대안을 탐색할 여력이 됐을까? 십대 자녀 두 명에, 주택담보대출에, 코앞에 닥칠 대학 등록금에, 너무 많은 일이 걸려 있었다.

이 시기의 불확실성이 두 사람의 관계에 큰 타격을 입혔다. 데이비드도, 멜리사도 상대가 변화에 대한 자신의 욕망을 정말로 이해하거나 공감하는 것 같지 않았고, 일에서 시작된 불만족이 결혼 생활로도 번져나갔다. 사소한 의견충돌이 커져가는 원망과 불만에 더욱 불을 지폈고 이혼에 대한 생각이 몇 번씩 둘의 마음속에 어른거렸다. 그러나 6년 뒤, 그들은 다시 정상 궤도에 올라선 것 같았다. 그사이 두 사람은 서로의 이직을 지지하고 응원했다. 그렇게 해서 데이비드는 소규모 회계 법인의 관리직으로 자리를 옮겨 예전보다 독립적인 지위를 누렸다. 멜리사는 과감하게 자기 사무실을 차렸고, 초기에는 고객 유치에 약간 애를 먹었지만 이제는 제법 잘 돌아갔다. 딸들은 행복해했고 대학 생활에 푹 빠져들었다. 데이비드와 멜리사는 자신들이 일하는 커플의 어려움을 이겨내고 딸들에게 훌륭한 롤 모델이 되었다고 느꼈다.

그런데 이들이 왜 갑자기 불편한 기분에 휩싸였을까? 한동안 말 없이 앉아 와인을 홀짝거리던 두 사람은 이제 텅 비어버린 집에 익숙하지 않은 적막감이 감도는 것을 감지했다. 지난 10년 동안 두 사람만의 시간을 보낸 적이 거의 없다는 사실이 자명하게 다가왔다. 그들은 조금 어색했다. 마치 오랜만에 다시 만나 상대가 얼마나 많이 변했는지 놀라워하는 친구 사이처럼. 이윽고 데이비드가 침묵을 깼다. 그는 멜리사를 돌아보며 고백했다. "여보, 난 이제 우리가 누구인지 잘 모르겠어."

그 모든 일을 함께 겪어오고 나서, 갑자기, 그들은 새로운 전환기에 들어섰다. 제3전환기였다.

* * *

연구를 하는 동안 내가 이야기 나눈 많은 커플들이 여러 차례의 전환기를 연이어 통과해야 한다는 사실에 놀라워했다. 멜리사와 데이비드는 첫 두 단계를 성공적으로 헤쳐 나왔지만 그래봤자 또 다시 세 번째 전환기에 들어섰을 뿐임을 알고는, 그것도 거의 예측하지 못한 결과를 손에 쥔 채 들어섰음을 깨닫고는 충격을 받았다. 이 연속되는 전환기들은 몹시 고단하게 느껴질 수 있지만, 올바른 방식으로 접근하기만 하면 새로운 활력이 되기도 한다. 이 전환기들은 발달상의 긴급한 과제를 나타내며, 또한 맞벌이 커플의 인생에 의미와 에너지를 불어넣어 사랑과 일에서 모두 성공할 수 있게 돕는 힘이 바로이 전환기에 있다.

이 책의 사용법

서문을 제외하면 이 책은 3부로 구성되어 있는데, 각 부마다 하나의 전환기를 다룬다. 또 각 부는 세 개의 장으로 나뉜다. 첫 번째 장은 각각의 전환기를 촉발하는 도화선과 그 전환기를 정의하는 발달상의 질문에 초점을 맞춘다. 두 번째 장은 그 전환기 때 통과하는 투쟁의 시기를 다루고, 커플이 걸려들 수 있는 함정과 교착 상태에 대해 살핀다. 마지막으로 세 번째 장에서는 그 전환기의 핵심 질문에 해답을 찾고 새로운 경로를 재건하는 방법을 탐색한다. 각 부마다 맨 뒤에는 해당 전환기의 주요 역학들이 요약되어 있어서 손쉽게 각 장의 말미에 소개된 실용적인 아이디어와 실전 연습 들로 돌아가 참조해 볼 수 있다.

각 장은 그 장의 주제를 드러내는 실제 커플들의 사연으로 시작된다. 책 전체로 보면 내가 인터뷰한 커플들 중 서른 쌍 이상의 이야기가 소개된다. 독자들이 그 등장인물이나 줄거리를 꼼꼼하게 따라갈 필요는 없다. 각각의 사연은 독자적인 의미를 담고 있으며, 다만 모든 이야기가 모아졌을 때 이 책의 이론과 조언에 풍성함과 다양성을 부여해주고 또한 개념들에 생기를 불어넣어줄 것이다. 각 장은 독자들이 전환기를 통과할 때 파트너와 함께 실제로 활용하면 좋을 실용적인 아이디어와 실전 연습 들로 마무리된다.

나는 이 책을 쓰면서 커리어를 시작한 지 얼마 되지 않은 젊은 커플에서부터 은퇴를 앞둔 노부부, 그리고 두 번째, 혹은 세 번째 파트너와 살아가는 커플들에 이르기까지 맞벌이 인생의 모든 단계에 속한 커플들을 독자로 삼았다. 독자들 중에는 이 책을 처음부터 끝까지 차분히 읽어나가는 이들도 있을 것이고, 더러는 자신이 현재 처한 전환기와 관련된 장부터 읽고 싶어 할 수도 있다. 후자에 끌리는 독자들에게 나는 그럼에도 자신의 전환기 이전과 이후 단계도 유심히 살피라고 권하고 싶다. 지나온 길을 돌아보는 것은 나의 현재 위치를 이해하는 매우 중요한 방법이고, 나아갈 길을 내다보는 것은 다가올 날들을 예견하게 도와주는 긴요한 방법이기 때문이다.

이 책 속의 커플들

다 합해서 커플 113쌍의 사연을 수집했다. 연구의 전체 그림은 부록으로 설명해두었다. 내가 사연을 소개할 커플들은 범주가 다양하다. 영향력 막강한 최고 경영진에서부터 경력을 쌓느라 고군분투하는 중간급 전문직 종사자들, 새로운 회사를 차리려고 애쓰는 사업가들, 그리고 프리랜서도 있다. 이들 중에는 20대 초반부터 60대에 이르기까지 모든 연령대가 다 포함돼 있다. 어떤 이들은 첫 번째 파트너 관계 안에 있지만 어떤 이들은 두 번째, 심지어 세 번째 재혼한 커플로서 복잡한 가족 상황에 놓여 있기도 하다. 이들은 네 개의 대륙에 속한 32개국 출신들이다. 자녀가 있는 커플도 많고 없는 커플도 많다. 더러는 이성 커플이고 더러는 동성 커플이다. 이들의 민족적, 종교적, 국가적 배경도 다양하다. 모두 대학을 졸업했고, 일부는 석사 학위까지 마쳤다. 이들의 공통점은 두 파트너 모두 커리어에, 그리고 서로에게 최선을 다한다는 점이다.

내가 인터뷰한 모든 커플은 두 파트너가 공히 단순히 '밥벌이'가 아닌 자기 '커리어'를 가진 이들이었다. 나는 커리어를 정의할 때 이전의 많은 연구 선례를 따른다. 즉 커리어란, 높은 수준의 헌신을 요구하고 일정한 형태로 지속적인 계발을 포함하는 전문적이거나 또는 관리 영역에 속하는 일련이 일들이다. 커리어에 종사하는 사람들 중에는 조직의 최고 자리까지 오르고 싶어 하는 이들도 있지만 다 그렇지는 않다. 이 사람들의 공통점은 일이 삶에서 핵심적인 역할을 수행한다는 점과, 이들이 커리어 안에서, 그리고 커리어를 통해서 성장하는 데 전념한다는 점이다. 이 성장이라는 것은 각자의 분야에 따라 조직의 위계에서 상층부로 올라가는 것이 될 수도 있고, 또는 공부를 계속해나가는 것일 수도 있다.

이따금 나는 파트너가 둘 다 일하는 모든 맞벌이가 아니라, 왜 커리어를 가진 맞벌이 커플에만 초점을 맞췄느냐는 질문을 받는다. 그 이유는 커리어를 중시하는 성향의 사람들에게 일은 정체성의 핵심을 이루는 한 부분이기 때문이다. 이들이 일에 쏟는 정신적인 투자와 헌신은 관계에 쏟는 헌신과 대등하다. 이 두 헌신의 조합이 바로 이 책에서 다루는 주제다. 두 헌신의 조합은 긴장, 갈등, 희생을 낳을 수도 있고, 아니면 상호적인 성장과 성취, 조화를 불러올 수도 있다. 나의 연구는 이 서로 다른 결과에 이르는 경로들을 탐색한다.

전문직 맞벌이 커플에게 초점을 맞추었다는 것은 내가 인터뷰한 사람들이 대부분 중산층이라는 뜻이다. 이 표본이 사회 전체를 반영하지는 못해도 중요한 집단인 것은 사실이다. 좋든 싫든 중산층에 속한 사람들이 관계와 일의 영역에서 다른 계층에게 규범을 정해주는 경향이 있기 때문이다.[11] 이 계층은 자기 삶을 발전시키기 위한, 다른 계층들은 거의 누리지 못하는 사치스러운 선택권과 기회들을 갖는다. 그러나 이 사치는 흔히 불안과 혼란을 수반한다.[12] 바로 이 기회와 혼란의 조합을 통해 연구자로서 나는 이 커플들이 직면한 어려움과, 그 어려움의 이면에 깔린 더 깊은 수준의 심리적·사회적 동력을 발견할 수 있었다.

내가 인터뷰한 거의 모든 이들이 익명을 요구해왔다. 그들의 바람대로 나는 커플들의 이름과 사는 곳, 그리고 아이들의 성별이나 이름과 같이 커플을 특정하게 할 만한 요소는 모두 바꾸었다. 직업은 그들의 이야기와 너무나 밀접해서 거의 그대로 두었지만, 그들이 일하는 조직의 이름은 바꾸었다. 그러나 모든 사건들, 이를테면 커플이 내린 결정과 그들이 취한 행동, 그들에게 일어난 답답하고, 신바람 나고, 때로는 터무니없는 모든 일들은 그들이 내게 이야기한 그대로다.

이 책이 엄격한 질적 연구와 분석을 바탕으로 했다고는 해도 나는 커플들의 경험과 딜레마를 체계화한 내 방식이 객관적으로, 또는 사실적으로 진실이라고 우기지는 않는다. 사회과학자들이 모두 그렇듯이, 내 연구는 사람들의 주관적 경험을 그들의 인간미를 훼손하지 않는 선에서 이해할 만하고 공감할 만하게 보여주는 방식으로 정확하게 담아내려 노력한다. 이 책을 통한 나의 목적은 커플들 사이의 공통점을 조명하고, 모두에게 무엇인가 제시할 수 있는 유용한 접근법을 내놓는 데 있다.

경로 계획하기

이 연구는 전환기를 성공적으로 통과하는 커플들이 서로 전혀 다른 선택들을 하면서도 어떤 공통된 접근법을 활용한다는 것을 드러내준다. 따라서 이 책이 중점을 두는 것은 전환기를 통과하는 최선의 방법이 무엇인가 하는 점이지, 어떤 특정한 선택을 해야 한다거나 특정한 삶의 구조를 도입해야 한다는 식의 권유가 아니다. 대신 과정과 접근법에 관한 이 논의를 통해 독자들은 의식적인 의사결정을 내리고 그 결정의 결과들을 이해하게 될 것이며, 그 과정에서 항상 견실한 커플 관계를 유지하게 될 것이다.

세 차례의 전환기를 이겨내는 내 접근법을 따른다고 해서 맞벌이 커플이 겪는 인생의 역경들이 사라지지는 않을 것이다. 하지만 이 접근법은 분명 커리어에서, 가정 안에서, 커플 관계에서 장기적 성장과 성취를 맞볼 기회는 높여줄 것이다.

만일 당신과 당신의 파트너가 더 화려하고 더 보상이 큰 커리어를 즐기면서 동시에 깊고 오래 지속되는 관계를 가꿔나갈 방법을 찾고 있다면, 이 책은 당신의 것이다. 세상에 완벽한 맞벌이 커플 같은 것은 없다. 그런 것이 존재하기에는 인생이 너무나 복잡하고 예측 불가능하다. 하지만 앞에 놓인 어려움과 조만간 직면하게 될 전환기를 잘 알고 있다면, 그리고 다른 커플들이 유용하게 활용했던 의사소통과 문제 해결, 협상, 상호 지원의 기술들을 잘 다룰 줄 안다면 당신은 단순히 생존 기회만이 아니라, 멋지게 번영할 기회도 높아질 것이다.

제1전환기

신혼,
일과 사랑을 통제 불능으로
몰아넣다

독립적인 일과 삶에서
빠져나오기

셰릴과 마크 이야기로 돌아가보자.

애너벨이 태어나기 5년 전, 그러니까 1장에서 보았듯이 마크가 회사를 그만두고 친구의 스타트업에 합류하기 만 하루 전에 애너벨이 태어났는데, 그로부터 5년 전에 마크와 셰릴은 시카고에서 만났다. 양쪽 친구들의 주선으로 소개팅에서 처음 만난 날, 두 사람은 얼어 죽을 것 같은 12월 날씨에 같이 스케이트를 탔다. 셰릴은 은행에서 일했고, 마크는 소프트웨어 회사에서 일했다.

당시 두 사람은 서로의 커리어에 대해서는 거의 이야기하지 않았고 친구들과 어울리는 데 많은 시간을 할애했다. 둘 다 시카고에서 대학을 나와 인맥이 아주 넓었다. 30대 초반에 두 사람 다 좋은 직장을 다닐 정도로 운이 좋은 커플들이 흔히 그렇듯이, 마크와 셰릴은 열심히 일했고 또 열심히 놀았다. 결혼했다고 해서 상황이 바뀌지는 않았다. 결혼식을 올린 뒤 그들은 작은 아파트를 샀고 정신없는 생활을 이어나갔다. 그들은 모든 것을 가졌다고 느꼈다.

애너벨이 세상에 오기 전까지 마크는 소프트웨어 회사에서 10년째 일하면서 변화를 간절히 열망했다. 노련한 프로그래머로서 그는 지리위치정보geolocalization 기술에 열정이 컸고, 스타트업에서 일하고 싶어 몸이 근질거린 지 오래였다. 하지만 제대로 기회를 잡은 적이 한 번도 없었다. 그저 친구들이 도약하는 것을 부럽게 바라보면서 자신의 때는 언제 올지, 점점 커져가는 좌절감 속에서 의아해할 따름이었다.

셰릴은 그의 욕구 불만을 알고 있었지만 그녀는 그녀대로 다른 프로젝트에 더 열중하고 있었다. 두 사람이 부부로서 함께 계획했던, 바로 출산 프로젝트였다. 6개월 동안 시도한 끝에 그들은 임신에 성공했고 하늘을 나는 듯 행복했다. 출산하기까지 아홉 달이 순식간에 지나갔다. 그들이 할 수 있는 일이라고는 애너벨이 태어나기 전에 아파트를 더 큰 데로 옮기는 일이 전부였다. 출산 바로 다음 날 마크가 스타트업에 합류하라는 제안을 받은 것은 꿈에도 예상치 못한 일이었다.

마크에게는 고민할 필요도 없는 제안이었지만 셰릴은 함정에 빠진 기분이었다. 그러나 두 사람 중 누구도 이 일의 결과를 온전히 예상한 사람은 없었다.

7년 뒤에 나와 이야기할 때 셰릴과 마크는 그 순간이 자신들 삶에서 주요 전환기가 시작됐음을 알리는, 커플로서의 인생이 본격적으로 시작됐음을 알리는 전조였다는 데 동의했다. 며칠 사이, 두 사람은 일을 즐기고 인생이 확대되는 데 대해 마냥 설레기만 했던 두 독립적인 영혼에서, 이제 서로의 커리어와 관계마저 이해하기 어려워 부심하는, 스트레스에 지친 초보 부모가 되었다.

출산한 지 5주 만에 셰릴은 직장으로 복귀했다. 하지만 이제 그녀를 지배하는 감정은 힘든 문제들을 해결하고 고객을 상대하면서 얻는 즐거움이 아니었고, 그보다는 남편의 꿈을 뒷바라지하느라 아기와 떨어져야 하는 데 대한 울화였다. 한편, 마크는 스타트업을 성공시키기 위해 모든 시간과 노력을 쏟아부으면서도 아내와 딸을 나 몰라라 하는 데 대한 죄책감에 시달렸다. 사소한 말다툼이 심각한 갈등으로 치달았다. 애너벨이 생후 9개월이 되었을 무렵, 셰릴과 마크는 어떻게든 결혼 관계를 지켜보려 함께 상담을 받고 있었다.

셰릴과 마크의 이야기는 구체적인 부분에서는 그들만의 고유한 사연이지만, 전반적으로 예측 가능한 패턴을 따른다. 삶, 사랑, 일이 두 파트너 모두에게 술술 풀려가는 듯 보이지만 어느 순간 한 가지 영역에서 뭔가 탈이 나면 다른 영역에까지 영향을 미치고, 그때부터 인생이 빠르게 통제 불능 상태로 빨려 들어간다. 이 연구에 참여했던 커플들 중에 이 패턴을 알고 있고 다른 이들이 이 패턴 속으로 빨려드는 것을 목격했던 사람들도 많았지만, 처음 사랑에 빠졌을 때 이런 일을 예견한 이들은 거의 없었다.

밀월기

사랑에 빠지고 새로운 관계를 시작하는 것은 멋진 일이다. 지금 그런 시기를 보내고 있든, 아니면 현재 살고 있는 파트너와 처음 만났던 때를 돌아보든 간에 우리는 그 시기의 황홀한 기분을 잘 안다. 오래도록 걷고 또 걷는 낭만적인 길, 끝없이 이어지는 전화 통화, 그리고 상대방이 바로 '그 사람'이라는 깨달음. 사람들은 관계 초기에 서로에게 온갖 정성을 쏟으며 상대를 관심과 시간, 친절로 흠뻑 적신다. 셰릴과 마크도 초기에 그랬듯이, 많은 커플들이 신혼 시절에는 순조로이 항해한다.

커플이 되는 것은 인생의 어느 단계에서도 가능하고 사랑에 빠지는 감정 경험도 열여덟 살에 하든 여든여덟 살에 하든 똑같지만, 커플의 인연이 가장 많이 맺어지는 때는 20대 중반에서 30대 중반 사이다.[1] 이번 장과 3, 4장에서는 인생의 이 시기를 중점적으로 살펴볼 예정이다. 이때가 맞벌이 커플의 제1 전환기와 가장 빈번하게 겹치는 시기이기 때문이다. 그렇지만 이 전환기에 일어나는 역동은 몇 살에 경험하든 똑같고, 또한 어떤 커플이든 새로 맺어진 뒤에는, 가령 첫 번째 결혼이든 이전 관계를 끝내고 새로 맺은 인연이든 간에 결국에는 이 전환기를 직면하게 되어 있다.

내 연구의 표본 커플들 중에 20대나 30대에 맺어진 사람들은 당시를 서로의 관계와 커리어에 아낌없이 투자했던 시기로 묘사했다. 많은 이들이 20대 초반에는 다양한 직업들을 시험해보며 지내는 반면, 20대가 끝나갈 무렵에는 보통 한 방향을 정해서 자신의 능력을 입증하고 커리어의 기초를 다지는 데 집중한다. 성공의 열망이 큰 나머지 이 시기 사람들은 장시간 일하고 초과 근무를 받아들이며 자신의 발전을 즐긴다.

20대 때 커리어에 완전히 전념할 수 있는 사람을 나는 '자유로운 인재'라고 부른다. 이들은 주택담보대출이나 자녀, 연로한 부모 등과 같이 시간을 쪼개 써야 하거나 또는 특정 장소에 묶이게 하는 개인적 책임이나 제약이 거의 없다. 경력을 쌓으려는 이 청년들의 욕망과 매인 데 없는 자유로움을 이용해 대다수 조직과 상사들은 이 시기 청년들에게 스스로 능력을 입증할 기회를 마구 남발한다. 그리고 매인 데가 없다는 점 때문에 이들은 거의 모든 제안을 마다하지 않고 받아들이는 편이다.

자유로운 인재들이 처음 커플이 되면 적어도 얼마 동안에는 비교적 큰 마찰 없이 두 사람의 커리어를 동등하게 이어가는 경우가 많다. 서로에 대한 이해와 초기의 열정적인 사랑 덕분에 상대에게 호의와 지원을 베풀기도 쉽다. 가령, 한 사람이 한 달 동안 매일 밤늦게까지 일해야 하는 상황이라면 다른 한 사람은 그 자유 시간을 이용해 친구나 가족을 만날 수도 있고, 일을 하거나 취미 생활에 열중할 수도 있다. 심지어 한 사람이 다른 도시나 외국에서 단기 프로젝트를 진행한다 해도 이 커플은 그것을 오히려 여행의 기회로 여기지, 가정생활에 대한 압박으로 느끼지 않을 확률이 높다.

사랑과 일의 번영은 밀월기를 가능성과 희열의 시간으로 만들어준다. 상대적으로 제약이 적고 무엇이든 잘 받아들이며 난관에 아랑 곳하지 않으려 하는 자세는 이 시기 커플들이 자신이 해야 하고 또 하고 싶은 일을 자유롭게 하게 해주는데, 실제로 이들은 대부분 일을 많이 한다. 더구나 바쁜 직장 생활과 충실한 커플 관계에 그치지 않고, 이들은 이를테면 스포츠나 친구들과의 모임, 자원 활동, 취미 등과 같이 20대 초반에 즐기던 일들까지 그대로 지속한다. 청년 특유의 에너지 덕분에 주말에 사회활동을 하거나 여행을 다니거나 하는 여가활동이 줄어들기는커녕 더욱 왕성해지는 것이다. 이 커플들에게 세상은 가능성으로 충만한 듯 보이고, 또 자신들이 그 가능성을 모두 움켜쥘 수 있다고 느낀다.

40대 맞벌이 커플들에게 모든 것을 다 가질 수 있냐고 물으면 대다수는 눈알을 한 바퀴 굴리고 만다. 그러나 20대 후반 커플들에게 물으면 그들은 흔히 그에 대한 논쟁을 들어봤으며, 기사도 읽었고, 어쩌면 논리적으로는 대다수 커플이 모든 것을 다 가질 수 없다는 것을 인정해야 할지도 모른다고 말한다. 그러고는 덧붙인다. "하지만 우린 달라요. 우린 운도 좋고 서로가 있고 일도 열심히 하죠. 아무래도 대다수 커플이 다 가질 순 없겠죠. 하지만 우린 할 수 있어요." 이것은 전도유망한 커리어가 촉발하고 번영하는 사랑이 촉진하는 막강한 환상이다.

모든 것을 다 가질 수 있다

내가 맬컴과 헬렌을 처음 만났을 때 두 사람은 커플이 된 지 18개월째였다. 맬컴은 지역 공항 운영센터에서 일했고, 헬렌은 화학처리 시설에서 엔지니어로 일했다. 맬컴의 근무 시간은 평범한 수준이었지만, 교대 근무가 아침 일찍 시작되는 날이 많아 같이 시간을 맞추기는 쉽지 않았다. 헬렌은 이따금 야간과 주말 근무를 했다. 하지만 직장 외에 다른 의무가 있지는 않았기 때문에 둘 다 출근을 하지 않을 때는 내내 같이 시간을 보냈고 두 사람의 관계는 순조로웠다. 두 사람 다 가족이 근처에 살아서 서로의 가족이나 친구들과도 자주 어울렸다. 게다가 그들은 20대 초반부터 해오던 취미 생활도 계속 이어나갔다. 맬컴은 지역 하키 클럽의 열성 회원이었고 헬렌은 장애 어린이 주말 쉼터의 성실한 자원 활동가였다.

두 사람 모두 자기 커리어의 장래에 대해 불안을 느끼기는 했지만, 가령 맬컴은 더 빨리 승진해야 할 것 같았고 헬렌은 화학 산업의 변덕스러운 특성이 걱정스러웠지만, 그래도 둘 다 삶에 크게 만족했다. "저는 제가 인생에서 얻고 싶었던 모든 것을 얻었어요." 그녀가 내게 이렇게 말했을 때, 맬컴도 자신들의 미래에 대해 낙관적으로 이야기했다. 이듬해로 예정돼 있던 결혼식, 그 뒤에 생길 가족, 일에 대한 두 사람의 많고 많은 야심들에 관해서였다. "우린 둘 다 에너지가 넘치고 아주 체계적이죠. 물론 잘 안 풀리는 사람들이 있다는 것은 저도 알아요. 하지만 지금 우리가 사는 모습을 볼 때 정말이지 앞으로도 큰 문제가 생길 것 같진 않아요." 나와 처음 인터뷰했을 때 헬렌과 맬컴은 자신들이 모든 것을 가졌다고 느꼈고, 이 느낌이 별 갈등과 어려움 없이 오래도록 지속될 거라고 믿었다.

맬컴과 헬렌을 순진한 사람들로 치부해버리기 쉽지만, 사실 전문직종에 종사하는 많은 청년들이 관계의 밀월기에는 이와 유사한 방식으로 미래를 추정한다. 인간으로서 우리는 원래 각자의 개인적 경험을 토대로 세계를 추정하게 되어 있다.[2] 밀월기에 있는 맞벌이 커플들이 흔히 모든 것을 가질 수 있다고 믿는데, 이는 그들이 현재 살고 있는 세계가 반영된 결과다. 그들은 커플이 둘 다 독립적인 커리어를 가지고 있다는 것이 얼마나 큰 행운인지 알고 있으며, 자신들이 열심히 일하고 서로 힘을 합하기만 하면 정말로 모든 것을 가질 수 있다고 생각한다. 나와 이야기했던 커플들 중에 관계의 초기 몇 년차 동안에는 실제로 자신들이 모든 것을 가졌다고 느낀 경우가 많았다. 그런데 왜 그 느낌이 지속되지 않는 것일까?

제1 전환기의 도화선

예기치 못한 해고, 지역 이동, 해외 파견, 경력상 중대한 기회, 출산, 심각한 질병, 이전 결혼에서 얻은 가족과 새 가족과의 통합… 이러한 일들이 모두 밀월기의 종식과 제1 전환기의 시작을 알리며 커플의 삶을 거꾸러뜨릴 수 있는 인생의 주요 사건들이다. 말하나 마나 커플들은 함께 사는 동안 굵직굵직한 사건들을 수도 없이 겪는다. 하지만 최초의 사건은 특히 중요한데, 왜냐하면 그 상황에 맞추기 위해서는 더 이상 독립적인 커리어와 독립적인 인생경로를 유지할 수 없기 때문이다. 이제 두 사람은 경로를 하나로 합쳐야만 한다.

커플의 제1 전환기를 촉발하는 많은 도화선들 중에서 20, 30대 커플에게 제일 비근하게 나타나는 유형은 두 가지다. 두 유형 모두 본질적으로 기쁜 일이지만 커플의 사생활과 일의 영역에서 중대한 타협을 요구한다. 그 첫 번째 유형은 파트너 한 명에게 찾아오는 직업상의 기회가 커플에게 어려운 선택을 제기하는 경우다. 그리고 두 번째는 아이의 출생. 먼저 재스민과 알레한드로가 겪었던 첫 번째 유형부터 살펴보자. 두 사람은 전형적인 초년기 커플로, 나와 이야기를 한 것은 제1 전환기가 시작되고 나서 5년이 지났을 때였다. 여기서 이들의 사연을 간략히 소개한 뒤에 3장에 가서 그들이 과연 무엇을 선택했고 그 결과가 어떠했는지 다시 확인할 것이다.

재스민과 알레한드로는 20대 후반에 토론토에서 만났다. 그곳에서 알레한드로는 한 자동차 회사 생산계획부에서 일했고, 재스민은 재생에너지 회사의 엔지니어였다. 처음 3년 동안 두 사람은 관계도 순탄했고 일도 나란히 잘 풀려나갔다. 그러다가 막 결혼을 준비할 때쯤 재스민이 뜻밖에도 꿈꾸던 승진을 제안받았다. 새로운 수력 발전소를 설계하는 팀에 합류하라는 것이었다. 이 승진을 수락하면 재스민은 재생에너지 분야의 최첨단을 걷게 될 것이고 일도 많이 배울 뿐 아니라 틀림없이 커리어의 발전에도 가속이 붙을 터였다. 단점은? 그 본부가 밴쿠버에 있다는 점이었다.

재스민과 알레한드로는 4000킬로미터도 훨씬 넘는 거리에서 떨어져 살 수는 없다는 결론을 내렸다. 하지만 어떻게 한다는 말인가? 알레한드로의 회사는 밴쿠버에 지부가 없었다. 그는 회사를 그만두고 밴쿠버에서 새로 직장을 구하는 방법을 고려했다. 그녀는 승진을 포기하는 방법을 고려했다. 각자의 커리어를 생각했을 때 어느 쪽도 좋은 선택이 아닌 것 같았지만 명쾌한 제3의 길은 보이질 않았다. 모든 것을 갖는 데 익숙해진 탓에 알레한드로와 재스민은 자신들의 경력을 손상시키고 싶지 않았지만 헤어지는 것은 생각할 수도 없는 일이었다. 이 시점에 이르기까지 두 사람은 토론토를 떠나게 될 가능성에 대해 한 번도 의논해본 적이 없었고 자신들의 커리어가 결코 각자만의 독립적인 어떤 것이 아닐지 모른다는 생각도 같이 나눠본 적이 없었다. 이 선택 앞에서 두 사람은 꼼짝할 수가 없었고, 어떻게 앞으로 나아가야 할지 결정하지 못했다.

직업들이 갈수록 유동성이 커지는 까닭에 점점 더 많은 커플이 재스민과 알레한드로와 같은 선택에 직면한다. 40년 전에는 선택이 비교적 간단했을 것이다. 남자의 경력을 우선적으로 고려하면 됐기 때문이다. 지금은 커플들의 평등의식이 더 강해지고 중요한 결정을 내릴 때 그토록 원시적인 기준을 적용하는 사람들은 찾아보기 힘들다. 또한 요즘에는 직업이 더 불확실해지고 커플이 자신들의 선택에 따른 장기적 결과를 예측하기도 더 어려워졌다. 이런 의심이 드는 것이다. "파트너의 직장을 따라 나라 반대편으로 이사를 갔는데 고작 1년 뒤에 해고당하면 어쩌지?" 이런 모든 변화 때문에 맞벌이 커플에게는 경력상 큰 기회가 오히려 마음 조마조마한 도전으로 바뀌어 버릴 수 있다.

초년기 커플들이 직면하는 두 번째로 가장 보편적인 제1 전환기의 도화선은 출산이다. 출산은 행복한 사건임에 틀림이 없지만, 그럼에도 두 사람이 나란히 경력을 쌓으며 모든 것을 가질 수 있다고 여겼던 커플의 믿음을 뒤집는 중요한 요인 중 하나다. 하루와 사나 부부를 만나보자. 이들의 이야기 역시 여기에 소개하고 3장에서 다시 살펴보겠다.

하루와 사나는 첫 아이 아이리의 출생을 학수고대 기다렸다. 아이리가 어느 2월의 추운 날 아침 도쿄에서 태어났을 때, 이 젊은 부모는 이미 육아서를 잔뜩 읽어둔 터라 알아야 할 것은 다 안다고 자부했다. 일본에서는 엄마들이 계속 일을 하는 것이 비교적 전통에 맞지 않기는 했지만 하루와 사나는 낡은 규범에 도전하는 신세대였다. 그들은 직장 근처에 있는 돌봄 시설에 자리를 예약했고 가까이 사는 하루의 어머니도 필요할 때는 손을 빌려주기로 했다. 그러나 초보 부모들이 자주 그렇듯이, 하루와 사나 역시 자신들이 세상에 나온 육아서를 전부 읽었다 해도 아이리의 출생이 자신들의 삶에 어떻게 영향을 미칠 것이며 앞으로의 전망을 어떻게 바꾸어 놓을지는 결코 예상하지 못했으리라는 것을 금세 깨닫게 되었다.

하루는 배우자 출산휴가로 이틀을 얻었고, 사나는 다섯 달의 출산휴가 뒤에 커플이 같이 일하던 대형 전자상거래 회사로 복귀했다. 두 사람 모두 회사 일에 지장을 받고 싶지는 않았지만, 잠 못 자는 밤들을 견뎌야 하는 것은 물론이거니와 아이를 매일 아침저녁으로 돌봄 시설에 데려다주고 데려오는 것도 그들의 몫이었다. 그들은 매일 아침 아이리를 떼어놓을 때마다 죄책감을 느꼈고, 성장하는 딸아이와 더 많은 시간을 보내고 싶은 마음이 간절했다. 게다가 그들은 "애는 엄마가 키워야 한다"는 사회적 기대의 무게도 느끼지 않을 수 없었다. 그들은 고민했다. 사나가 휴직을 하거나 시간제 근무로 바꿔야 할까? 양가 부모들 모두 그것이 최선일 거라고 은근하게 암시를 주었다.

사나는 직장을 '잠시' 쉬었다가 영영 돌아가지 못하는 친구들을 많이 보았는데, 사나 자신은 헌신적인 엄마이기는 했어도 커리어를 희생시키고 싶지는 않았다. 이제 그녀는 하루에게 화가 나기 시작했다. 두 사람은 직장에서 직급이 비슷했지만 집안일과 육아는 그녀가 훨씬 많이 했다. 그런데도 하루는 사나가 수시로 사로잡히는 것과 같은 그런 죄책감에 결코 빠지는 법이 없었다. 두 사람은 지쳐 있었고 그것이 둘 사이의 긴장을 악화시켰다. 근심 걱정 없던 밀월기의 나날은 아득한 과거로 밀려났다. 모든 것을 가질 수 있다는 자신감에서 이제 이 상황을 어떻게 감당해야 할지 알 수 없는 막막한 상태로 옮겨간 것이었다.

* * *

20대나 30대 커플이 겪는 제1 전환기의 도화선은 거의 예외 없이 그들이 일과 삶에서 발전하고 있다는 신호다. 그리고 이 도화선이 젊은 커플들의 지역 이동이나 출산과 같이 상대적으로 단순한 사건이든, 아니면 좀 더 나이 들어 만난 커플들이 직면하는, 이를테면 이전 결혼에서 얻은 아이들을 포함해 두 가정을 어떻게 통합할 것인가와 같이 다소 복잡한 사건이든 간에, 이 도화선들이 촉발하는 전환기는 모두 유사하다.

이 상황을 우리는 어떻게 감당할 것인가?

어떤 도화선으로 밀월기가 끝이 나든 그 도화선은 커플들이 겪는 제1전환기의 본질을 드러낸다. 즉, 단순히 그 사건이 불러들인 새로운 삶에만 적응하면 되는 게 아니라, 서로에게도 새로운 방식으로 적응해야 한다는 사실이다. 달리 말하면, 제1전환기는 평행하고 독립적이던 커리어와 삶을 상호의존적인 방식으로 전환해야 하는 시기다. 상호의존적인 방식을 취할 때 커플들은 더욱 성공적이고 만족스러운 커리어와 삶을 위해 서로가 서로에게 의지한다. 상호의존으로의 전환은 제1전환기의 핵심 질문을 제기한다. **이 상황을 우리는 어떻게 감당할 것인가?** 또는 이렇게 물어도 좋다. 우리 두 사람이 일과 사랑에서 모두 성공하려면 우리의 삶을 어떻게 구축해야 할 것인가? 이 질문에 대답하는 것이 제1전환기 커플들의 발달 과제다.

맞벌이 커플들은 이 핵심 질문에 의식적으로, 함께 답을 찾아야 한다. 그러기 위해서는 먼저 두 사람의 커리어에 어떻게 우선순위를 부여할 것인지, 육아와 가사를 어떻게 분담할 것인지 합의해야 한다.

이 합의가 끝나면 이제 커플들은 독립적이었던 이전의 두 경로를 대체할 하나의 공동 경로를 짓게 된다.

3장에서는 직면한 인생의 주요 사건에 대응하려 애쓰면서 커플들이 빠져들기 쉬운 함정들에 대해 살펴볼 것이다. 또한 전환기를 헤쳐 나가는 동안 대다수 커플들이 경험하는 힘겨운 투쟁에 대해서도 설명할 것이다. 그런 다음 4장에서는 커플들이 두 사람만의 공동 경로를 성공적으로 짓는 방법을 다룰 것이다. 이 공동 경로는 두 사람의 고유한 상황에 적합하게 의식적으로 설계돼야 하며, 이 공동 경로를 따라 커플은 제1전환기를 벗어나 삶의 다음 단계까지 여행하게 된다. 또한 3, 4장에 걸쳐 우리는 마크와 셰릴, 재스민과 알레한드로, 사나와 하루의 이야기가 어떻게 전개되는지도 확인할 것이다. 하지만 그보다 먼저 나는 독자들이 세 전환기의 위기에 잘 대비하기 위해 활용하면 좋을 몇 가지 기술을 소개하고자 한다.

커플 계약

내가 발견한 바에 따르면, 일하는 커플들은 어떤 선택을 할 때 암묵적으로 은근슬쩍 하는 게 아니라, 의식적으로, 다시 말해 겉으로 드러내놓고 합심해서 한다. 곧 보게 되겠지만, 이런 의식적인 선택 방식은 전환기에 문제를 미진하게 남겨두지 않기 위해 꼭 지켜야 하는 원칙이다. 미진하게 남은 문제는 언젠가 되돌아와 우리에게 해코지를 하기 때문이다. 따라서 커플들이 의식적으로 합심해서 당면한 문제를 풀어가기 위한 기술을 갖추는 것이 중요하다. 가령, 제1전환기라면 인생의 중대 사건에 의식적인 방식으로 대응하기 위한 기술이 필요하다.

먼저 내가 어떤 유용한 기술을 처음 접하게 된 사연을 소개하고 싶다. 그것이 많은 커플들이 전환기와 같은 상황에서 자주 이용하는 "기술"이라는 것을 나는 한참 뒤에야 알았는데, 다른 커플들도 그것을 기술로 여기지도 않는 경우가 흔하다. 잔피에로와 내가 사귄 지 4주쯤 지났을 때 나는 그의 고향인 시칠리아로 가는 비행기에 올랐다. 12월27일이었다. 가족의 크리스마스 행사에 참석하기에는 아직 이르다고 판단해 일부러 그 직후로 정한 것이었다. 나는 화창한 날씨에 비행기에서 내린 뒤 잔피에로의 낡은 빨간색 스쿠터 뒤에 매달려 근처의 어촌 마을로 실려 갔다. 이 이야기는 진짜다. 지어낸 게 아니다. 우리가 아담한 절벽 위에 앉아 파도를 바라보고 있을 때 잔피에로가 공책 하나와 펜 두 개를 꺼내놓으며 말했다. "난 우리가 정말로 잘 됐으면 좋겠어." 그때 우리는 먼 과거부터 최근에 이르기까지 서로의 실패한 연애사에 대해 훤히 알고 있었다. "그러니까 우리 관계를 좀 더 의식적으로 만들어 나가는 게 어때?" 그가 덧붙였다.

그때부터 우리는 몇 시간 동안 앉아서 처음에는 글로 쓰고 그다음에는 토론을 벌이며 우리가 이 관계에 바라는 게 무엇인지, 서로에게는 무엇을 바라고, 함께하는 삶을 통해서는 무엇을 바라는지에 대해 깊이 공감하고 나눴다. 또 미래에 대한 염려에 대해서도 이야기했다. 이것은 아주 강력하고 직관적인 경험이었다. 그리고 내가 이렇게 얘기하면 사람들이 웃지만, 의외로 꽤 낭만적이기까지 했다. 이것은 우리의 시작에 토대를 마련해준 대화였고 우리가 주기적으로 되돌아가는 대화이기도 하다. 우리는 그날 썼던 종이를 지금까지 간직하고 있다.

이 연구를 진행하면서 나는 우리의 대화로 계속 되돌아가기도 하고 다른 커플들의 통찰을 참고하기도 하면서 더욱 체계적인 기술을 개발했다. 바로 '커플 계약'이다. 이 기술은 특정 어려움을 해결하도록 고안된 것이 아니다(이 기술의 개념에 대해서는 앞으로 계속 설명할 것이다). 대신 이것은 전환기에 신중하고 의식적으로 대처하도록 돕는 기술이다. 이번 장에서 이 기술을 소개하는 이유는 이것을 이용하는 습관을 일찍 들일수록 전환기가 한결 수월해지기 때문이다. 그러나 이것은 삶의 모든 단계에서 이용할 수 있는 기술이다.

커플 계약은 가치, 경계, 두려움이라는 세 영역에 대한 심도 있는 논의를 바탕으로 한다. 이 세 영역에서 공통분모를 찾아내고 합의함으로써 커플이 함께 걸어갈 경로에 가두리와 방향을 정하는 것이다. 또한 이 합의는 어려운 결정 앞에서 좋은 답을 찾아내는 데도 도움이 된다. 미리 합의된 기준을 제시해주기 때문이다. 따라서 이 계약을 성사시키기 위해서는 두 파트너가 상대의 입장을 충분히 이해하고 공감한 상태에서 공통분모를 찾아내는 것이 중요하지만, 그렇다고 소소한 주제마다 전부 합의할 필요는 없다.

가치

나는 어떨 때 행복하고 자부심을 느끼는가? 어떨 때 만족감이 생기는가? 좋은 인생이란 무엇인가? 이 세 가지는 우리에게 제일 중요한 것이 무엇인지 발견하는 데 도움을 주는 질문들이다. 사람들은 인생이 자기가 바라는 방향대로 잘 가고 있는지 가늠하기 위해 가치를 이용한다. 자신의 선택과 행동이 자신의 가치에 부합할 때 만족감을 느끼지만, 부합하지 않을 때는 스트레스를 받고 불행하게 느끼는 것이다. 이 가치에 대해 솔직하게 드러내놓고 이야기하는 것은 커플이 공동의 우선순위를 정하는 데 도움이 된다. 가령, 두 파트너가 모두 가족의 오붓한 시간에 높은 가치를 부여한다면 두 사람 다 주당 70시간씩 일해야 하는 직장은 구하지 말아야 할 것이다.

커플들에게 서로 같은 가치를 공유하느냐고 물으면 대다수가 망설임 없이 그렇다고 대답한다. 이는 가족, 성실, 친구 등과 같이 높은 수준의 가치에 대해서는 대체로 사실이겠지만, 반면 이 개념들을 정의하는 방식에 있어서는 하늘과 땅만큼 다를 수 있다. 내가 인터뷰했던 한 커플을 예로 들어보자. 이 커플은 둘 다 같은 가치를 추구한다면서, 열심히 일하고, 열심히 놀고, 행복한 가정생활을 하는 것이 자신들의 가치라고 했다. 하지만 내가 좀 더 파고들어 그 단어들의 의미를 자세히 설명해달라고 하자, 행복한 가정생활이란 남편에게는 안정을 의미한 반면, 어릴 때 가족과 여행을 많이 다닌 아내에게는 모험을 뜻했다. 당연히 두 사람의 가정생활에는 팽팽한 긴장이 흘렀고, 긴장의 근본 원인을 짚어내지 못한 채 오랜 갈등의 수렁에서 빠져나오기 어려워했다.

경계

경계를 분명하게 설정하는 것은 불확실성을 줄여주고 의사 결정을 더 수월하게 해준다. 특히 이 경계를 장소, 시간, 현존의 세 영역으로 나누어 접근하면 유용하다. 장소가 유동적인 직업을 가진 사람들은 적어도 일정 기간만이라도 특별히 일하고 싶은 곳, 살고 싶은 곳이 있을 것이다. 이를테면 특정 지역에서 아이들을 키우고 싶다거나, 특정 지역에서 은퇴하고 싶다거나. 또는 유달리 피하고 싶은 장소들도 있을 것이다. 그런가 하면 직업은 시간도 많이 요구한다. 때로는 우리가 원하는 정도보다 더 긴 시간을 쏟아야 할 때도 있다. 시간을 다투는 프로젝트를 진행하거나, 중요한 승진을 준비하는 경우가 그러하다. 하지만 얼마나 많이 일하면 너무 많이 일하는 것일까? 마지막으로 세 번째는 시간과도 밀접하게 연관된 부분으로, 물리적 현존이다. 파트너와 다른 도시에서 일하면서 한동안 떨어져 살아도 괜찮을까? 임시 파견이나 교환 근무는 어떨까? 출장은 얼마나 많으면 너무 많은 것이고, 커플 사이의 장거리 여행은 어떻게 감당해야 할까? 또 파트너와 함께 보내고 싶은 최소한의 시간은 얼마일까?

경계를 정하는 것은 선택의 폭을 좁혀주는데, 선택의 여지가 별로 없는 것을 우리는 제약처럼 느낄 수 있다. 그러나 수많은 연구에서 선택의 폭이 (넓은 게 아니라) 좁을 때 선택하기가 더 쉽고 스스로의 선택에 더 만족한다는 점이 입증된 바 있다.[3] 또한 수십 년에 걸친 한 연구도 경계가 분명할 때 사람들이 심리적으로 더 안전하게 느끼며, 실험과 성장도 더 많이 할 공산이 높다는 사실을 확인해준다.[4] 뿐만 아니라 경계는 관계에서 실망하거나 후회할 여지도 줄여준다.

내가 만나는 경제학 석사 과정 학생들은 운 좋게도 커리어 선택의 폭이 드넓게 열린 경우가 많다. 그러나 이들 중 커플인 경우에는 합의해둔 경계가 없으면 드넓은 선택의 폭이 오히려 큰 골칫거리를 불러오기도 한다. 몇 해 전에 내가 가르치던 학생 중 한 명이 풀이 죽은 채로 나를 보러 왔다. 그는 케냐에서 어느 유명한 비정부기구의 아프리카 사무소를 운영하는, 그의 표현을 따르자면 "꿈의 직업"을 얻은 참이었다. 하지만 그의 기쁨은 금세 실망으로 바뀌고 말았다. 아내가 자신은 절대로 가족을 데리고 케냐로 이사 갈 수 없다고 선언한 것이었다. 나는 그에게 애초에 아내가 준비되어 있지 않은 일을 왜 추진했느냐고 물었다. 그가 설명하기를, 불확실성이 너무나 많으니 일단 여기저기 다 지원한 뒤에 제안이 들어오는 곳을 봐서 그때 같이 결정하는 게 좋겠다고 합의했었다는 것이었다. 경계를 미리 설정해두지 않은 탓에 의도치 않은 갈등과 실망에 빠지게 된 사례였다.

두려움

광부들이 한때 가스 누출 여부를 미리 알기 위해 카나리아를 먼저 탄광 안으로 들여보냈던 것과 흡사하게, 두려움에 대해 터놓고 이야기하는 것은 두 사람의 관계가 위험 구역으로 진입하는 때를 커플에게 미리 알려줄 수 있다. 또한 이는 두려움이 현실이 되지 않도록 미리 예방 조치를 취할 수 있게 해준다. 우리가 관계와 커리어에 대해 두려워할 만한 것은 수없이 많다. 이를테면 파트너의 가족이 커플 관계에 간섭할까 봐 걱정되기도 하고, 시간이 지나면서 두 사람의 관계가 소원해질까 봐, 파트너가 바람을 피울까 봐, 파트너의 일을 위해 내 일을 희생하게 될까 봐, 아이를 가질 수 없을까 봐 두렵기도 하다. 아마 이 두려움의 목록은 끝이 없을 것이다. 하지만 고대 로마 철학자 세네카가 썼다시피, "우리는 실제보다 상상에서 더 크게 고통받는다."

커플이 두려움에 대해 생각하고 이야기하기 시작하면 세 가지 일이 일어난다. 첫째, 서로 간에 훨씬 세심해지고 훨씬 적극적으로 돕는다. 가령, 파트너의 부모가 부부의 삶에 관여하는 방식에 관해 당신이 우려하고 있다는 것을 당신의 파트너가 안다면, 그는 자신의 부모와 부부 사이에 좀 더 세심하게 경계를 세울 공산이 커진다.

둘째, 두려움이 현실에 가까워질 위험이 있는지 감지하게 해주는 경고 신호를 읽을 수 있다. 한 예로, 당신이 커플 관계가 점차 소원해지는 것을 걱정하고 있는데 실제로 파트너와 한 달에 최소한 두 번도 밤에 외출하지 않는다면 그것을 경고 신호로 읽을 수 있을 것이다. 셋째, 두려움을 경감해줄 조치들을 취할 수 있다. 예를 들어 당신이 다소 위험이 따르는 이직에 관심이 있는데 가정 안에서의 재정적인 책무 때문에 시도하지 못하게 될까 봐 염려가 된다면 파트너와 함께 생활비를 줄여 여유자금을 확보해두기로 합의할 수도 있다.

* * *

종합해보면, 가치, 경계, 두려움이라는 세 영역에서 공통분모를 찾아내고 합의하는 것은 커플이 공동 경로의 형태를 정하는 데 일조한다. 가치는 이 경로의 방향을 결정하고, 경계는 그 가두리를 세우며, 두려움은 어느 한쪽에 있을지 모를 낭떠러지를 일깨워주면서 계속 경로 위를 걸을 수 있게 한다. 이 세 영역을 명확하게 유지하는 것은 세 전환기 어디서든 마주칠 수밖에 없는 도전과 고비 들 앞에서 한층 수월하게 협의하고 함께 이겨내게 해줄 것이다.

커플 계약이라는 개념 때문에 지레 긴장하는 사람들도 있다. **내 파트너와 의견이 맞지 않으면 어쩌지? 이것이 오히려 갈등과 불화를 불러오지 않을까?** 사실, 인생의 힘든 선택들이 쉬운 대화 몇 마디로 합의에 이르는 법은 없다. 내 연구 결과에 따르면, 이런 의식적인 대화가 부자연스럽게 느껴지더라도 이런 대화를 통해 관계를 신중하고 의식적으로 형성해나가는 커플들은 이 대화를 인생에서 빼놓을 수 없는 필수적이고 중요한 일부로 여긴다.

얼마 전에 한 여성으로부터 이메일을 받았다. 내가 커플 계약이라는 개념을 새로운 방식으로 해석해서 발표하는 것을 본 적이 있는 여성이었다. 그녀는 6개월 전에 남아프리카에서 휴가를 보내다가 한 남자와 사랑에 빠졌다고 했다. 대륙을 건너지르는 두 차례의 여행과 스카이프를 이용한 수천 시간의 전화 통화를 거쳐 두 사람의 관계는 무르익어갔다. 하지만 미래를 생각하면 막막하기만 했고, 그래서 양쪽 모두 그 문제에 대해 언급하는 것을 교묘하게 회피했다. 적어도 그녀가 커플 계약을 해보자고 제안하기 전까지는 그랬다. 두 사람은 커플 계약을 위한 스카이프 전화 데이트 약속을 잡았는데, 결국 그날의 데이트는, 그녀의 표현에 따르자면 "인생에서 가장 의미 있는 세 시간"이 되었다. 처음으로 두 사람은 서로의 경로를 어떻게 하나로 모을 것이며 공동의 인생 여정을 어떻게 만들어나갈지 상의했다. 그리고 우선 그가 런던에서 직장을 찾되, 장기적으로는 남아프리카에서도 같이 인생의 한 시기를 보내자는 데에 서로 합의했다. 그들은 자녀의 중요성에 대해서도 이야기했고, 국제결혼의 두려움, 그리고 영원히 함께하겠다는 서약에 대해서도 대화했다.

이 두 사람은 1만 3000킬로미터도 넘게 떨어져 살았고 커플 계약을 시작했을 때만 해도 만난 지 고작 6개월밖에 되지 않은 상태였다. 그들은 이 계약을 통해 비로소 커플이 되었다고 해도 과언이 아닐 것이다. 어쩌면 모든 커플이 진정으로 커플이 되는 것은 서로 가치와 경계, 두려움을 공유하는 때, 그리고 계속 공유하는 것이 서로의 삶에 이롭다는 것을 깨닫는 때일지도 모른다. 어떤 커플이든 이 대화를 나누는 최적기는 바로 '지금'이다. 이를수록 좋다. 스카이프를 통해서도 좋고, 소파에 기대앉아서도 좋고, 시골길을 오래 걸으면서, 또는 시칠리아 어촌 마을에서도 좋다. 이 대화를 어디에서 나누느냐는 중요하지 않다. 다만 이것을 커플 관계의 필수 요소로 만들 때 보상이 따를 것이다. 커플이 합의한 가치, 경계, 두려움이 시간이 흘러도 변하지 않고 그대로 있으리라고 기대하는 것은 현실적이지 못하다. 따라서 해마다, 또는 주요 전환기에 봉착할 때마다 새롭게 논의하는 것이 현명하다.

대화하는 법

커플 계약은 **무엇**에 대해 이야기할 것인가를 알려주지만, **어떻게** 이야기할 것인가는 또 다른 문제다. 모든 것이 순조롭게 돌아가고 주제가 논쟁적이지 않을 때는 커플들 대부분 대화를 어려워하지 않는다. 하지만 서로 긴장이 흐르고 주제가 민감할 때는 대화가 자칫 지뢰밭이 되기도 한다. 다행히 커플들의 대화를 효과적으로 만들어주는 요소와 망치는 요소들에 대한 연구는 이미 방대하게 나와 있다. 먼저 커플들이 피해야 할 해로운 패턴들부터 살펴보자.

대화를 망치고 따라서 커플의 관계까지 망치는 방법은 매우 다양하다. 심리학자 존 고트먼John Gottman은 그중에서 결혼을 망치는 가장 파괴적인 행동 네 가지를 발견하고 이를 "재앙의 네 가지 징후four horsemen of the apocalypse"라고 이름 붙였다.[5]

경멸은 당신이 파트너를 존중하지 않으며 당신 자신을 더 우월하게 여긴다는 메시지를 전달한다는 점에서 가장 파괴적인 양식이다. 경멸을 나타내는 행동에는 흉내 내기, 빈정대기, 조롱하기, 눈동자 굴리기, 비웃기 등이 있다. 경멸은 상대의 감정을 무시하고 폄하할 때 나타난다. 이는 공감의 반대다.

비난은 대개 사소하게 시작된다. 사람들은 파트너의 행동이나 겉모습에서 작은 꼬투리를 잡아내 비난한다. 하지만 이는 금세 증폭되어 파트너에게 앙심이 쌓이게 하고 통제 당한다는 기분이 들게 한다.

비난은 상대의 가치를 떨어뜨리고 상대가 당신의 뜻에 굴복해야 한다는 암시를 준다. 비난에 직면하면 파트너들은 대개 저항하는데, 통제와 저항의 쳇바퀴는 협력을 파괴한다.

자기방어 사람들은 자기도 모르게 방어적으로 행동하는데, 특히 파트너가 자신을 경멸하거나 비난하면 누구나 그렇게 한다. 또한 의식하지도 못한 채 우리는 파트너가 상처 주는 행동을 할 때는 그것이 고의적이라고 확신하는 반면, 우리가 똑같이 할 때는 그럴 의도가 없었다고 믿는다. 이 이중 잣대는 우리가 방어적으로 행동할 때 파트너도 방어적으로 반응하게 되고, 그렇게 해서 친밀감을 파괴하는 악순환의 고리가 형성된다는 것을 의미한다.

담쌓기는 같이 대화하거나 배우자의 입장을 고려하기를 일체 거부하는 것을 뜻한다. 담쌓기를 나타내는 표현은 "날 좀 내버려 둬", "그 얘긴 그만해", "그냥 당신 마음대로 해" 등이다. 때로 사람들은 경멸과 비난에 대한 응수로 담을 쌓기도 하고, 때로는 어려운 대화를 피하려고 그렇게 한다. 어느 편이든 담쌓기는 당신을 파트너로부터 고립시킨다.

사람들 대다수는 이 패턴들 중 일부를 잘 알 것이다. 가령, 우리는 신경이 날카로워졌을 때 파트너를 과도하게 비난한다. 파트너들은 대화가 특정 주제로 들어서면 우리에게 담을 쌓기도 한다. 그리고 어느 커플이든 두 파트너 모두 방어적으로 행동할 때가 거의 틀림없이 있을 것이다. 상호작용의 이 파괴적인 패턴에 우리는 어떻게 대응해야 할까? 답은 간단하지만 실천이 어렵다. 바로 친절 말이다. 의사소통에 도움이 되는 모든 요소를 통틀어 친절은 파트너 관계에서 단연 으뜸을 차지하는 만족의 예측 변수다.[6]

친절과 주의 집중

친절을 표현하는 방법은 두 가지다. 첫 번째는 관대함과 배려에서 나오는 소소한 행동들을 통해서다. 내가 아이들을 깨우는 동안 파트너는 더 자게 두는 것, 파트너에게 모닝커피를 한 잔 내려주는 것, 일터에서 고된 하루를 보낸 파트너의 어깨를 주물러 주는 것, 파트너가 좋아하는 취미 활동에 관심을 기울이는 것, 그리고 작은 깜짝 선물을 준비하는 것 등. 관계 초기에는 다들 누가 시키지 않아도 이런 행동들을 하지만, 시간이 흐르고 일상이 점점 분주해지면서 우리는 파트너의 존재를 당연시 여기기 시작하고 때로는 관대함이 사라지거나 적어도 사라진 듯 보이게 된다.

친절을 표현하는 두 번째 방법은 파트너의 의도를 너그럽게 봐주는 것이다. 파트너가 퇴근길에 우유와 빵 사오는 것을 잊어버린다면 우리는 무슨 생각을 할까? 곧바로 비난 모드로 돌입해서 그 일을 파트너의 게으름이나 부주의 탓으로 돌리며 비난을 가하기 십상이다. 파트너가 일터의 힘든 문제에 골몰하느라 그저 깜박했을 뿐이라는 것을 알아채기는 더 어려운 것이다.

친절이 넘치는 커플 관계에서는 두 사람 모두 상대가 자신을 진심으로 아끼고 지원하는 아주 괜찮은 사람이라고 느낀다. 파트너의 선한 의도를 믿는다는 것은 파트너가 우리를 실망시킬 때 그 일을 직장 스트레스나 교통 체증과 같은 외부 문제 탓으로 돌리고 그 사람을 비난하지 않는 것을 뜻한다. 마찬가지로, 배우자가 어떤 친절한 행동을 할 때는 그 사람이 좋은 사람이어서 그렇게 한다고 생각한다.[7] 이 두 가지 사고방식 모두 커플을 더욱 만족스러운 관계로 나아가게 해준다.

친절의 최고 장점은 그 전염성일 것이다. 우리가 파트너에게 친절하면 파트너도 우리처럼 친절로 응수할 것이다.[8] 자기방어가 악순환의 고리를 만들어내듯이, 친절은 관계의 선순환을 만들어낸다. 친절은 효율적인 의사소통의 장을 열어준다는 점에서 아주 막강한 기술이다. 파트너의 의도가 선하다고 생각하면 우리는 좀처럼 방어적으로 행동하지 않는다. 마찬가지로, 파트너와 서로 친절하게 행동하면 경멸이나 비난이 끼어들 틈이 없어진다.

어느 커플이나 때로는 부정적인 방식으로 의사소통을 한다. 완벽한 사람은 없다. 심리학자들이 중요하게 강조하는 것은 우리가 부정적인 방식으로 소통하느냐 아니냐가 아니라, 부정적인 방식과 긍정적인 방식 간의 비율이다. 한 저명한 연구에 따르면, 긍정적인 의사소통이 부정적인 의사소통보다 5대1(또는 그 이상의) 비율로 높을 때 부부는 순탄한 관계를 유지한다.[9] 이것은 정밀과학이 아니니 주방 냉장고에 점수표까지 붙여둘 필요는 없다. 하지만 커플이 자신들의 의사소통 비율에 친절을 더 강화해야 할지 어떨지 확인할 수 있는 좋은 가늠자다.

커플에 관한 내 연구는 친절을 표현하는 두 번째 중요한 요소를 찾아냈는데, 요즘에는 점점 공급이 딸리는 모양새이기는 하지만, 바로 온전한 주의 집중이 그것이다. 우리의 분주한, 그리고 과잉 연결된 세계 속에서 커플이 서로에게 100퍼센트 주의를 기울이는 일은 점점 희귀해져 간다. 텔레비전, 전화통화, 마음 한 구석에서 복닥대는 긴 할 일 목록은 말할 필요도 없고, 사람들은 주의를 앗아가는 전자 기기를 항상 옆에 끼고 있다. 하지만 온전한 주의 집중은 관계의 연료다. 그것도 아주 막강한 연료다.

사람들 앞에서 내 연구를 발표할 때 나는 때로 커플들에게 한 사람씩 번갈아 상대에게 간단한 질문을 해보라고 과제를 내준다. 가령, "오늘 하루 어땠나요?" 같은 질문이다. 그런 뒤에 커플들은 3분 동안 상대의 대답을 가만히 듣기만 한다. 끼어들기 없기, 질문하기 없기, 지적하기 없기, 떠들기 없기. 온전히, 몸과 마음을 다해 듣기만 하기. 결과는 대단히 고무적이다. 강당을 돌아보면서 나는 사람들의 몸이 상대에게 열려 있는 것을 목격하고, 그윽한 눈 맞춤이, 공감과 기쁨이, 연결되었다는 확신의 표정이 3분을 가득 메우는 것을 확인한다. 그러고 나면 사람들은 이해받는 느낌, 존중받는 느낌, 친밀한 느낌, 다시 말해 우리가 커플 관계에서 그토록 갈망하던 느낌들을 받았다고 고백한다. 이들은 파트너에게 더 솔직해지기도 한다. 이 과제는 이러한 교감이 몇 시간씩 걸리는 일이 아니라는 점을 보여준다. 잠시

만 온전하게 주의를 기울이는 것만으로도 관계는 크게 달라진다. 어쨌든 사랑을 위해 3분도 할애하지 못할 사람이 어디 있을까?

우리는 모두 이따금씩 재앙의 네 가지 징후를 불러들이는 잘못을 저지른다. 하지만 반대로, 친절하게 행동하고 친절하게 생각하며 배우자에게 온전히 주의를 집중할 수도 있다. 후자의 방향으로 기울어질수록 우리의 대화는 더욱 수월해질 것이다. 이러한 방식으로 함께 공존하는 법을 훈련하면 커플 계약이나 일상적인 대화에만 도움이 되는 것이 아니라, 무엇보다 관계의 전반적인 질을 높여줄 것이다.

03

함께 사는 초기에 빠지는 함정들

쌍둥이 목욕시키기, 밥 먹이기, 재우기―완료. 급한 업무 이메일들 보내기―완료. 내일 출장가방 싸기―완료. 해나는 기나긴 또 하루를 보내고 마침내 소파에 쓰러져 숨을 돌렸다. 잠시 뒤에 산티아고가 돌아왔고, 해나는 이제 같이 몇 분이라도 보낼 수 있게 된 것이 기뻐서 그의 손을 잡아끌었다. 하지만 산티아고가 자신의 눈을 피하는 것을 보고 그녀는 뭔가 잘못됐다는 것을 알아차렸다.

"무슨 일이야?" 그녀가 물었다.

"음, 아무것도 아니야." 산티아고가 대답했다. 하지만 그는 계속 눈을 피했고, 문득 해나는 그의 눈에 눈물이 가득 고였다는 것을 알아차렸다.

"무슨 일이냐니까?" 그녀가 초조하게 다시 물었다.

"미안해." 산티아고가 갈라진 목소리로 말했다. "그냥 알게 돼서 그래. 우리가 절대로 포르투갈로 돌아갈 수 없으리란 걸 말이야. 그렇잖아?"

이제 그의 가슴은 슬픔으로 미어지고 있었다. 산티아고도, 해나도 그의 깊숙한 감정을 대면할 준비가 되어 있지 않았다.

그로부터 6년 전, 해나와 산티아고는 한 컨퍼런스에서 처음 만나 함께 저녁을 먹었고, 연이은 주말의 달콤한 로맨스를 거쳐 사랑에 빠졌다. 18개월 동안 두 사람은 각자의 고향인 리스본과 브뤼셀에서 꿋꿋하게 장거리 연애를 이어가며 휴가 때는 같이 여행을 하고 떨어져 지낼 때는 몇 시간씩 전화 통화를 했다. 그들은 서로가 함께 있어야 한다는 것을 알았다. 하지만 어떻게, 그리고 어디서?

끝없이 의논하고 또 의논하던 중에 상황이 위기 국면에 빠져들었다. 해나가 쌍둥이를 임신한 것이다. 산티아고와 해나는, 적어도 같이 가정을 꾸릴 작정이라면 갑자기, 그리고 시급하게 지역을 결정해야 할 처지에 놓였다. "우리는 불빛에 놀란 토끼 같은 신세였어요." 해나가 회고했다. "신속하게 결정을 내리는 게 제일 중요했죠." 막다른 골목에 다다른 채 그들은 어디에 정착할지 결정하기 위해 경제적인 기준에 기댔다.

"해나가 저보다 더 많이 벌었기 때문에 내가 그녀를 따라 벨기에로 가는 게 당연했어요. 적어도 당시에는 그렇게 보였어요." 그는 그녀와 결혼한 뒤 브뤼셀에 있는 작은 회사에 취직했다. 하지만 해나가 직장에서 승승장구하는 동안 산티아고는 그대로 정체되었다. 그의 회사에서 외국인이라는 위치는 매우 고된 것이었고 그는 계속 승진에서 누락되었다. 쌍둥이가 두 살이 됐을 무렵에는 해나와 산티아고의 급여 차이가 훨씬 크게 벌어져 있었다.

산티아고를 괴롭힌 것은 일에 대한 고충만이 아니었다. 그들의 삶은 그의 표현대로 "할 일, 할 일, 할 일의 미친 듯한 쳇바퀴"가 되어 있었다. 두 사람 모두 열심히 일하고 육아에도 헌신적인 부모들이었다. 이제 일요일 아침마다 브뤼셀의 공원들에서 정처 없이 오래오래 거닐던 산책 따위는 사라진 지 오래였다. 계획 없이 그때그때 즐기던 야간 외출도 더는 없었다. 하지만 가장 슬픈 것은 관계 초기에 그와 해나 사이에 흐르던 깊은 친밀감도 사라지고 없다는 사실이었다.

두 사람의 친밀감은 서서히 외로움으로 바뀌어갔고 그때서야 산티아고는 고향의 문화와 관습이 자신에게 얼마나 중요했는지 깨닫게 되었다. 벨기에 사람들은 더할 나위 없이 친절했지만, 그럼에도 그와 그들 사이에는 정서적 격차가 컸고 진정한 우정 관계는 불가능해 보였다. 산티아고는 리스본의 음식과 풍경, 고유한 냄새까지 꿈에 그리게 되었다. 그는 향수병을 깊이 앓았고, 해나에 대한 사랑만으로 버텨내기에는 역부족이었다.

산티아고는 포르투갈로 돌아가서 커리어를 되찾고 삶의 속도도 좀 더 늦추기를 간절히 바랐다. 하지만 애초에 두 사람이 합의했던 경제적 기준을 적용하자면 그것은 말도 안 되는 소리였다. 산티아고는 후회에 시달렸고 해나는 죄책감에 시달렸다. "내가 산티아고를 궁지로 몰아넣은 것 같았어요." 그녀가 고백했다. 산티아고가 그날 소파에 앉아 감정을 쏟아놓았을 때, 두 사람은 자신들이 커플로 살아가기 위해 최선을 다해 취해온 방식들이 도리어 아무도 행복하지 않은 경로 위에 자신들을 가둬버렸음을 처음으로 깨달았다. 이성적인 분석과 경제적 기준에 기댄 결정, 그리고 거기에 끊임없이 몰아치는 "할일"의 연속까지 가세하면서 두 사람은 누구도 번영할 수 없게 된 것이었다.

공포 영역

제1 전환기를 촉발하는 인생의 중대 사건은 해나와 산티아고와 같은 커플들을 공포 영역으로 밀어 넣는다. 스트레스와 불확실성이 화합과 밀월기의 흥분을 대체하는 것이다. 모든 것을 가질 수 있다는 기쁨도 아무것도 감당할 수 없으리라는 두려움으로 대체된다. 긴장이 점차 높아지면서 사소한 말다툼이 잦아진다. 이때가 많은 커플들이 처음으로 심각하게 갈등을 빚는 시기다.

나는 공포 영역에서 최대한 빨리 빠져나가야 한다는 다급함 때문에 커플들이 오히려 제1 전환기의 투쟁을 더 오래 지속시키는 함정에 빠진다는 것을 발견했다. 이 함정들은, 이를테면 경제적 기준에 기대 결정을 내리는 것, 바로 눈앞의 일에만 초점을 맞추는 것, 실용적인 부분에만 집중하는 것, 모든 것을 다 해내려고 안간힘을 쓰는 것 등 다양한데, 모두 일종의 미끼와 같다. 이 함정들은 겉으로 보기에는 상호의존적인 공동 경로로 이끌어주는 것 같고, 우리의 핵심 질문, '이 상황을 우리는 어떻게 감당할 것인가?'에 대답해주는 듯 보인다. 하지만 실제로는 산티아고와 해나의 이야기가 보여주듯이, 나중에 후회로 몰려올 방식으로 인생의 주요 사건에 대응하게 할 뿐이다.

커플들이 얼마나 오랫동안 투쟁의 시기를 보내느냐, 이 투쟁이 얼마나 혹독해지느냐, 그리고 무엇보다 이 투쟁을 헤쳐 나갈 수 있느냐는 이 함정들을 인식하고 극복하는 커플들의 능력에 달려 있다.

함정 1: 경제적인 기준에 기댄 결정

결정을 내릴 때 경제적인 기준에 지나치게 의존하는 것은 내 연구 표본 중에서 제1전환기를 겪고 있는 커플들이 겪는 보편적인 함정이었다. 그들은 어느 지역에 살지, 누구의 커리어를 우선적으로 고려할지, 누가 육아에 더 힘을 쏟을지 정할 때 경제적 이득을 극대화하는 방안을 선택했다. 이 선택은 언뜻 사려 깊은 듯 보였지만 실상은 그렇지 않았다. 커플의 가치와 욕망을 경제적 당위보다 못한 부수적인 요소로 전락시켰기 때문이다. 더구나 이 경제적 당위라는 것은 자세히 들여다보면 관습적인 사회적 요구에 순응하는 핑계가 될 때가 많았다.

돈을 결정의 한 기준으로 삼는 것은 물론 합리적이다. 특히 선택의 폭이 넓지 않고 자원도 별로 없을 때는 말이다. 하지만 경제적 이득만을 위해 사는 사람은 거의 없다. 또한 우리는 커리어를 통해 계속 배우고 싶어 하고, 전문성을 키우고 싶어 하고, 책임을 늘리고 싶어 한다. 커플들은 어떤 지역에 끌릴 때 가족들과 거리가 가까워서, 그곳이 보장하는 양질의 삶이 좋아서, 끈끈한 공동체를 형성할 수 있어서 끌리곤 한다. 그리고 아이들과 같이 보내는 시간이나 또는 개인적 관심을 추구하는 것을 무엇보다 중시하는 경우도 많다.

해나와 산티아고의 이야기는 이런 다른 동기 유발 요인들의 중요성을 무시하는 것이 장차 부부를 곤란에 빠뜨릴 수 있음을 보여준다. 또한 이들의 이야기를 통해 우리는 경제적인 기준에 기댄 결정이 얼마나 빠져나오기 힘든 함정인지도 보게 된다. 해나가 돈을 더 많이 번다는 이유로 벨기에에서 살기로 결정함으로써 산티아고는 지역 사회를 토대로 하는 작은 회사에 취직했고 결과적으로 승진과 급여 인상의 기회를 잃었다. 이 선택 때문에 그는 경력이 둔화되고 부부 간 수입 격차만 더 벌어지게 된 셈이었다. 수입 격차는 두 사람이 소득 수준을 유지하기 위해서는 벨기에에서 계속 사는 것이 더욱 중요해지게 만들었고, 포르투갈로 이주하는 것은 더 불합리한, 어쩌면 전혀 가망 없는 계획처럼 보이게 했다.

이처럼 경제적 기준에 기댄 결정의 역학은 최선과는 거리가 먼 방식과 밀착돼 있는데, 이는 지역 선택에만 국한된 문제가 아니다. 이처럼 돈에 과도하게 초점을 맞추는 것이 커플들이 맞벌이에서 홑벌이로 이동하는 이유 중 하나이기도 하다. 30대 중반에서 후반까지가 이런 이동이 절정에 이르는 시기이고 일반적으로 이때는 둘째나 셋째의 출산과도 맞물린다. 대략 엄마들의 31퍼센트가 육아를 위해 커리어를 중단하는데, 그 기간은 평균 2년이다.[1] 일부 여성은 가족에게 온전히 집중하기 위해 정말로 일을 그만두고 싶어 하고 그만둔 뒤에도 전혀 후회하지 않는다. 하지만 더 많은 비율의 여성이 한시적으로 중단해야만 한다고 느끼고 나중에 그 선택과 결과를 후회한다.[2]

그러면 여성들은 왜 원하지도 않으면서 경력에서 이탈하는 것일까? 거기에는 복잡한 이유들이 얽혀 있다. 집약적 모성에 대한 사회적 기대, 비협조적인 남편, 비협조적인 상사, 가정에서의 과도한 임무 등이 모두 원인으로 작용하는 요소들이다.[3] 하지만 결정적 한방은 여성들이 보육비를 자신의 수입에 견주어 계산해보는 것이다. "내 월급의 상당 금액이 보육비로 나갔어요. 어느 순간 이런 생각이 들더라고요. '굳이 뭐 하러?'" 이는 경력 단절 여성들을 연구하는 사람들이 자주 듣는 얘기고, 나 역시 이번 연구를 진행하면서 종종 마주쳤던 진술이다. 물론 경제적인 부분이 유일한, 또는 제일 중요한 이유라는 뜻은 아니지만, 근거로 이용될 때가 많은 것은 사실이다.

* * *

세 살이 채 안 된 아이 둘을 키우면서 피트와 수전은 지칠 대로 지쳐 있었다. 수전은 회사의 회계감사부에서 일하는 자신의 직업이 좋았지만, 스트레스가 많았던 어느 한 달이 끝나갈 무렵에는 세금을 뺀 자기 수입에서 두 딸의 보육비를 제하고 나면 크게 남지 않는다는 것을 계산해보고는 왜 계속 일을 해야 하는지 회의가 들었다. 월급의 대부분을 보육시설에 가져다 줘야 한다면 무엇 하러 힘든 일을 계속해야 하며, 무엇 하러 풀타임으로 근무하면서 어린 두 아이를 데리고 종종거리며 고생해야 한다는 말인가? 그날 밤 수전은 계산 내역을 피트에게 보여주고서 딸들이 초등학교에 입학할 때까지 4년 동안 직장을 떠날 계획이라고 선언했다. 피트는 수전에게 일이 얼마나 중요한지 알았기에 그만두고 나면 그녀가 충족감을 느끼지 못할까 봐 염려가 됐지만 그래도 그녀를 지지해주고 싶었다. 또 그녀가 일을 쉬면 가족의 후방지원에 대한 부담은 줄어들면서도 재정에는 별 차이가 없으리라는 점도 염두에 두었다. 두 사람은 이것이 자신들에게 맞는 선택이라고 결론 내렸다.

4년 뒤, 수전은 이전과 동일한 조건에서 커리어를 다시 시작하려 했지만 잘 되지 않았다. 결국 그녀는 더 작은 회사에서 더 낮은 직급으로, 20퍼센트 더 낮은 급여를 받고 일하는 조건을 수용해야만 했다. 그녀는 한탄했다. "내가 받게 될 커리어의 타격과 경제적 손실을 미리 알았다면 절대로 그런 결정을 내리지 않았을 거예요. 아이러니하게도 나는 베테랑 회계 감사관인데 내 계산은 완전히 빗나갔던 거죠."

피트와 수전의 사연처럼 배우자가 직장을 그만두는 것이 이득이 되는 경우가 거의 없음을 보여주는 연구 사례는 수없이 많다. 3년 넘게 직장을 쉬는 여성들은 복귀했을 때 37퍼센트의 임금 삭감에 직면한다.[4] 자녀의 영유아기는 키우는 부모 입장에서는 길게 느껴지지만, 40년이 넘는 경력 기간을 놓고 보면 미미한 비율일 뿐이다. 그러나 연구들은 휴직에 따른 경제적 손실의 일평생 누적 금액이 100만 달러를 웃돌 수 있다고 추산한다.[5]

이 이야기의 교훈은 절대로 경력을 중단하면 안 된다는 것이 아니다. 다만 경제적인 이유로, 또는 좀 더 정확하게 말하자면 사회적 압력만으로 그렇게 해서는 안 된다는 것이다. 어떤 어려움에 직면했든 경제적 기준만으로는 좋은 결정에 이르지 못한다. 오히려 예기치 못한 어려움들에 봉착할 뿐이다. 따라서 제1 전환기를 겪는 커플들은 자신들에게 중요한 결정 기준들을 찬찬히 숙고하는 것이 필수적이다. 이 기준에는 가령, 가족과 가까운 (또는 먼) 데서 살기, 친구들의 네트워크와 탄탄한 지역 공동체 안에 들어가기 등을 포함해, 승진 전망, 기술과 전문성을 키울 수 있는 가능성, 일과 삶의 건강한 균형 등과 같이 삶, 관계, 커리어의 다양한 요소들이 모두 고려될 수 있다.

결정을 내리기 전에 먼저 기준을 숙고하는 것은 대단히 중요하다. 공포 영역의 스트레스와 급박함 속에서는 이런 기준을 논한다는 것이 사치처럼 여겨지기 쉽지만, 이 숙고야 말로 미래의 후회를 줄여주고 커플이 좀 더 신중하게 공동 경로를 지을 수 있게 돕는다. 이 이야기의 두 번째 교훈은 당장 눈앞에 경제적으로 타당해 보이는 선택이 멀리 내다봤을 때는 전혀 그렇지 않을 때가 많다는 점이다. 제1 전환기의 두 번째 함정은 바로 근시안적 편향이다.

함정 2: 근시안적 편향

이 연구에서 나는 커플들 중에 두 파트너의 삶과 커리어를 통합하는 과정에서 결정을 서두른 사람들은 장기적 영향을 간과하는 경향이 있음을 알게 되었다. 그들은 공포 영역에서 탈피해 더 익숙한 영역으로 되돌아오는 데 급급한 나머지 생각이 눈앞의 문제들에만 고정되어 있었다. 이 근시안적 집중은 흔한 의사결정 편향이다.[6] 이 편향을 기반으로 만든 공동 경로도 일시적으로는 기능을 한다. 그러나 이 경로는 커플이 예상하지 못했지만 나중에 걸림돌로 작용할 온갖 난관들로 어지럽혀지기 십상이다.

경력 이탈의 사례로 돌아가보자. 어떤 배우자가 일을 잠시 쉬고 있고, 재정적 영향이 어떻든 간에 그들 커플은 그 상황에 만족해할지도 모른다. 경력을 이탈하는 순간 사람들은 자연히 가족이 당장 얻는 이득만을 생각한다. 아이들과 보내는 소중한 시간이나 집에서 온갖 일을 처리할 수 있는 여유 시간 같은 것들 말이다. 설사 장기적 영향을 조금 고려한다 해도 사람들은 나중에 자기가 떠났던 바로 그 자리로 돌아올 거라고, 재교육은 조금 받아야 할지 몰라도 그 이상 큰 문제없이 복귀하게 될 거라고 생각한다. 그러나 내 연구는 전혀 다른 그림을 보여준다.

한 번 커리어에서 이탈한 사람들은 복귀의 길이 영영 막혀버리는 경우가 비일비재하다. 채용 담당자들은 일을 그만둔 적이 있는 구직자들을 덜 헌신적이고, 덜 믿을 만하고, 따라서 채용할 가치가 떨어진다고 인식한다. 이러한 인식은 여성들에 비해 남성들에게 더 심하게 적용된다.[7] 한 연구를 보면 집에 머무는 부모들은 이전 직장에서 해고됐던 구직자들보다도 채용될 확률이 더 낮았다.[8] 이러한 선입견이 다시 일터로 돌아가고 싶어 하는 사람들에게 힘든 싸움을 부과하는데, 그들이 이전 커리어로 돌아가지 못하고 다른 직종으로 옮겨갈 때가 많다는 것이 그 증거다.[9] 일하는 엄마들에 대한 또 다른 연구는 조사 대상의 93퍼센트가 원래의 커리어로 돌아가고 싶어 했지만 겨우 40퍼센트만이 전일제 일자리로 돌아가는 데 성공했다는 사실을 보여준다.[10]

공포 영역에서 커플들이 근시안적 편향 문제로 어려움을 겪는다는 것은 그들이 때가 됐을 때 직장으로 어떻게 복귀할지 계획을 세우지 못한다는 것을 뜻한다. 하지만 꼭 그렇게밖에 할 수 없는 것은 아니다. 나와 인터뷰했던 한 물리치료사는 멀리 내다보는 선견지명으로 내게 깊은 인상을 남겼다. 둘째 아이를 출산한 뒤에 그녀는 당분간 엄마 역할에만 전념하고 싶었지만 커리어에 미칠 영향이 염려 되었다. 그래서 완전히 손을 떼지는 않으려고 3년간 휴직을 하는 동안 동료들의 병가나 휴가를 메워주는 대체 물리치료사로 등록했다. 그녀는 한 달에 평균 사흘을 일했다. 거의 모든 시간을 어린 자녀들에게 전념하면서도 동료들과 관계를 이어가고 최신 감각을 유지하기에는 충분한 시간이었다. 휴직 기간이 끝나갈 무렵 그녀는 이전 직장으로 복귀할 수 있었다. 처음에는 책임이 다소 적었지만 금세 예전 수준을 회복하게 되었다.

경력 이탈과 복귀의 장기적 영향에 관한 연구는 셀 수 없이 많지만, 결정을 내려야 하는 조건이 달라질 때는 그런 영향들이 분명하게 보이지 않고 예측도 어려울 때가 많다. 가령, 파트너를 따라 가느라 직장을 옮긴다면 우리는 새 일자리에서 번영할까, 아니면 이직을 후회하고 파트너를 원망하게 될까? 파트너가 둘 다 해외 파견을 나가게 된다면 그것은 두 사람의 경력에 절호의 기회가 될까, 아니면 그저 집에 오기만 힘들어지게 할 뿐일까?

한편으로 보면, 어려운 결정을 내릴 때 그에 따른 영향을 모두 따져보고 예측하기는 불가능하다. 장단점의 윤곽을 그린다고 해서 나아갈 최선의 길이 요술처럼 드러나지도 않을 것이다. 어쨌든 미래를 예측할 수 있는 사람은 없으니까. 그러나 다른 한편으로 보면, 일부 장기적 영향들은 다른 영향들보다 중요하다. 그리고 제일 중요한 영향은 바로 우리가 장차 어떤 사람이 될 것인가에 미치는 영향, 한마디로 정체성에 끼치는 영향이다.

어려운 선택들은 우리에게 평행 우주가 들여다보이는 유리창을 선사해주는데, 그 평행 우주 안에서 우리는 파트너와 함께 다른 버전의 커플이 되어 있다. 우리는 열심히 일하고 열심히 놀고 열심히 세계를 여행하는 모험가 커플이 될까, 아니면 가족과 친구들의 공동체 안에 둥지를 튼 안정적인 커리어 커플이 될까? 가정과 커리어를 계속 곡예 부리듯 병행하는 만능형 커플이 될까, 아니면 한 명은 커리어를 맡고 한 명은 살림을 맡는 각개격파 커플이 될까? 빠르게 돌아가는 도시에서 라떼를 마시며 요가 학원에 다니는 도시 커플이 될까, 아니면 등산과 오지 캠핑을 다니며 야외 생활을 즐기는 전원 커플이 될까?

미리 생각하지 않으면 정체성에 끼치는 영향들은 선택을 끝내고 나서 몇 년이 지난 뒤에야 겨우 분명해진다. 내가 이 책을 위해 인터뷰했던 사람들 중에 어느 날 아침에 잠에서 깨어나 보니 자신이 전혀 예상치 못했던 인생을 살고 있으며 되고 싶지 않았던 사람이 되어 있더라고 말한 이들이 한둘이 아니었다. 다시 말해, 자기가 결정을 지어온 것이 아니라, 결정이 자기를 지어온 것을 불현듯 깨달은 것이었다.

하나의 결정이 나를 어떤 사람으로 만들 것인가를 미리 고민하는 것은 문화적 배경이 서로 다른 커플들에게 특히 유용하다. 한때는 드물었지만 요즘에는 다른 문화 출신의 파트너를 고르는 경우가 많아졌다. 꼭 다른 나라 출신이 아니더라도, 문화가 다르고, 인생관이 다르고, 심지어 언어가 다른 타 지역 출신과 맺어지는 일도 많다. 이런 커플들이 직면하는 가장 곤란한 정체성 사안 중 하나가 바로 고향에 관한 문제다.

해나와 산티아고의 사례가 보여주듯이 고향은 정서적인 문제다. 어떤 이들은 어릴 때 성장한 장소에 있지 않을 때는 절대로 편안하게 느끼지 못한다. 어떤 이들은 유독 그곳, 고향만은 피해서 다른 어딘가에 터전을 만들고 싶어 한다. 그런가 하면 또 어떤 이들은 오랫동안 고향을 떠나 사는 데 만족하다가도 아이를 낳거나 은퇴할 때가 다가오면 고향으로 돌아가고 싶은 열망에 사로잡힌다. 커플이 각각 고향에 대해 어떻게 느끼느냐에 따라 타당한 선택이 달라질 것이다. 어떤 커플은 둘 중 한 사람의 고향에서 살기로 선택하고, 어떤 커플은 시기를 달리해 두 지역에서 번갈아 산다. 또 어떤 커플은 중립적인 제3의 장소를 선택해 새로운 터전을 닦는다. 결국 어떤 선택을 하든 간에 특히 문화적 배경이 다른 커플인 경우에는 고향 문제를 일찍 짚고 넘어가는 게 매우 중요하다. 그렇게 하지 않는다면 결국 해나와 산티아고의 딜레마에 봉착하게 된다 해도 놀라지 말기 바란다.

정체성의 관점에서 바라볼 때 우리가 알 수 있는 것은 가장 실용적이고 합리적인 선택이, 또는 경제적으로 최선인 선택이 커플을 두 사람 모두 번영할 수 있는 공동 경로로 안내하는 것은 아닐 수도 있다는 사실이다. 우리의 선택이 정체성에 미치게 될 영향을 고려하지 않으면 우리는 도무지 내 길이 아닌 것 같은 경로로 흘러들고 만다. 정체성에 미치는 영향을 고려한다는 것은 내가 내 인생 이야기의 저자가 되는 길이다. 예상치 못한 일은 항상 일어날 것이고, 내가 어떤 사람이 되느냐가 전적으로 내 뜻대로 되는 일은 결코 없을 것이다. 하지만 선택의 파급력을 감안할 때, 이런 불확실성은 정체성에 관한 질문을 피해갈 좋은 이유가 못 된다.

함정 3: 현실성이라는 잘못된 초점

제1 전환기를 촉발하는 사건들이 현실적인 부분에 제일 즉각적인 영향을 미치다 보니, 나와 인터뷰했던 커플들은 하나 같이 현실적인 해결책을 찾는 데 초점을 맞췄다. 그들은 "이 상황을 우리는 어떻게 감당할 것인가?"의 질문을 "우리는 무엇을 해야 할까?"로 바꿨다. 현실적인 부분에 초점을 맞추는 것이 일면 당연하기는 해도, 이는 커플들을 함정에 빠뜨리고 투쟁을 더 오래 지속하게 한다.

여기에 잘 들어맞는 은유가 있다. 바로 빙산의 은유다. 북극 바다를 항해할 때 선원들은 빙산을 많이 마주친다. 이때 눈앞에 보이는 빙산의 일각은 대단히 위험하기 때문에 반드시 피해야 한다. 그러나 수면 아래 놓인 것은 그 일각보다 더 위험할 뿐 아니라, 눈앞에 보이는 그 일각의 움직임을 조종하는 실체가 바로 수면 아래 놓인 부분이다. 선원들이 수면 아래 빙산을 세심하게 살피지 않았다가는 배가 충돌을 면하기 어렵다.

현실성은 맞벌이 커플이 직면하는 '빙산의 일각'이다. 그들은 이 빙산의 일부를 똑똑히 볼 수 있고 그것이 야기하는 고통을 느낄 수 있고 그 주위로 돌아가야 한다는 것을 잘 알기 때문에 그 아래 놓인 부분을 너무 쉽게 무시해버린다. 그리고 그 아래 아무것도 없기를 간절히 바라지만 삶의 현실이라는 수면 아래에는 항상 뭔가가 도사리고 있다. 주도권과 통제권을 둘러싼 싸움, 관계를 맺는 좋지 못한 방식들, 내 파트너는 이렇게 행동해야 한다거나 관계는 어떠해야 한다는 등의 근거 없는 믿음들, 우리 자신의 콤플렉스, 희망과 꿈, 이 모든 심리적·사회적 동력들이 우리가 마주치는 난관과 우리가 내리는 결정들의 원인으로 작용한다.

2장에서 만났던 알레한드로와 재스민을 떠올려보자. 그들의 제1전환기는 재스민이 토론토 집으로부터 4000킬로미터도 넘게 떨어진 밴쿠버에서 승진 기회를 얻는 바람에 촉발되었다. 두 사람은 따로 떨어져 사는 것은 고려조차 할 수 없다는 데 합의했는데, 우리는 그들이 둘 다 밴쿠버로 이사를 가야 할지, 재스민이 승진을 포기해야 할지, 또는 제3의 방법을 찾아야 할지 궁금해하며 그 이야기를 잠시

접었다. 많은 커플들이 그렇듯이 알레한드로와 재스민도 현실적인 관점에서 결정에 접근했다. 그들은 재스민의 기회가 승진인 만큼, 만일 알레한드로가 토론토에 있는 현재 직장과 비슷하거나 또는 더 좋은 일자리를 구할 수만 있다면 이사 가는 게 좋겠다고 판단했다. 경기가 좋았던 덕분에 알레한드로는 밴쿠버에서 그런, 이전 직장과 같거나 약간 더 나은 일자리를 쉽게 구했다. 두 사람은 결혼식을 6개월 앞두고 나라의 동쪽 끝에서 서쪽 끝으로 이사를 갔고 새로운 인생을 시작했다.

처음에는 모든 게 잘 되어가는 듯 보였다. 결혼식 준비도 잘 됐고, 결혼식 당일도 좋았고, 그리고 신혼의 단꿈 속에서 9개월이 훌쩍 지나갔다. 하지만 생활이 차분하게 가라앉고 나자 균열들이 관계의 수면 위로 떠오르기 시작했다. 알레한드로는 자신이 재스민의 직장을 따라온 쪽이라는 억울한 감정이 자꾸 속에서 들끓었다. 그렇게 느끼는 것이 부끄러워서 그런 생각을 몰아내려 했지만, 그러면 그럴수록 마음은 점점 더 불편해져갔다. 그런가 하면 재스민은, 그녀의 표현에 따르자면 자신이 "자연계의 질서를 어지럽혔다"고 느꼈다. 그래서 자신도 모르게 균형을 바로잡기 위한 조치들을 취했다. 집에서 지나치게 고분고분하게 굴면서 알레한드로가 모든 결정을 내려야 한다고, 저녁에 뭘 먹을지에서부터 어떤 아파트에 들어가 살지, 주말에 뭘 할지까지 모두 그의 뜻에 따라야 한다고 고집했다. 그와 동시에, 그녀는 순종적인 아내 역할로 떠밀려 들어가는 것이 억울했다.

두 사람 모두 자신들의 관계가 흘러가는 방향이 마음에 들지 않왔다. 밴쿠버로 이사 오고 나서부터 계속 바닥으로 떨어지고 있다는 것을 알았지만 왜 그러는지는 둘 다 알 수 없었다. 이사를 결정했던 것이 잘못이었는지 거듭 돌아보았지만 늘 현실적인 관점에서 그렇게 했고 결국 합리적인 결정이었음을 재확인할 뿐이었다. 그런데 왜 문제가 생겼던 것일까?

많은 커플들이 그렇듯이, 알레한드로와 재스민도 평등의 가치를 신봉했지만 그들이 성장한 환경은 남자가 바깥일을 주도해야 하고 남자가 부부 사이에 힘의 균형을 잡아야 한다고 끊임없이 메시지를 퍼붓는 가정과 사회였다. 많은 커플들이 스스로 얼마나 많은 관습적 가치들에 사로잡혀 있는지 모르다가, 그런 가치에 반하는 결정을 내려보고서야 겨우 알게 되곤 한다. 반하는 결정을 내리고 나면 그 관습적 가치들이 툭 튀어나와 갈등과 불안을 일으키기 때문이다.

이 갈등을 수습하기 위해 특히 가정에서 커플들은 흔히 뭔가 보상 조치를 취한다. 재스민이 지나치게 고분고분 행동했듯이 이미 사회 규범을 따르지 않고 있으면서도 또한 그 규범을 따르려고 노력하는 것이다. 일례로, 한 연구에 따르면 남편보다 많이 버는 여성들은 그에 비례해서 남편보다 집안일을 더 많이 하는데, 남편보다 적게 버는 여성들보다도 현저하게 더 많이 한다.[11] 이러한 보상 조치들은 전통적인 젠더 역할을 다시 천명하고 권력 역학의 균형을 재정립하기 위한 무의식적 노력이다. 그러나 커플들이 이러한 조치를 부추기는 이면의 동력들을 알지 못한 채 무의식적으로 조치를 취하다 보면 오히려 불안을 가중시키고 혼란만 불러오기 쉽다.

어디에서 살 것인가라는 현실적 문제를 서둘러 해결하느라 알레한드로와 재스민은 남편이 아내의 승진 기회를 좇아가는 데 대해 자신들이 정말로 어떻게 느끼는지, 그리고 둘의 관계에서 힘의 균형이 바뀌는 문제를 어떻게 처리할지 등에 대해 찬찬히 살핀 적이 없었다. 빙산의 은유로 돌아가자면, 알레한드로와 재스민은 수면 위에 드러난 부분에만 초점을 맞추고 그 아래 있는 것은 신경 쓰지 않은 셈이다. 그리고 솔직하게 터놓고 고민하지 않는 사이, 수면 아래 빙산의 역동적인 에너지가 수면 위만을 고려한 그들의 현실적 해결책이 성공하지 못하게 훼방을 놓았다. 두 사람의 경로는 후회와 죄책감으로 어지럽혀졌다.

그렇다면 알레한드로와 재스민은 달리 어떻게 할 수 있었을까? 어려운 선택에 직면했던 다른 커플들과 마찬가지로, 더 나은 방법은 먼저 자신들의 결정이 수면 아래 빙산에 미칠 영향을 찬찬히 살펴보는 일이었을 것이다. 어려운 선택들이 들깨우는 전형적인 심리 사회적 동력들에는 권력 관계, 커플은 이러저러해야 한다는 근거 없는 믿음, 은근한 야망, 희망과 두려움 등이 있다. 이런 암묵적인 정서들의 실체를 분명하게 살피고 확인해야 한다는 것이 꼭 이것들을 건드리지 않을 결정을 내려야 한다는 뜻은 아니다. 만일 알레한드로와 재스민이 자신들 속에 내재해 있던 전통적 가치들에 만족해 밴쿠버로 이주하지 않았다면, 그때는 그들이 옹호하는 평등주의 가치가 훼손되었을 것이고 결과적으로 다른 일련의 문제들을, 모르긴 해도 더 심각한 문제들을 불러왔을 것이다. 그러나 이면에 감춰진 동력들을 겉으로 끌어내 논의할 때 좋은 점은 우리가 거기에 덜 사로잡히게 된다는 사실이다.

어떤 결정에 따른 현실적 측면들을 고려하는 동시에, 그 결정의 이면에 숨겨진 감정과 가치, 두려움도 같이 공유하고 논의하는 것은 그러한 압력의 무게를 미리 경감해주는 효과가 있다. 현실적 초점이라는 함정에 빠진 커플들이 항상 그렇듯이 알레한드로와 재스민이 이주라는 난관 앞에서 처음으로 찾아낸 해법은 제1 전환기의 핵심 질문, '이 상황을 우리는 어떻게 감당할 것인가?'를 당분간 해결해주었다. 그러나 이 해답은 표면적인 것이었고, 그들의 괴로움은 이사가 안정되고 나서도 계속되었다.

함정 4: 모든 것을 다 해내야 한다

커플들이 제1 전환기에서 걸려드는 마지막 함정은 너무 많은 일을 잘 하려고 애쓰는 것이다. 이 함정은 밀월기에 흔히 형성되는 '다 가질 수 있다'는 근거 없는 믿음에 의해 생긴다. 공포 영역과 함께 이 믿음은 스트레스를 급격히 늘리고, 앞에서 설명한 세 가지 의사결정 함정에 빠지기 쉽게 한다.

밀월기에는 '다 가질 수 있다'는 확신이 현실적이고도 바람직한 것처럼 느껴질 수 있다. 하지만 생활이 조금씩 더 복잡해지면서 커플은 이 믿음을 '다 해내야 한다'는 명령으로 치환하는데, 이 명령은 커플이 투쟁하는 기간 내내, 그리고 그 이후까지 집요하게 따라다닌다.

우리는 근사한 커리어도 갖고 싶고, 아이들을 낳아 식구도 늘리면 좋겠고, 사교생활도 멋지게 하고 싶고, 취미생활도, 커플만의 시간도, 이것도, 저것도, 또 저것도 다 하고 싶다. 이 말은 우리가 이 모든 일을 다 감당하려면 정말 죽을 둥 살 둥 매달려야 한다는 얘기다. 삶이 더 복잡해질 때, 특히 제1전환기에 들어서서 더 복잡해지지 않을 수 없을 때 이 모든 일을 동시에 하는 것은 곧 탈진, 마찰, 갈등으로 직행하는 지름길이 된다. 이번 장의 맨 처음에 소개했던 해나와 산티아고의 이야기로 돌아가보자. 모든 것을 다 해내려고 안간힘을 쓴 결과 두 사람은 삶을 온갖 일들로 가득 채웠지만 서로의 친밀한 관계는 텅 비고 말았다. 더욱이 이들이 애를 쓰면 쓸수록 상황은 더 나빠졌다. 왜냐하면 서로 두려움을 나눌 줄 모른 채로 끈질기게 밀어붙이기만 하다가 결국 산티아고가 한계점에 부딪치는 지경에 이르렀던 것이다. 해나와 산티아고의 상황이 조금 특별했을지는 몰라도, 모든 것을 다 해내야 한다는 함정에 빠지는 데 꼭 해외 이주와 쌍둥이 육아가 필요한 것은 아니다.

클레어와 조애너는 둘 다 경영학 석사를 끝낸 지 얼마 지나지 않아 이 함정에 빠졌다. 두 여성은 대학을 졸업하고 입사했던 회사에서 20대 중반에 처음 만난 뒤 같은 부서에서 일하다가 사랑에 빠졌다. 3년 동안 두 사람은 더 없이 충실하게 살았다. 일도 열심히 하고 사람들과도 많이 어울렸으며 도시 생활이 주는 문화적 기회도 톡톡히 누렸다. 그러던 중 커리어에 대한 야망도 큰 데다 주변 또래들의 진로 선택에도 자극을 받아 두 사람은 나란히 인근 대학의 경영학 석사 과정에 들어갔다. 석사 과정은 그들의 시야를 넓혀 주었고 더 속도 빠른 커리어가 제공할 수 있는 기회들에 눈을 뜨게 해주었다. 조애너도 클레어도 더 많이 원하게 되었다.

석사를 마치자마자 조애너는 컨설팅 회사에 들어갔고 클레어는 은행의 인수합병 팀에 들어갔다. 두 사람 다 직장은 뉴욕에 있었지만 주중에는 거의 출장이었다. 둘이 유일하게 같이 보내는 시간인 주말에도 느긋하게 쉬는 법이 없었고, 못 보던 친구들을 만나거나 아파트 매물을 보러 다니는 등 이 일에서 저 일로 촘촘하게 움직였다. 얼마 되지 않는 둘만의 시간이 온갖 할 일들로 빼곡히 채워진 탓에 둘의 애정은 서서히 식어갈 수밖에 없었다. 6개월 후, 사소한 말다툼이 심각한 갈등으로 비화했다. 그리고 서로의 관계가 위험에 처했음을 깨닫고 나서야 두 사람은 벼랑 끝에서 물러나 광란의 주말을 멈추었다. 그러나 1년이 지나자 그들은 슬며시 옛날 습관으로 돌아갔다. 정신 없이 뭔가를 하는 것이 이미 삶의 방식이 되어 버려, 그저 함께 "있기"가 어려웠던 것이다.

* * *

'모든 것을 다 해내야 한다'는 커플들이 헤어 나오기 어려운 함정인데, 그중에서도 스스로 많은 일을 소화할 능력과 기회가 있으며 그 능력과 기회를 그냥 허비해버리면 안 된다고 믿는 사람들이 특히 그러하다. 심지어 제1전환기가 시작된 뒤에도 많은 커플들이 모든 것을 다 가지려고 노력해야 한다는 막연한 믿음을 좀처럼 의심하려 들지 않는다. 크리스토프와 엘리노어는 내가 인터뷰했을 때 50대 초반이었다. 두 사람은 주위 친구들과 가족들, 그리고 직장 동료들에게 행복하고 다복한 삶을 사는 모범적인 부부로 비쳐졌지만, 실제로는 아무도 모르게 이혼을 고민 중이었다. 이 커플의 전체 이야기는 8장에서 다시 다루겠지만, 여기서는 모든 것을 다 해내려고 애쓰는 사람들에게 보내는 경고 메시지로서 두 사람의 관계가 어떻게 허물어지기 시작했는지에 관해 크리스토퍼의 생각을 들어보고자 한다.

이제 와서 얘기지만, 조금 다르게 해볼 기회가 있었다면 관계에 더 신경을 많이 썼을 겁니다. 내가, 아니면 우리 부부가 좀 더 주의를 기울였어야 할 소소하고 일상적인 일들이 늘 있었는데 그러질 못했죠. 그럴 시간에 끊임없이 뭔가를 했으니까요. 예를 들면 우린 먹을거리와 와인을 무척 중요하게 여겼어요. 빵을 만드는 게 시간이 많이 드는 일인데도 항상 손수 만들어 먹었죠. 우리 아이들은 거의 집밥만 먹고 자랐는데 종류도 보통 다양한 게 아니었어요. 우린 건강에 좋은 홈메이드 먹을거리를 만드는 데 엄청나게 공을 들여서 인스턴트나 가공식품은 거의 사본 적도 없습니다. 사실 이 자체로는 문제가 없지만 우리는 오만 가지 일을 이런 식으로 했거든요. 솔직히, 욕심을 좀 줄였어야 했던 것 같아요. 그랬어도 아무에게도 피해가 가지는 않았을 테고 우린 대화를 좀 더 많이 나눌 수 있었을 테니까요. 시간이 지나면서 우린 사이가 점점 멀어져서 이젠 이혼 직전까지 와 있네요.

살림에 과도하게 몰두하면서도 얼마 동안에는 계속 모든 것을 다 해낼 수 있을지 모르지만, 크리스토프와 엘리노어의 이야기가 보여 주듯이 이렇듯 외부에 초점을 맞추면 언젠가는 값을 치르게 된다. 이 점에 대해서는 4장에서도 다시 확인할 것이다.

살림에서 살아남는 생존 전략

어떤 도화선에 직면하든 간에 커플들은 두 파트너가 모두 번영할 수 있는 공동 경로로의 전환 과정을 위협하는 네 가지 함정을 유심히 살펴야 할 것이다. 그러나 아무리 잘 살펴도 우리는 여전히 살림에 필요한 온갖 일들을 처리하며 살지 않을 수 없다. 젊었든 늙었든, 부유하든 가난하든 모든 커플은 해결해야 할 현실적인 책무들을 마주하게 되는 것이다. 이를테면 재정을 관리하거나, 잔디를 깎거나, 사교모임을 챙기거나, 또는 연로한 친인척을 돌보거나 하는 일들이 모두 살림에 속한다. 전통적으로 살림의 큰 몫은 바깥일을 하지 않는 아내 차지였다. 오늘날 맞벌이 커플들은 이 전통적인 "아내" 역할을 두 사람이 어떻게 분담할지 합의해야 하는 어려움에 직면한다.

밀월기를 보내는 20, 30대 커플들은 대개 책임이 많지 않고 생활이 상대적으로 단순하다. 이 시기에는 살림의 부담이 가볍고 커플 사이에 마찰이 빚어질 정도로 부담스러운 경우는 드물다. 그러나 제1전환기에 들어서고 나면 사정이 달라진다. 생활이 복잡해지고 두 사람의 삶이 더욱 밀접하게 뒤얽히면서 의무가 대폭 늘어난다. 이 살림의 부담을 어떻게 감당하고 분담할 것인가의 문제는 영원히 사라지지 않는 갈등의 근원이 되기도 한다.

2장에서 만났던 하루와 사나 이야기로 돌아가보자. 아기의 출생은 그때껏 본 적이 없는 살림의 신세계를 열어젖혔다. 보육시설에 데려다주고 데려오는 일 말고도, 씻기랴, 유아식 만들어 먹이랴, 병원에 데리고 다니랴, 옷 사다 입히랴, 끊임없이 청소하랴, 그러고도 초보 부모가 씨름해야 하는 오만 가지 일이 결코 줄지 않는 산더미처럼 쌓였다. 부모가 되기 전에는 하루도 집안일을 곧잘 했다. 하지만 사나가 출산휴가를 낸 뒤 상황이 바뀌었다. 새로 엄마가 된 여성들이 흔히 그렇듯이 사나는 출산휴가 기간 동안 살림이라는 파이 중에 제일 큰 덩어리를 집어들었고 직장으로 복귀한 뒤에도 이 큰 덩어리를 내려놓지 못했다. 그러나 그녀와 하루도 곧 알게 됐듯이 전통적인 부부들이 제일 흔하게 채택하는 이런 방식의 가사 분담은 맞벌이 커플에게는 그야말로 통하지 않는다. 살림을 거의 100퍼센트에 가깝게 전담하면서 커리어까지 유지하는 아내는 속으로 울분과 좌절감이 쌓이고 이는 커플을 이혼의 지경까지 몰고 간다.

커플 중 한 사람이 80퍼센트 이상의 가사 노동을 수행하는 전통적인 살림 방식이 맞벌이 커플에게 해법이 되지 못한다면, 이 책무들을 쪼개는 최선의 방법은 무엇일까? 얼마 전, 커플들이 모든 책무를 똑같이 반으로 나누는 50대50 결혼생활이라는 발상이 우리의 집단적 상상을 잘 보여주었다.[12] 근사한 발상이기는 하지만, 내가 볼 때 살림을 잘 협상하는 커플은, 바꿔 말해서 두 사람 모두 노동 분담에 만족하고, 서로를 원망하지 않으며, 그러면서도 각자의 커리어를 발전시켜 나갈 수 있는 그런 커플은 책무들을 꼭 똑같이 나누는 커플이 아니라, 의식적으로 나누는 커플이다. 다음은 의식적인 가사노동 분담을 위해 적용할 수 있는 일련의 과정으로, 수학 공식이 아니라 커플의 필요에 맞춰서 분담하는 과정이다.

처리해야 할 책무들의 목록을 작성한다

연구에 따르면, 남성과 여성이 공히 자신이 수행하는 집안일의 비율을 항상 지나치게 높게 잡는다.[13] 여성들은 자기가 거의 다 한다고 믿고, 남성들은 50대50으로 한다고 믿는다. 실제로는 평균적인 남성의 경우 무보수 집안일을 일주일에 16시간 수행하고, 평균적인 여성은 일주일에 26시간 수행한다.[14] 이는 분명 50대50은 아니지만, 그렇다고 90대10도 아니다. 두 추정치 사이의 큰 격차는 우리가 파트너들이 뭘 하는지 모르고, 파트너들도 우리가 뭘 하는지 모른다는 데서 기인한다.

왜냐하면 나는 내가, 오직 나만, 그리고 항상 나만 식물에 물을 주고 아이들의 운동가방을 챙기고 영수증을 정리하고 이따금 하수구를 뚫는다는 것을 아는데, 그렇다고 파트너도 꼭 그 사실을 아는 것은 아니기 때문이다. 실제로,《공을 놓치다 Drop the Ball》에서 저자 티파니 두푸 Tiffany Dufu는 우리는 우리가 하지 않는 집안일에 대해 잘 보지 못한다고 지적한다.[15] 이 무지가 원망으로, 그리고 제대로 인정받지 못한다는 감정으로 이어진다. 따라서 이 무지의 함정을 피하기 위해 커플이 함께 모든 집안일의 목록을 작성하는 것으로 살림 전략을 시작하는 것은 매우 중요하다. 이 목록은 커플이 각자의 임무를 100퍼센트 완수하고 있고 아무것도 놓치지 않았는지 확인해줄 것이다.

안 해도 되는 일이 뭘까?

'모든 것을 다 가질 수 있다'는 시나리오를 계속 무리하게 가동하는 사람들은 거의 틀림없이 어떤 일을 정말로 꼭 해야 하거나 하고 싶어서라기보다는 스스로 해야 한다고 믿기 때문에 한다. 집은 항상 완벽하게 깔끔해야 할까? 아이 학교에서 빵 바자회가 열릴 때마다 꼭 케이크를 손수 구워 가야 할까? 집안 모임과 행사를 꼭 내가 다 주선하고 추진해야 할까?

살림의 목록을 작성하고 나면 커플들은 바로 분담 작업에 돌입하고 싶어 한다. 그러나 먼저 목록을 조목조목 뜯어보면서 자문해보기 바란다. "안 해도 되는 일이 뭘까?" 때로 어떤 일을 할 때 우리는 공동체가 우리에게 그 일을 요구하기 때문에, 좀 더 정확히는 요구한다고 우리 스스로 믿기 때문에 한다. 때로 우리는 부모들이 하는 것을 봤던 대로 따라 하거나, 또는 주변 친구들이 몰두하는 일을 덩달아 하기도 한다. 그만둘 수 있는 일을 신중하게 따져보기만 해도 우리는 곧바로 살림의 부담이 한결 가벼워지고 모든 것을 다 해내야 한다는 함정에서 멀어지기 시작한다.

나는 어떤 책무를 전담할까?

살림은 평판이 과히 좋지 않을 수 있다. 이 일은 버거운 짐으로, 그리고 이 일을 하는 것은 희생으로 표현되곤 하지만, 사실 가족에 대한 책무들은 전부 따분하거나 힘들기만 하지는 않다. 우리는 대부분 그 책무들 중 일부에서는 재미를 느끼고 의미도 얻는다. 따라서 넘겨주고 나눠서 할 일을 생각하기 전에 내가 개인적으로 계속하고 싶은 일이 뭔지 아는 것이 중요하다. 가령, 어떤 사람은 갓 피어나기 시작한 신예 요리사로서 가족의 식사 준비가 즐거울 수도 있고, 정원 관리가 딱 자기 체질이거나, 또는 아이들을 재우는 일이 행복할 수도 있다.

이 연구를 진행하면서 내가 만났던 가장 성공적인 커플들 중에 한 쌍이 정확히 이런 경우였다. 아내는 비영리기구 대표이사이고 남편은 어느 로펌의 파트너였는데, 두 직장 모두 눈코 틀 새 없이 바쁜데다 두 사람 다 자기 일에 100퍼센트 헌신하는 사람들이었다. 자녀 네 명은 이미 장성해서 집을 떠난 상태였고, 살림에 관한 한 뭐든 돈으로 해결해도 될 만큼 부유했다. 그런데도 아내는 매주 일요일 저녁마다 자리 잡고 앉아서 다음 한 주 동안 남편이 입을 셔츠를 일일이 다림질했다. 다림질을 질색하는 사람으로서 나는 그녀의 이 얘기가 너무나 뜻밖이었다. "왜요?" 내가 놀라서 물었다. 가사도우미에게 다림질을 안 맡긴다고?

"난 다림질이 너무 좋답니다." 그녀의 대답이었다. "원래부터 늘 내가 했어요. 다림질을 하면 마음이 편안해지고 거의 명상하는 기분이 들죠. 이 일은 내가 사랑을 표현하는 방식이에요. 실제로 남편의 아내로서의 내 정체성 중에서 큰 부분을 차지하는 일이지요."

셔츠를 다림질하는 이 대표이사처럼 우리가 소중히 여기는 일들은 남편으로서나 아내로서, 엄마로서나 아버지로서 우리가 누구인지를 드러내는 한 표현이다. 따라서 그런 일을 찾아내 자기 일로 확보하는 것은 중요한 출발 지점이다. 물론 이렇게 하고 나서도 살림 목록에는 여전히 할 일이 수두룩이 남았을 테니, 나머지는 다음 과정을 적용해보자.

어떤 일을 외부에 맡길까?

맞벌이 커플이라고 해서 자동으로 부자가 되는 것은 아니지만, 두 명분의 수입이면 너무 하기 싫거나 시간을 터무니없이 잡아먹는 일은 외부에 맡겨도 될 정도의 여윳돈들은 대개 있는 편이다. 다림질이 됐든, 아니면 청소나 정원 관리, 또는 장보기가 됐든 일부 집안일을 외부에 맡기면 우리에게는 우리가 정말로 중요하게 여기는 일에 집중할 시간 여유가 생긴다. 어떤 커플들은 가사노동 중에 어떤 일들을, 또는 얼마만큼이나 위탁할지를 놓고 이견을 빚기도 한다. 가령 아이 돌보는 일을 누구에게, 그리고 일주일에 몇 시간이나 맡길 것인가는 만감이 교차하는 결정일 수 있는데, 이에 대해서는 4장에서 자세히 다루도록 하겠다. 이제 아이 돌봄과 관련이 없는 일들을 위해서는 먼저 살림 목록으로 돌아가 제일 하기 싫은 일들을 찾아내고 일주일치 예산을 확인한 다음 여유 자금이 허락하는 한도 내에서 가능한 한 많은 일을 외부에 맡긴다.

특별히 바쁘거나 스트레스가 많은 시기에는, 가령 직장에서 큰 프로젝트를 맡았거나, 승진을 준비 중이거나, 새로운 아기가 태어났거나 할 때는 외부 위탁 문제를 다시 논의하는 게 좋다. 이 기간에는 평소 직접 처리하던 일도 남의 손을 조금 빌리면 번아웃을 면하고 그런대로 해나갈 만할 것이다.

나머지는 어떻게 나눌까?

목록에서 안 해도 되는 일들을 제외한 뒤에 특별히 좋아하는 일을 고르고 제일 하기 싫은 일을 외부로 넘겼으면, 이제 나머지를 파트너와 분담하면 된다. 집안일을 나눌 때 모든 커플에게 적용 가능한 만능 해법이 있지는 않지만, 접근 방식에 따라 관계의 화합이냐 갈등이냐를 가르는 엄청난 차이가 생길 수 있다.

핵심 전략은 두 가지다. 첫 번째는 분담으로, 일을 나눈 뒤에 각자 자기에게 할당된 일들을 책임지는 방식이다. 어떤 커플들은 일을 동등하게 나누는 방법을 선택하는가 하면, 어떤 커플들은 직업이 덜 고된 쪽이나, 또는 집안일이 마무리되지 않는 것을 더 못 참는 쪽에 일정한 비율로 좀 더 많이 할당하는 방법을 선호한다. 두 번째 전략은 교대다. 간단히 말해서 모든 일을 공동의 책임 아래 두고 누가 무엇을 하는지는 교대로 돌아가는 것이다. 각자의 차례는 누가 어느 요일에 직장에서 덜 바쁜가에 따라 편성하는 방법도 좋다. 가령, 한 사람이 월요일부터 목요일까지 저녁을 준비하고 다른 사람이 금요일부터 주말까지 준비하는 식이다. 어떤 방식을 택하든 간에 핵심은 명확성이다. 갈등은 거의 항상 공평하지 않아서라기보다는 명확하지 못한 데서 생긴다.

모든 것을 다 해내기 위한 투쟁

어느 전환기를 겪든 가장 어려운 고비는 투쟁의 시기인데, 모든 커플이 이 고비를 무사히 넘기는 것은 아니다. 더러는 네 가지 함정 가운데 하나나 그 이상에 걸려든 채 출구 없는 막다른 골목에 이르기도 한다. 살아남더라도 커플들은 이 시기를 감정의 롤러코스터였다고 묘사한다. 그러나 힘겹게 투쟁하는 내내 커플이 서로 곁을 지킨다고 해서 제1전환기를 잘 마무리할 수 있는 것은 아니다. 잘 마무리하기 위해서는 반드시 이 질문에 해답을 찾아야 한다. "이 상황을 우리는 어떻게 감당할 것인가?" 투쟁은 커플들에게 이 해답이 현실적인 부분에 초점을 맞추는 것만으로는 찾아지지 않으며, 두 사람의 가치, 믿음, 감정 들을 고려한 더 깊은 이해와 합의 속에서 발견될 수 있음을 일깨워준다. 그리고 이러한 것들을 모두 수면 위로 끌어올릴 때 비로소 커플들은 당면한 인생의 사건에 의식적으로 대응해나갈 수 있다.

04

서로 의존하는
합리적 방법

훈훈한 저녁 바람이 에밀리의 여름 드레스 자락을 살랑거릴 때, 그녀는 자말과 함께 저녁을 먹기 위해 멕시코시티에서 가장 좋아하는 레스토랑인 소노라 그릴에 막 자리를 잡는 중이었다. 웨이터가 초에 불을 켜고 메뉴를 건넸다. "낭만적인 저녁 식사를 즐기기에 완벽한 저녁이죠." 그가 미소를 지으며 말했다. 에밀리와 자말은 보일 듯 말 듯 웃어보였다. 그들 마음에 차올라 있는 것은 낭만이 아니었다. 18개월간의 안간힘과 고통스러운 부부싸움 끝에 두 사람은 돌파구를 찾는 일이 너무나 절박했다. 같이 편안한 저녁을 보내는 것이 어떻게든 교착 상태를 끝내는 데 도움이 되기만을 바라고 있었다.

에밀리에게는 이것이 유일한 희망이었다. 그러나 자말에게는 다른 계획도 있었다.

웨이터가 모히토 두 잔을 가져오고 식사 주문을 받아간 뒤에 자말은 들고 온 가방으로 손을 뻗었다. 그러고는 접혀 있는 종이 한 장과 색깔 펜 한 움큼을 꺼냈다. 은식기와 촛불, 작은 꽃병을 옆으로 치우고서 그는 북아메리카 지도를 펼치고 에밀리에게 초록색 마커를 건넸다.

"직장 때문에 계속 다른 걸 희생시키고 살 수는 없어." 그가 선언했다. "우리 둘 다 잘 살 수 있는 곳을 찾아야 해."

4년 전, 에밀리와 자말이 휴스턴에서 처음 만났을 때만 해도 하나를 얻으려고 다른 하나를 버린다는 것은 생각조차 해본 적이 없었다. 당시 두 사람은 에너지가 넘치고 낙천적인 20대 후반이었고, 더 없이 충실한 인생을 살리라고 단단히 마음먹은 청년들이었다. 토목 회사 프로젝트 매니저로서 자말은 안 다니는 곳 없이 출장을 다녔고, 출장지로 에밀리를 데려가 주말에 두 사람의 공동 취미인 야생지역 하이킹을 즉흥적으로 추진하는 때도 많았다. 이런 식의 짜릿한 주말 나들이는 주중에 떨어져 살면서 자말은 출장을 다니고 에밀리는 한 의류회사에서 구매전문가로서 열심히 일하는 데 대한 충분한 보상이 되었다.

첫 데이트를 한 지 18개월 만에 그들은 에밀리의 고향인 뉴욕 로체스터에서 가까운 친지들이 모인 가운데 결혼식을 올렸다. 로키산맥으로 신혼여행 트레킹을 다녀온 뒤에 두 사람은 버팔러 베이유강이 내려다보이는 작은 아파트로 이사했고, 그들의 생활은 이전과 크게 다를 바 없이 이어졌다. 에밀리는 처음으로 관리직으로 승진했는가 하면, 자말은 더 어려운 프로젝트를 배정받았다. 두 사람 모두 인생이 창창하게 흘러가는 듯 보였다.

그러고서 고작 석 달이라는 시간이 지난 뒤에 그들의 세계는 완전히 뒤죽박죽이 되고 말았다.

첫 아이의 출산 예정일을 두 달 앞뒀을 때 자말은 멕시코에서 아주 중대한 인프라 구축 프로젝트를 맡아 달라는 요청을 받았다. 에밀리와 자말은 어떤 일이 주어지든 비교적 편안하게 감당해내는 데 이미 익숙해져 있었고, 무엇보다 이 임무가 그의 경력에 굉장한 기회가 되리라는 것을 잘 알았다. 자말은 한 달에 3주 동안 멕시코시티에 내려가 일하는 데 합의했다. 그가 추가로 더 받게 될 급여는 보육비를 추가로 더 지출하고도 남을 터였다. 그리고 보육비를 추가로 더 내는 대신 에밀리도 계속 일을 하고 두 사람 다 경력을 계속 쌓아 나갈 수 있었다. 아니, 그럴 수 있을 것 같았다.

하지만 아이샤가 예정일보다 2주 일찍 태어났을 때 자말은 멕시코시티 공항에 발이 묶인 채 집에 가는 비행기 편을 기다리며 첫 아이의 출생 순간을 놓치고 말았다. 갑자기 두 사람의 삶은 통제 불능 상태로 빠져들기 시작했다. 아이샤를 혼자 돌보고, 직장에 다니고, 휴스턴 집도 혼자 관리하면서 에밀리는 추가 보육을 맡기는 것만으로는 임박한 번아웃을 막는 데 턱없이 부족하다는 사실을 깨달았다. 자말은 자말대로 한없이 계속되는 장거리 여행과 새로 맡은 대형 프로젝트의 스트레스 때문에 녹초가 되어 있었다. 에밀리는 자신이 과도하게 책임을 짊어지고 있는데 수고를 인정받지도 못한다고 느꼈고, 자말은 고립감과 무능한 기분, 그리고 죄책감에 시달렸다. 두 사람 모두 자신들이 애초에 합의했던 생활 방식에 오도 가도 못하게 갇혀버린 심정이었다.

이 모든 것이 아이샤의 첫돌이 있던 어느 주말에 정점으로 치달았다. 자말이 휴스턴에서 지내는 주간이었지만 그와 에밀리가 한때 누렸던 농밀한 애정은 손이 닿을 수 없는 곳까지 사라져버린 것 같았다. 대신 몇 달 동안 쌓였던 팽팽한 긴장감이 폭발해서 몇 차례의 말다툼으로 비화했다. 일요일 밤, 아이샤는 울고 아파트 아래에서는 자말을 공항으로 데려다줄 택시 기사가 기다리고 있는데, 자말이 에밀리에게 말했다. "난 이런 식으로는 오래 못 버텨. 어떻게든 바로잡지 못하면 우리 사이는 끝이야." 그런 다음 그는 아파트를 뚜벅뚜벅 걸어 나가 문을 쾅 닫고 가버렸다. 그는 비행기 안에서 멕시코로 돌아가는 내내 울었다. 화가 나서인지 슬퍼서인지, 그 자신도 알 수 없었다.

그 순간 에밀리와 자말은 "모든 것을 다 갖는 것"이 더는 선택 사항이 아니라는 것, 그리고 모든 것은커녕 '한때 뜨거웠던' 사랑의 파편들 말고는 결국 남는 게 별로 없을지도 모른다는 것을 깨닫지 않을 수 없었다. 워낙 행동이 빠른 두 사람은 그다음 주 내내 저녁마다 전화기를 붙들고 가능한 해결책을 논의했다. 그러다가 에밀리는 9개월짜리 프로젝트 임무로 고용주와 담판을 지어볼 수 있겠다는 생각이 들었고, 그렇게 해서 재택근무가 성사되었다. 이 젊은 가족은 휴스턴에 있는 아파트를 전대하고 멕시코시티에서 재결합했다.

처음 몇 달간은 이국적인 생활을 즐겼다. 고용한 유모는 아이샤가 무척 따랐고, 커플이 같이 매 주말을 아이샤 곁에서 보낼 수 있는 것도 행복했다. 하지만 오래 지나지 않아 균열이 다시 수면 위로 올라왔다.

에밀리의 커리어가 위태로웠다. 본사와 단절된 채 승진에서도 밀려났다고 느끼면서 에밀리는 자말 때문에, 그녀의 표현대로 '희생' 하고 있는 것이 점점 억울해졌다. 그사이, 자말의 상관은 새로운 프로젝트에 대해 다시 얘기를 꺼내기 시작했다. 새로운 지역에서 진행되는 새 프로젝트였다. 에밀리와 자말은 이제 어떻게 해야 할까? 에밀리가 다시 직장생활을 재개할 수 있게 휴스턴으로 돌아가야 할까? 아니면 자말의 커리어가 에밀리의 커리어보다 중요하고, 그러니 새로운 지역으로 이사를 가는 수밖에 없을까? 싸움이 다시 시작되었고, 전에 없이 격렬했다.

여기까지가 두 사람이 그날 저녁에 소노라 그릴 레스토랑에 마주 앉게 된 배경이었다. "당신한테는 초록색 펜이 있고 나한테는 빨간색 펜이 있어." 자말이 말했다. "이제부터 지도에 표시를 하는 거야. 당신이 어떤 나라, 어떤 주, 어떤 도시들에서 일하면서 살고 싶은지 말이야. 그런 장소마다 동그라미를 그려봐. 그리고 당신이 가고 싶지 않은 지역은 어디야? 그런 곳에는 X를 표시해. 나는 빨간색으로 똑같이 할게. 우리 둘 다 표시를 끝내고 나면 지도에 우리가 같이 살 만한 장소가 드러날 거야."

에밀리는 조금 미심쩍었다. 자신들의 문제가 그렇게 간단하게 해결될 수 있을 것 같지 않아서였다. 하지만 그녀는 자말을 사랑했고 그 사실에는 한 치의 의심도 없었기에, 그의 계획대로 한번 해보기로 했다. 그녀는 펜 뚜껑을 열고 지도에 초록색으로 표시를 해나가기 시작했다.

독립성 함정

제1전환기에서 힘들게 투쟁하며 스트레스를 많이 받는 커플들 대다수가 내가 볼 때 한 가지 중요한 이유 때문에 그렇다. 커플로 같이 살면서도 여전히 일을, 책무들을, 나아가 인생을 기본적으로 자기만의 '독립적'인 어떤 것으로 간주하기 때문이다. 이 생각을 토대로 커플들은 승리와 패배를 거래하는 타협안을 찾는다. 가령, 한 영역에서 파트너 1이 양보하면 다른 영역에서 파트너 2가 양보하는 식으로 양보의 균형을 맞추려고 하는 것이다.

타협은 나쁘지 않다. 어떤 관계를 막론하고 타협은 꼭 필요하다. 하지만 하나를 얻는 대신 하나를 잃는 식으로는 충분하지 않다. 진정한 인생의 파트너들은 독립적이지 않고 '**상호의존적**'이기 때문이다. 이 상호의존은 맞교환 같은 거래보다는 협력을 바탕으로 이루어진다. 또한 커플들은 맞교환을 통해 한시적으로 해결할 수 있는 매일매일의 현실적인 문제들보다 더 깊이 파고들어야 하고, 두 커리어에 우선순위를 부여하는 문제와 삶의 구조에 관한 더 깊은 질문들을 고민해야 한다.

에밀리와 자말의 이야기가 보여주듯이, 상호의존성을 받아들이고 그것이 제기하는 문제들을 해결해나가는 일은 만만치가 않다. 대부분 하나를 얻고 하나를 포기하는 거래 방식으로는 오래 버티기 어렵다는 것을 깨닫기까지 혹독한 시련을 거친다. 이런 경향은 특히 독립적인 것이 마치 성공의 징표나 성숙한 어른의 표식인 것처럼 높이 평가되는 문화 속에서 사는 커플들에게 두드러진다. 그러나 커플들이 "양보 거래"의 경로로 내려가는 순간, 그들의 관계는 회계 활동으로 전락한다.

그런 문화의 징후는 이런 메시지들이 쏟아진다는 점이다. "홀로 서기를 하라", "당신 삶의 주인이 되어라", "당신만의 인생을 살아라." 이 메시지들은 많은 사람들에게 긍정적인 영향을 미친다. 인생을 살다 보면 누구나 자주적이고 자족적이 되어야 하는 시기들도 있다. 그리고 많은 이들이 독립성의 가치를 수용하면서 해방감과 흥분을 느끼는데, 특히 성인기 초반은 잠재력의 경계를 시험해보고 부모의 집을 떠나서도 잘 살 수 있는지 알아볼 수 있는 최초의 진정한 기회라는 점에서 더더욱 그러하다.

인터뷰했던 커플들의 이야기를 분석하면서 나는 독립성이 커플 관계의 초기까지도 계속 핵심 가치로 남아 있는 경우가 많다는 것을 알게 되었다. 젊은 커플들은 대개 독립적인 커리어를 가지고 있고 공동의 책임은 거의 없다. 게다가 새로운 사랑은 오히려 그들을 더 자유롭게 느끼게 해준다. 문제들이 올라오는 것은 공동의 책임들이 하나둘씩 나타나고 사랑이 인생에 뭔가 요구하기 시작하면서부터다. 그러나 커플들은 여전히 독립적이고 평행한 두 인생의 렌즈로 당면한 새 문제들에 접근하면서 현실적인 부분들에만 초점을 맞추고, 계속해서 개인적인 열망들을 극대화해나갈 방도만을 찾는다. 이 단계에서 많은 맞벌이 커플들의 거래 조건이 이것이다. "나도 당신의 자유를 존중할 테니, 당신도 내 자유를 존중해줘." 그 결과는 제로섬 게임이다. 파트너 한 사람이 이득을 얻으면 또 한 사람은 잃게 돼 있는 것이다. 반드시 승자와 패자가 존재하게 돼 있는 이 거래는 원망과 시기를 불러오고 커플을 이별로 가는 지름길로 안내한다.

독립성의 함정에 걸려든 커플들은 당장 겪고 있는 현실적인 문제들의 더 근원적인 요인들, 이를테면 두 사람의 커리어에 어떻게 우선순위가 부여되며 상호의존적인 공동 경로는 어떻게 만들어야 하는가와 같은 주제들에 대해서는 신경 쓰지 않는다. 그러나 자말과 에밀리가 발견했듯이, 그 이면의 근원적인 요인들을 다루기 전까지는 커플이 강구하는 해결책이라는 것이 고작 반창고에 불과할 것이다.

제1전환기를 잘 통과하기 위해 커플들은 두 커리어에 어떻게 우선순위를 부여할 것인가, 그리고 가정에 대한 책무를 어떻게 나눌 것인가에 대해 의식적으로 협의하면서 당면한 인생의 사건에 대응해나가야만 한다. 또한 이 의식적인 협의는 서로의 욕구, 두려움, 꿈을 존중해야 하고, 나아가 두 사람이 공유하는 이 정서들을 잘 반영하는 방식으로 이루어져야 할 것이다. 의식적인 협상이 끝나고 나면 이제 커플들은 제2전환기를 직면하기 전까지 같이 여행할 공동 경로를 지을 수 있게 된다.

누구의 커리어가 더 중요하지?
참조할 만한 모델 세 가지

자말과 에밀리는 비싼 수업료를 치르고 모든 것을 다 가질 수 있는 커플은 없다는 교훈을 배웠다. 힘든 선택들을 하지 않으면 안 되는 것이다. 하지만 이 힘든 선택들은 어떻게 해야 하는 것일까? 커플이 각각 나라의 정반대편으로 발령이 난다면 그들은 어디로 이사를 가야 할까? 두 사람 다 한 날 한 시에 출장을 가게 생겼다면 누가 가고 누가 남아서 아이들을 돌봐야 할까? 부부 중 한 사람이 승진을 준비하느라 숨넘어가게 바쁘다면 나머지 한 사람이 집안일을 몽땅 떠맡아야 할까?

이런 딜레마가 가리키는 이면의 주제는 한 가지다. 바로, "누구의 커리어가 더 중요하지?"의 문제다.

위에 나열한 것과 같은 질문들을 놓고 치열한 싸움에 휘말려 있을 때는 그 구체적인 질문에서 한 발 물러나 커리어 우선순위 지정이라는 더 넓은 주제에 초점을 맞추는 것이 중요하다. 이 주제에 깊이 뛰어들고 나면 자신들에게 적합한 모델에 합의하는 데 도움이 될 수 있다. 그리고 이 모델은 커플의 상황에서 가능한 선택지들을 평가하고 그러한 딜레마들을 해결하기 위한 하나의 견본으로 활용될 것이다. 다음은 참조하면 좋을 기본적인 모델 세 가지다.

일차—부차 모델

일차—부차 모델에서는 한 사람의 커리어가 다른 사람의 커리어보다 더 중요하다. 일차 커리어를 맡은 사람은 바깥일에 더 많은 시간을 투자하고, 집안일은 파트너가 하는 양보다 적게 한다. 이 사람들은 가족의 지리적 이동을 계획하거나 자신의 업무와 관련된 문제, 이를테면 출장, 친교모임, 주말이나 저녁 근무 등을 결정할 때 주도권을 행사하며, 대부분 파트너보다 우위에 선다. 부차 커리어를 맡은 사람은 가족과 집과 관련해 주도권을 갖는다. 이 사람들도 대개 파트너보다 속도가 늦기는 해도 여전히 완전하고 성공적인 커리어를 발전시켜 나갈 수 있다.

이 커리어 우선순위 모델은 1970년대에 여성의 사회 진출이라는 새로운 영역에서 첫 삽을 떴던 대다수 초기 맞벌이 커플들이 채택했던 방식이다. 당시에는 사회적 관습과 전통적 사고방식 때문에 전형적으로 남자가 일차, 여자가 부차 커리어의 위치를 맡았다. 오늘날에도 일차—부차 모델을 선택하는 커플들이 일부 있지만, 젠더 비율이 그토록 극명하게 갈리거나 한쪽으로 치우치지는 않는다.

일차—부차 모델의 큰 장점은 역할이 선명하다는 점이다. 각자가 일이든 가정이든 한 영역에서 주도권을 쥐기 때문에 결정들이 퍽 단순해진다. 이 모델의 위험 요소는 일단 도입되고 나면 바꾸기가 무척 어려울 수 있다는 점이다. 사람들은 자기가 해오던 역할에 계속 집중하려는 경향이 있어서 삶의 여건이나 둘 중 한 사람의 선호가 달라져도 기존의 역할을 바꾸기는 매우 어렵다. 더구나 한 사람이 수년

간 일차 위치에서 일해온 경우에는 잠정 소득이 파트너의 그 수준을 훨씬 앞지를 것이어서 역할 바꾸기도 한층 더 어려워진다.

교대 모델

교대 모델에서는 두 파트너가 일차와 부차 역할을 교대로 맡기로 합의한다. 겉으로는 교대 커플도 일차—부차 모델을 적용하는 듯 보일 수도 있다. 차이는 일차 위치를 맡는 사람과 부차 위치를 맡는 사람이 주기적으로 바뀐다는 점이다. 이 역할 교대는 일반적으로 3년에서 5년을 주기로 하지만, 커리어의 특성이나 개인적 상황에 맞추어 더 길거나 더 짧은 주기로 돌아가기도 한다.

교대 모델의 장점은 두 파트너가 모두 커리어와 가정에 완전히 전념할 기회를 얻는다는 사실이다. 연구에 따르면 남성과 여성이 가족과 같이 시간을 보내고자 하는 욕망이 똑같이 강렬할 뿐 아니라, 그렇게 하지 못했을 때 죄책감을 느끼는 것도 똑같이 강렬하다.[1] 교대 모델은 파트너들에게 일과 가정 사이의 균형을 어느 정도 유지하게 해주는데, 이 균형은 커플들에게 갈수록 중요해지고 있다.

이 모델의 단점은 테이블이 언제 돌아갈지가 분명하지 않다는 점이다. 일정을 미리 협의해두면 조금 낫지만, 두 사람의 커리어가 어떻게 진행돼 갈지는 예상하기 쉽지 않다. 일차 위치에 있던 파트너가 부차 역할로 바꾸기로 한 날을 불과 6개월 앞두고 파격적인 승진을 제안받는다면 다른 파트너는 어떻게 해야 할까? 이런 뜻밖의 난관이 극복하기 어려운 관계의 위기를 촉발하기도 한다.

공동 일차 모델

공동 일차 모델을 도입하는 커플들은 일차 커리어 '두 개'를 곡예 부리듯 정력적으로 끌고 나간다. 물론 어려운 일이다. 이를 성취하기 위한 주요 전략은 파트너들이 동등한 입장을 유지할 수 있게 돕는 명확한 경계들을 설정하는 것이다.

이 경계들은 물리적인 것일 수도 있다. 가령, 특정 도시에 터를 잡고 살기로 합의하고 어떠한 경우에도 이사는 고려하지 않는 것으로 원칙을 정하는 것이다. 어느 파트너의 커리어에 지장이 생기든 말이다. 또는 시간에 관한 경계들도 가능하다. 출장이나 주말 회의에 쓸 수 있는 최대한의 시간을 정하거나, 가사와 육아를 공평하게 나누게 하는 규칙들을 정할 수도 있다.

공동 일차 모델은 평등하다는 점이 매력이다. 두 파트너 모두 항상 거의 동등하고, 두 사람 모두 일과 가정에 동시에 헌신할 수 있다. 위험요소는 커플이 경계를 강력하고 선명하게 정한 뒤에 그것을 충실하게 지키지 않는 한, 모든 것을 다 해내려는 함정에 쉽게 빠질 수 있다는 점이다.

어떤 모델이 제일 좋을까?
놀라운 대답

커리어 우선순위 지정 모델들 중에 하나를 선택한다는 것이 다소 거북하게 느껴지는 이들도 있을 것이다. 이런 인위적인 모델들보다는 필요한 경우 그때그때 결정해나가는 자연스러운 방식이 더 현실적이고 덜 완고하게 느껴지는 것이다.

맞다. 커리어 우선순위 지정 모델을 적용하는 커플은 미래의 결정에 제약을 둘 수밖에 없고 이것이 어느 정도 갑갑할 것이다. 한편, 수십 년에 걸친 한 심리학 연구는 인생에 선명한 경계들을 세우는 것이 역설적이게도 사람들을 심리적으로 더 안전하게 느끼게 해주고, 따라서 실험과 성장을 허용하는 선택들을 할 가능성도 더 높여준다는 사실을 보여주었다. 많은 다른 연구들은, 역시 역설적이게도 선택권이 많기보다는 더 적은 편이 사람들에게 더 쉽게 선택하게 해주고 그 선택에 훨씬 오랫동안 만족감을 느끼게 해준다는 점을 밝혀왔다.[2]

그러므로 커리어 우선순위 지정 모델들을 무작정 거부하기보다는 진지하게 고민해보고 파트너와 함께 논의해보기를 권한다. 한 가지 모델을 선택해서 당분간 그 방법대로 살기로 결정한다 해도 언제든 상호 합의하에 모델을 바꾸거나 폐기할 수 있다. 그리고 모델을 정하지 않기로 결정한다 해도 가능한 선택들을 같이 논의하고 그에 대한 생각과 감정들을 공유하는 것만으로도 파트너가 중시하는 가치와 그의 욕망들에 대해 알게 되는 매우 놀라운 과정이 될 것이다. 물론 자신의 가치와 욕망은 말할 것도 없고.

사람에 따라 이 우선순위 지정 모델들 중 한 가지에 자연스럽게 끌릴 수도 있고, 아니면 아주 질색을 할 수도 있다. 각각의 모델은 장점과 단점을 모두 가지고 있다. 하지만 한 모델이 다른 모델들보다 만족감을 오래 지속시키고 관계를 강화하는 데 더 탁월할까?

맞벌이 커플에 대한 내 연구에 대해 발표할 기회가 생길 때마다 나는 사람들에게 어느 우선순위 지정 모델이 가장 성공적일 거라고 생각하는지 묻는다. 다양한 의견들이 있지만, 대다수는 일차—부차 모델이 행복한 인생으로 가는 최고의 길이라고 어디선가 듣거나 읽었다고 말한다. 그래서 왜 그럴 것 같으냐고 물으면 이 모델 안에서는 각자의 역할이 명확해서 갈등이 더 적고 현실적인 문제들에 대한 선택이 더 단순하기 때문이라고 대답한다. 같은 맥락에서 교대 모델은 서로 역할을 바꿀 때 혼란이 초래될 수 있기 때문에 성공 가능성이 제일 낮을 거라고 대답하는 이들이 많다.

펙 타당하게 들리는 논리다. 하지만 내 연구는 조금 다른 패턴을 보여준다. 일과 삶에서 모두 성공적이라고 느낀다고 보고한 커플들 사이에서 가장 보편적으로 채택된 모델은 바로 공동 일차 모델이었다. 이 커플들은 주저 없이 이 모델이 얼마나 고생스러운지 증언하면서도 그 고생을 자부심의 차원으로 여겼다.

이 결과는 나를 매료시켰다. 처음으로 떠오른 생각은 이들의 자부심이 공동 일차 모델의 평등주의적 특성과 우리의 시대정신을 반영하는 게 틀림없다는 것이었다. 사회가 평등을 지향해가면서 더 평등한 모델이 더 큰 만족과 성공을 불러오는 게 분명해 보였다. 하지만 커플들이 내게 들려준 이야기가 천차만별로 다르다는 점, 그리고 성공적이라고 느끼는 쪽과 성공적이지 못하다고 느끼는 쪽의 스펙트럼 양극단에 서 있는 이들 사이의 큰 격차도 내 해석이 지나치게 단순화하고 있음을 드러내고 있었다. 나는 곧 모든 커플에게 일괄적으로 적용할 수 있는 관계 성공 모델 따위는 없음을 확신하게 되었다. 커리어 우선순위를 지정하는 한 가지 모델이 다른 모델들보다 객관적으로 더 나을 수 있다는 말인가?

더 깊이 파고들기 위해 나는 커리어와 관계에서 성공적이라고 느낀다고 보고한 커플들을, 그들이 선택한 커리어 우선순위 지정 모델과 상관없이 모두 살펴보았다. 그런데 공통분모를 도출해내는 과정에서 그들이 중요한 한 가지를 공유하고 있음을 발견했다. 그들 모두 커리어에 우선순위를 지정하는 방법에 관해 애매하고 미진하게 남겨두지 않고, 솔직하고 명확하게 논의하고 합의했다는 점이었다. 그들은, 역시 이번에도 '이 상황을 우리는 어떻게 감당할 것인가?'의 질문을 의식적으로 풀어나가는 사람들이었던 것이다.

이 발견은 공동 일차 커플들이 왜 더 큰 성공을 누리는 경향이 있는지를 설명해준다. 그 특성상 공동 일차 모델을 실천하기 위해서는 열린 대화를 나눠야 하고 커리어 우선순위에 대해 명백한 합의를 이루지 않으면 안 된다. 이 모델의 커플들은 경계들에 동의해야 하고, 공정성에 대한 자신들만의 정의를 내려야 하며, 이견이 생기면 그 구체적인 부분들을 일일이 해결해야 한다. 따라서 공동 일차 모델은 부분적으로는 그것이 커플들에게 커리어 우선순위 지정 문제에 관해 더욱 의식적으로 소통할 수밖에 없게 하기 때문에 효과를 발휘하는 셈이다.

물론 관계에서 열린 자세로 소통하는 것이 좋다는 것은 하나마나한 소리다. 아마 상식이라고도 할 수 있을 것이다. 하지만 이번 연구를 진행하면서 나는 얼마나 많은 커플이 충분히 논의하지 않은 채 커리어 우선순위 지정 모델을 선택하거나 바꾸는지 새삼 확인하게 되었다.

2장과 3장에서 만났던 셰릴과 마크에게로 돌아가보자. 사전 합의 없이 마크는 스타트업 일자리를 덜컥 수락했다. 그것이 밤낮없이 매달려야 되는 일인 만큼 그는 셰릴에게 갓 태어난 딸아이의 주 양육자 역할을 맡아 하는 동시에 전일제 직장까지 계속 다니라고 강요한 셈이었다. 실제로 두 사람은 고작 병원 침상 옆에서 흥분한 채로 통보한 것 말고는 아무 근거도, 대화도 없이 공동 일차에서 일차—부차로 모델을 바꾸어버렸다. 셰릴은 이 선택의 불리한 요소들을 예견하고 있었다. 그런데도 왜 저항하지 않았을까? 그리고 왜 그토록 많은 커플들이 이처럼 무계획적으로 커리어의 우선순위를 지정하는 것일까?

커리어 우선순위 지정을 둘러싼 질문들은 대단히 사적이다. 이 질문들은 일부 삶의 가장 근원적인 질문들로 질러간다. **우리가 인생에서 바라는 것은 무엇일까? 우리의 야망은 무엇일까? 우린 커플로서 어떤 인생을 살기 위해 애를 쓰고 있을까? 그리고 결정은 누가 내리는 거지?**

이 질문들은 주도권과 관련된 문제고, 많은 커플들이, 아마 대다수 사람들이 솔직하게 대면하기 두려워하는 주제다. 벤과 루신다도 그런 커플들 중 하나다.

* * *

결혼한 지 얼마 안 된 벤과 루신다는 아파트를 리모델링하면서 언제쯤 첫 아이를 가질지 고민하는 중이었다. 의료기기업체 영업 대리인인 벤은 보통 월요일부터 목요일까지 출장을 다녔고, 소비재 회사 상품 관리자인 루신다는 지역을 떠나는 일이 거의 없었다. 루신다는 아기를 갖고 싶었지만 그 결정이 일과 삶에 미칠 파장이 염려스러웠다.

"지금은 우리 커리어가 대등한 관계예요." 루신다가 내게 말했다. "하지만 아이를 낳으면 나는 한 걸음 뒤로 물러나야겠죠. 벤이 주중에는 집을 거의 비우는 마당에 내가 뭘 어쩔 수 있겠어요?" 그녀는 자신이 커리어의 속도를 늦춰야 한다는 것이 억울했고 속으로 그 길 이외에 다른 방법은 없다고 생각했다.

반대로, 벤은 부모가 된다는 것에 완전히 들떠 있었고, "어떻게 감당할 것인가"의 질문이 모두 해결된 것처럼 느꼈다. 그는 영업직에서 본사 사무직으로 자리를 옮겨서 육아에 적극적인 아빠가 될 여건을 마련할 계획을 세워두었다. "아이 키우는 재미를 놓칠 수는 없죠." 벤이 개별 인터뷰 때 내게 말했다. "루신다가 직장 생활에 어려움을 겪는 것도 싫고요."

나는 루신다와 벤이 부모로서의 미래에 대해 전혀 다른 전망을 가지고 있다는 사실에 깜짝 놀랐다. 그리고 왜 서로 의견을 주고받지 않았을까 의아해하다가, 두 사람이 각각 자기만의 억측 속에서 커리어 우선순위 지정에 관해 논의하지 못했음을 알게 되었다. 루신다는 자신이 부차 커리어 위치로 내려앉아야 할 거라고 너무나 확신하는 나머지 두려움이 현실이 되는 것을 보지 않기 위해 대화를 피했다. 그런가 하면 벤은 그것이 별 문젯거리도 안 된다고 믿어서 굳이 얘기를 꺼낼 이유가 없었다.

그러므로 "어느 커리어 우선순위 지정 모델이 제일 좋을까?"의 질문에 대한 놀라운 답은 이렇다. 세 가지 중 어느 모델이든 다 커플을 성공적이고 만족스러운 관계로 이끌 수 있다는 것. 단, 가능한 선택지에 관해 두 파트너가 솔직하고 분명하게 이야기하고, 서로의 진짜 감정과 필요, 두려움, 욕망을 고려해 공동으로 결정을 내리기만 한다면 말이다. 이렇게 하고 나면 커플은 한 파트너의 커리어를 위해 일방적으로 다른 파트너의 일을 희생하는 일은 없을 것이다. 대신 이들은 두 사람이 공동으로 만들어온 인생을 살기 위해서, 그리고 자신들이 의식적으로 선택한 모습의 커플이 되기 위해서 같이 희생을 감수할 것이다.

양육 모델과 젠더 역할 함정

모든 커플이 아이가 있는 것은 아니지만, 아이가 있는 경우 상호 의존성을 형성하기 위한 또 한 가지 중요한 요소는 부모 두 사람이 모두 받아들이는 양육 모델을 찾는 일이다.

지난 15년 간 부모들이 아이들에게 쏟는 시간과 에너지의 양은 극적으로 증가해왔다. 1990년대 중반에는 엄마들이 주당 평균 13시간을 아이 돌보는 일에 투자하고 아빠들은 평균 4시간을 투자했다. 오늘날에는 엄마들이 주당 평균 18시간을 투자하고 아빠들은 평균 9시간을 투자한다.[3] 모든 증거들을 종합해볼 때 이러한 경향은 사회적 압력에 기인하기도 하고 동시에 개인적 선택에 기인하기도 한다. 달리 말하면, 이 현상은 단순히 사회가 우리에게 자녀와 시간을 더 많이 보내라고 요구해서가 아니라, 우리 역시 아이들의 어린 시절을 놓치고 싶어 하지 않는다는 뜻이다.

더욱이 자녀와 지금보다도 더 많은 시간을 보내지 못하는 데 대한 죄책감이 너무나 널리 퍼져 있어서 남성과 여성 공히 아이들의 안녕과 함께 인생을 어떻게 구조화할 것인가의 문제로 마음 깊이 갈등을 겪는 것이 자명해 보인다.

실제로, 나와 인터뷰 했던 맞벌이 부모들 중 일부는 자신들의 자녀가 육아에 전념하는 엄마나 아빠를 둔 아이들보다 상황이 불리하다고 걱정했다. 그들은 학교 행사마다 빠짐없이 참석하지 못하는 데 대해, 학교 숙제를 꼼꼼히 도와주지 못하는 데 대해, 그리고 아이들이 아파도 어떨 때는 제3자가 돌봐주는 데 대해 죄책감을 느꼈다. 그들은 부모가 항상 곁에서 돌봐주지 못하는 것이 어떤 식으로든 아이들에게 좋지 않은 영향을 미쳐서 심리적으로나 사회적으로 기능 장애를 일으킬까 봐, 학업 성취도가 낮을까 봐, 버림받은 느낌이나 그 밖의 다른 문제들을 초래할까 봐 가슴을 졸였다.

사회 규범이 부모들에게 가하는 압력을 감안할 때 이러한 두려움은 일면 당연하지만, 사실 아무런 근거가 없는 두려움들이다. 풍부한 연구들이 이를 증명해왔다. 발달심리학자들은 아이들을 오랫동안, 일부 경우에는 무려 15년 동안이나 추적 조사해서 그들의 인지 능력과 정서 발달, 사회성, 관계를 형성하고 유지하는 능력 등 다양한 특성들을 측정했다. 그런 다음 집에서 육아에 전념하는 부모가 있는 아이들의 수와 맞벌이 부모를 둔 아이들의 수를 비교했다.

그 결과, 육아에 전념하는 부모를 둔 아이들과 맞벌이 부모를 둔 아이들의 발달상태와 행복 사이에는 아무런 차이가 발견되지 않았다.[4] 정말로 중요한 것은 아이들이 부모나 다른 중요한 어른들에게 느끼는 애착의 질이다.[5] 이 애착이 강하고 정서적 친밀감이 높을 때 아이는 그 대상이 되는 어른들이 집밖에서 일하는 직업을 가지고 있든 아니든 건강하게 자란다.

만일 일하는 부모여서 느끼는 죄책감을 아직도 떨치기 어렵다면 죄책감이라는 것은 압도적으로 문화에 휘둘리는 감정이라는 점을 기억하기 바란다. (내 고향인) 영국에 있을 때나 (일 때문에 자주 다니는) 미국에 있을 때면 나는 맞벌이 부모들에게 죄책감에 젖은 표현들을 많이 듣는다. 반면 (제2의 고향인) 프랑스에서는 그런 표현이 드물다. 맞벌이 부모들이 "부모 노릇을 잘 못한다"는 것은 사실에 근거한 실제 상황이 아니다. 그것은 우리가 우리 자신에게 주입하는 이야기이고, 우리가 더 이상 되풀이하지 않기로 선택할 수 있는 이야기다.

그러니 죄책감 없이, 양육의 기본적인 현실들을 받아들이자. 사실 모든 부모는 (맞벌이든 아니든) 양육의 '일부'를 외부에 맡긴다. 친인척에게든, 학교나 탁아시설에든, 아니면 헌신적인 유모에게든. 이것은 근래의 현상만도 아니다. 많은 전통 사회에서도 대가족 안에서 손위 친인척들이 아이의 부모가 일하는 동안 양육의 대부분을 책임졌다. 양육을 외부에 맡긴다고 해도 우리에게는 여전히 매주 아이들과 같이 보낼 시간이 많이 남아 있으며, 그 시간들을 어떻게 보낼지, 아이들에 대한 책임과 보상을 어떻게 공유할지 결정하는 것이 커플의 관계에 중요한 영향을 미친다. 커리어 우선순위 지정과 마찬가지로, 여러 양육 모델 가운데 하나를 신중하게 고민하여 선택하면 도움이 될 것이다. 다음은 대표적인 세 가지 모델이다.

대표 부모 모델

대표 부모 모델에서는 파트너 중 한 사람이 대표 역할을 맡아서 양육 책임의 대부분을 떠맡는다. 비단 시간에 관한 문제만이 아니다. 아이들을 둘러싸고 지원하는 시스템 전체를 관장하는 문제다. 운동 연습은 어느 요일에 가는지, 소풍 도시락은 언제 싸줘야 하는지, 예방주사 일정은 어떻게 되는지, 제일 친한 친구들의 부모 전화번호는 뭔지, 학급 친구들의 이름은 뭐고 어떤 아이들과 주로 어울리는지, 축구 시합에 나가는 카풀 계획은 어떻게 되는지 등을 모두 파악하고 챙겨야 하는 것이다. 아들 셋을 키우는 내 친한 동료는 자신의 대표 부모 역할을 가족의 중앙 컴퓨터 역할과 같다고 비유한다. 아이들을 돌보는 데 필요한 일들을 대부분 남편과 분담하지만, 무슨 일이 언제 어떻게 일어나는지 알고 있어야 하는 사람은 그녀이고, 언제든 예기치 못한 사건이 발생하면, 실제로 자주 일어나는데, 거기에 대처해야 하는 사람도 그녀다. 남편은 그녀를 위해 "일한다".

대표 부모 모델의 장점은 선명성이다. 부모만이 아니라 아이들도 주요 양육 의무들이 정확히 누구 담당인지 더 간단하고 안정적으로 알 수 있다. 그리고 대표 부모 역할을 맡은 사람이 그 역할을 정말로 좋아하고 즐길 경우에는 대단히 만족스러울 수 있다. 단점은 물론 부차 역할을 맡은 부모가 가족의 중요한 순간들로부터 배제된 듯 느낄 수 있다는 점이다. 그 위치에 있는 아빠나 엄마는 나중에 "내 아이들이 자라는 모습을 보지 못했다"는 무거운 회한이 남을 수도 있다.

대표 부모 교대 모델

커리어 우선순위 지정의 교대 모델과 마찬가지로, 이 모델은 커플이 대표 부모 역할을 번갈아 맡는 방식이다. 일부 경우에는 3년에서 5년 주기로 역할을 바꾸면서 커리어의 일차, 부차 역할을 교대하는 시기와 맞추기도 한다. 또 일부 경우에는 파트너 중 한 사람이 직장에서 특별히 격무에 시달릴 때는 이 대표 부모 역할을 더 짧은 주기에 맞추기 위해 정신없이 돌리기도 한다. 커리어 우선순위 지정 모델과 마찬가지로, 이 교대 모델의 단점은 역할을 언제 맞바꿀지 협의하기가 어려울 수 있다는 점이다.

공동 양육 모델

공동 양육 모델에서는 대표 부모 역할을 둘로 나눈다. 이 모델을 실천하는 커플들은 일반적으로 양육에 들어가는 시간을 대략 50대 50으로 나누고 "중앙 컴퓨터" 기능도 분담한다. 가령, 한 사람이 스포츠, 건강관리, 숙제와 관련된 모든 것을 관리하면, 다른 사람은 아이의 사회생활, 음악 활동, 교사들과의 연락 등을 담당한다.

어떤 모델이든 간에 이 양육 모델들이 성공하는 핵심 열쇠는, 맞춰 보시라, 맞다. 부모 두 사람이 의식적으로 협의하여 고른 모델이어야 하며, 나아가 커플 사이의 커리어 우선순위 지정 모델도 보완해야 한다는 점이다. 너무 당연하다고? 어쩌면. 하지만 이 두 가지 모델이 서로 일치하지 않는 커플들도 많다. 때로는 양육 모델이 커리어 우선순위의 역할 변경을 따라잡지 못하기 때문이지만, 더 흔한 경우이 부조화는 젠더에 따른 기대에서 비롯된다. 한 예로, 통계를 보면 평균적으로 여성들이 남성들보다 양육에 더 많은 시간을 투자하는데, 이 경향은 부부가 공동 양육 모델과 공동 일차 커리어 모델에 명시적으로 합의했을 때조차 똑같이 나타난다.

나는 공동 양육에 합의했다는 맞벌이 커플들의 이야기를 자주 들었다. 이들이 공동 양육을 결정한 이유는 부분적으로는 두 사람 다 양육에 직접 참여하고 싶어서고 부분적으로는 두 사람 다 커리어를 포기하고 싶지 않아서였다. 그럼에도 불구하고 이 커플들 사이의 역할은 불균형이 자명한 경우가 흔했다. 한 예로, 나와 이야기했던 한 여성은 남편이 양육에 적극적으로 참여하는 아빠지만 두 사람 공히 그를 "잘 도와주는 남편"의 프레임으로 바라본다고 말했다. 그녀가 자세히 설명했다.

토요일이 되면 아침을 먹으면서 남편이 항상 물어요. "이번 주말에는 내가 뭘 할까?" 한편으로 생각하면 내 친구 부부들과 비교해봐도 우리 남편이 무척 잘 도와주는 편이니까 좋죠. 하지만 그게 문제예요. 남편은 나를 '도와준다'니까요. 너무나도 분명하게 육아는 아직도 내 일인 거예요.

명시적 역할과 묵시적 역할이 실제로 많은 커플들에게서 왜 그렇듯 극명한 차이를 보이는지 그 원인을 짚어보자. 어쩌면 일부 남성들은 그저 뒤로 나앉아서 여성들이 육아 쇼를 펼쳐주기만을 기대할 것이다. 어쩌면 일부 여성들은 통제하고 싶은 욕망을 은근히 암시하는 방식으로 행동할 것이다. 또는 이 두 가지가 조금씩 섞여 있을지도 모르겠다. 그러나 진실은 전통적인 젠더 역할에서 벗어나기가, 심지어 평등주의 가치를 강하게 신봉하는 커플들에게도 무척 어렵다는 사실이다. 전통적인 젠더 역할은 매일같이 수백 가지의 방식으로 권장되고 강화된다. 대중매체의 묘사들은 말할 것도 없고, 개인적인 상호작용에 스며드는 미묘하게 편파적인 관점들도 흔하다. 가령, 학교 선생님은 아이에 대해 물어볼 거리가 있거나 뭔가 조정할 일이 생기면 자동적으로 아이 엄마에게 전화를 건다.

전통적인 젠더 역할의 집요한 영향력은 여성들이 가정에서 일차 부양자 역할을 할 때조차 남성들보다 육아와 가사노동에 더 많은 시간을 쏟는다는 사실을 설명하는 데 도움을 준다. 분명 우리는, 심지어 제일 평등한 사회들 안에서까지도 남성과 여성이 가정에 투입하는 에너지 사이에 균형을 잡으려면 아직도 갈 길이 멀다. 그러니 조심하기 바란다. 당신과 당신의 파트너가 굳은 신념으로 공동 육아를 약속했다 해도 전통적인 젠더 역할의 함정이 당신들의 행동에 강력하고 끈질긴 영향력을 행사할 공산이 매우 높으니까. 당신들이 의식하든 못하든 간에.

함께 선택하는 효과적인 방법

독립성의 함정에 빠지지 않고 상호의존성을 성취하기 위해서는 여러 가지 선택들을 감행해야 한다. 이 선택들을 의식적으로 감행하는 것은 커플이 각자 아끼던 독립성에 작별을 고하는 일일 수는 있지만 자유와도 헤어져야 하는 것은 아니다. 이렇게 하기 위해 커플들은 자신들에게 제일 잘 맞는 커리어 우선순위 지정 모델과 양육 모델을 함께 결정해야 하고, 그런 뒤에는 그 모델들을 적용해서 자신들의 삶의 질에 영향을 미치는 일상적인 결정들을 해나가야 한다. 어떤 선택을 하든 그것을 선택한 것이 우리 자신이고, 우리가 그 선택을 지키며 살고 있다는 사실을 알 때, 거기에는 큰 만족과 자유, 그리고 행위 주체로서의 힘이 찾아온다.

물론 말하기는 쉬워도 실천은 어렵다. 누구의 커리어를 우선적으로 고려해야 하고 부부 중 누가 양육에 더 많은 시간과 에너지를 쏟을지 결정하는 일은 스프레드시트에 장점과 단점 목록을 정리해서 합리적으로 정답을 도출해내기가 불가능한, 대단히 감성적인 문제들이다. 그래서 우리는 두 파트너가 모두 주체의식을 느끼고 최소한 얼마 동안만이라도 기꺼이 지키며 살 수 있는 결정들을 끌어내리려면 대화를 어떻게 풀어가야 할까?

좋은 출발지점은 두 파트너가 앞으로 어느 정도의 기간 동안, 이를테면 5년 동안 각자 커리어와 삶에서 무엇을 이루고 싶은지 논의하는 것이다. 이때 커리어 우선순위 지정과 양육 모델을 같이 이야기하면 서로의 바람들을 실현할 방법의 핵심에 도달하는 데 도움이 될 것이다.

일과 사랑이 구체적으로 어떻게 전개되면 좋겠는지를 스스로 완벽하게 인지하는 사람은 거의 없다. 어떤 바람들은 그저 어렴풋하게만 감지될 뿐이다. 더욱이 나에게 무엇이 잘 맞는지는 항상 오랜 시간을 두고 차츰 드러나는 법이다. 하지만 향후 5년에 초점을 맞추면 대개는 일과 삶에서 이루고 싶은 목표들과 얻고 싶은 경험들의 목록을 꽤 정확하게 찾아낼 수 있다. 다음은 그 목록을 작성하는 데 도움이 될 만한 질문들이다.

- **일과 관련해 한 가지 이상의 명확한 목표가 있는가?** 여기에는 매우 구체적인 목표들이 포함되어도 좋다. 가령, "관리직으로 승진하기", "개인 사업을 시작해서 최소한 고객 세 명 확보하기", "내 직종에서 새로운 자격증을 따는 데 필요한 훈련 과정 완수하기" 등이다. 또는 경험하고 싶은 것을 표현하는 목표들도 좋다. 가령, "계속 배울 수 있는 직책에 배정되기", "리더십을 기를 수 있는 프로젝트 맡기", "보람이 크고 지역 사회에 가치 있는 뭔가를 기여할 수 있는 일 하기" 등이다.

- **야심이 얼마나 큰가?** 당신은 나중에 업계 최고의 자리에 오르기 위해 지금부터 5년 동안 그 토대를 마련하는 일에 매진하겠는가, 아니면 현재 수준의 성공, 명성, 권력, 수입을 유지하기를 바라는가? 또는 장기적으로 봤을 때 당신의 야심은 이 양극단 사이 어딘가에 놓여 있는가?

- **선호하는 부모 역할이 있다면 어떤 역할인가?** 이미 아이가 있거나 또는 낳을 계획이라면 어떤 부모가 되고 싶은가? 양육의 어떤 측면을 가장 중요하다고 생각하는가? 파트너가 맡아주기를 바라는 역할은 무엇인가?

- **파트너와의 관계에서 가장 중요하다고 여기는 요소들이 무엇인가?** 인생 계획 안에 반드시 시간과 자원을 확보해두고 싶은 구체적인 활동들이 있는가? 여기에는 여행, 스포츠, 취미, 문화나 예술 활동, 지역사회 활동 등이 포함될 수 있다.

- **그밖에 중요한 삶의 요소들에는 어떤 것들이 있는가?** 특별히 살고 싶은, 또는 살고 싶지 않은 나라, 지역, 도시가 있는가? 새로 시작하거나 계속하고 싶은 여가 활동이나 건강 관련 활동, 문화적, 사회적, 영적 생활이 있는가? 어떤 가족과 친구 관계가 가장 의미 있는가? 과정을 밟고 싶은 교육 프로그램이 있는가? 직업과 상관없이 죽기 전에 꼭 이루고 싶은 염원이 있는가? 가령, 책

한 권 쓰기, 킬리만자로에 오르기, 합창단에서 노래하기, 프랑스 요리 정복하기 등. 이 염원들이 앞으로의 5년을 형성해나가는 데 어떻게 도움이 되겠는가?

이 주제들을 놓고 파트너와 함께 하루나 그 이상 동안 아무 제약 없이 대화해보기 바란다. 만일 바쁜 일정을 싹 비우고 주말 내내 이런 대화에 열중할 수 있다면 훨씬 더 좋다! 그 과정에서 당신은 파트너와 당신 자신에 대해 많은 것을 배우게 될 것이고, 어쩌면 처음 만났을 때 두 사람의 관계를 그토록 설레고 자유롭게 해주었던 요소들을 다시 발견하게 될지도 모른다.

서로가 품고 있는 목표에 대해 충분히 이해했다면 이제 두 사람이 같이 번영할 수 있는 인생을 어떻게 설계해야 할지 알아내야 한다. 타협할 각오를 하라. 타협은 공동의 인생에서는 거의 피할 수 없는 요소다. 목표는 단기에서 중기 기간 동안 각각의 파트너가 바라는 일들의 대부분을 실현할 수 있는, 그리고 두 사람 모두 스스로 원하는 방식대로 그 일을 하고 있다고 느낄 수 있는 계획을 만들어내는 것이다.

대다수 커플들이 제일 맞추기 어려워하는 퍼즐 조각은 커리어 우선순위 지정 모델을 선택한 뒤에 그것의 실행 방법을 정하는 일이다. 가령, 교대 모델을 실천해보기로 합의했다면 누가 먼저 일차 역할을 맡아야 할까? 얼마나 오랫동안? 커리어의 어떤 중요한 전환점이 일차, 부차 역할의 교대 시점을 나타낼까? 가령, 어떤 특정한 직급에 오르면, 연봉이 얼마가 되면, 또는 기타 다른 성취를 하면 역할을 바꿔야 할 적정 시기로 봐도 될까?

커리어 지도 제작의 힘

커리어 우선순위 지정 모델을 결정할 때 도움이 될 만한 한 가지 방법은 커리어의 예상 궤적을 그려보는 것이다. 모방하고 싶은 커리어를 가진 롤 모델들을 떠올려보고 그들이 경험했던 변곡점들을 머릿속에 그려보라. 이 지도들을 바탕으로 당신의 커리어가 따를 만한 패턴을 찾아낼 수 있을 것이다. 의료계나 학계, 법조계와 같은 일부 직종은 본격적으로 일을 시작하기 전에 긴 기간 동안 수입도 많지 않은 수련 과정을 거쳐야 한다. 규모가 큰 다국적 기업에서 일할 경우 성공하려면 해외 파견 등 지리적 이동이 불가피하다. 어떤 직업들은 일정 기간 동안 정신없이 밀어붙이다가도 사이사이 숨 고르기를 할 틈이 배치돼 있고, 어떤 직업들은 끝없이 전력질주 해야 하는 시스템이다. 그런가 하면 계속 새로운 회사를 차리는 연쇄 창업자 같은 사람들은 탐구하고, 성장시키고, 원숙해지고, 그다음에 떠나는 순환 주기가 세 번, 네 번, 다섯 번, 또는 그 이상 반복되기도 한다.

당신과 파트너가 각각 열망하는 커리어의 궤적을 그려보라. 그런 다음 두 궤적을 비교한다. 기복의 다양한 패턴, 수입의 증가와 정체, 압박이 높은 시기와 낮은 시기 등의 유사성과 차이 들을 견주어보면 커플이 직면할 공산이 큰 중대한 난관과 기회 들을 어느 정도 예측할 수 있을 것이다. 또한 이 지도는 커리어의 우선순위를 지정할 때도 두 사람이 가장 만족해하고 보람을 느낄 만한 방식으로 해법을 찾을 수 있게 도움을 준다.

* * *

앨리슨과 데이비드가 처음 만난 것은 앨리슨이 의과대학 마지막 학년에 다니면서 종양학과 레지던트로 막 근무를 시작하려던 때였다. 레지던트 근무를 시작하면 비교적 높지 않은 급여를 받고 그로부터 5년 동안 일하게 될 예정이었다. 한편, 데이비드는 전국 규모의 제조업 회사에서 본부장으로 이미 10년째 일해온 데다 직급이 착착 오르는 중이었다. 앨리슨과 데이비드는 앞으로 겪을 것으로 예상되는 직업 경로의 패턴에 대해 진지하게 대화를 나눴고, 그렇게 해서 두 사람의 커리어가 그들 모두 만족할 만한 방식으로 조화를 이루게 할 방법을 찾아냈다. 그들은 앨리슨의 경우에는 앞으로 5년 동안 매주 긴 시간 동안 일해야 할 테지만 대신 전국의 많은 대학 병원 중 어디서든 종양학 레지던트를 할 수 있기 때문에 지역 이동에는 자유로울 거라는 사실을 알았다. 반면, 승진 가도를 달리는 데이비드는 틀림없이 회사의 요청에 따라, 그 자신에게는 상대적으로 별 선택의 여지도 없이 2~3년에 한 번씩은 지역을 이동해야 할 것이었다.

이러한 예측들을 토대로 두 사람은 앨리슨이 레지던트를 하는 동안 데이비드의 일을 일차 위치에 두기로 결정했다. 그는 회사가 어디로 발령을 내든 임무를 수락하고, 앨리슨은 그의 직장과 멀지 않은 곳에서 레지던트 자리를 찾기로 했다. 그리고 5년 뒤에 앨리슨의 졸업이 가까워 오면 일차—부차 역할을 맞바꿀 계획이었다. 대학병원에서 종양학 교수가 되는 꿈을 이루려면 앨리슨도 지역을 골라야 할 필요가 있을 것이기 때문이다. 예상되는 변곡점들을 자세히 분석한 덕분에 앨리슨과 데이비드는 교대 모델이 자신들에게 가장 적합하다는 사실을 찾아낼 수 있었다.

커리어의 궤적을 지도로 그리는 것은 또한 코앞에 다가온 함정을 예견하는 데도 도움이 된다. 우선 커리어 우선순위 지정 모델을, 그리고 필요하다면 양육 모델까지 잠정적으로 선택한 뒤에는 지도를 이용해 당신과 파트너의 모습을 미래에 투영해보라. 그리고 다음 질문들을 생각해본다.

- 우리가 정한 이 커리어와 양육 모델을 1년 뒤에는 어떻게 느낄까? 3년 뒤에는? 5년 뒤에는?
- 오늘 내린 결정들을 미래의 관점에서 돌아볼 때, 계속 열어두지 않은 것을 나중에 후회할지도 모를 직업상 기회의 문들을 오늘 닫아버린 게 있을까? 이 질문에 1년 뒤에는 어떻게 대답할까? 3년 뒤에는? 5년 뒤에는?
- 가정생활을 생각할 때, 오늘 우리가 내린 결정들 중에 나중에 후회하게 될 일이 있을까? 이 질문에 1년 뒤에는 어떻게 대답할까? 3년 뒤에는? 5년 뒤에는?

우리가 고르는 선택은 언제나 나름의 위험 요소와 단점 들이 있기 마련이다. 하지만 이렇듯 깊이 성찰할 때 우리는 선택을 조정할 여지가 생길 뿐 아니라, 파트너의 결정을 덮어놓고 따랐다가, 또는 아무 결정도 내리지 못해서 후회하게 되는 정말 심각한 위험들을 일부 줄일 수도 있다. 가령, 어떤 커플이 일차—부차 커리어 우선순위 지정 모델을 선택했다고 가정해보자. 부차 위치에 선 사람의 커리어가 도저히 공동 일차나 교대 모델로 전환하기 어려울 수준까지 뒤처지지 않으리라고 보장할 방도가 있을까? 마찬가지로, 공동 육아를 실천하기로 선택했지만 진정한 평등주의에서 전통적이고 편파적인 젠더 역할 쪽으로 자꾸 미끄러져 내려가는 것을 막을 조치에 두 사람이 합의할 수가 있을까?

커리어의 그럴 법한 미래 경로를 지도로 그린 다음 그 예상들을 이따금 다시 점검한다고 해서 우리가 미래를 통제할 수 있는 것은 물론 아니다. 다만 인생의 중대 사건들 앞에서 우리와 파트너 모두에게 적합한 미래로 더 가까워질 수 있는 선택들을 하는 데는 도움이 될 것이다. 지도가 있으면 또한 다른 세계로 옮겨갈 시기가 됐을 때, 애초의 선택들을 재고하고, 어쩌면 바꾸기도 해야 할 때가 됐을 때, 그 시기를 알아차리는 데도 도움이 될 것이다.

상호의존성 성취하기

제1전환기의 힘겨운 투쟁에서 헤어날 길을 발견할 때 커플은 상호의존성을 성취한다. 두 파트너 모두 서로가 서로에게 의지하고 있음을 받아들이게 되는 것이다. 다시 말해, 두 사람이 공동의 책임을 완수하기 위해서는, 당면한 인생의 사건에 대응하기 위해서는, 그리고 스스로의 열망을 성취하기 위해서도 서로 기대지 않으면 안 된다는 사실을 받아들이는 것이다. 그렇다고 해서 두 파트너의 의무와 권리, 권력이 정확히 똑같아야 한다는 뜻은 아니다. 또는 두 사람의 삶이 완전히 한 덩어리가 되어서 둘 다 같은 목표를 추구해야 한다거나, 두 사람의 커리어와 열망에 대해 우선순위를 똑같은 방식으로 매겨야 한다는 뜻도 아니다. 다만 상호의존성이란, 두 사람 모두 주체적으로 선택하고 두 사람 모두 번영할 수 있도록 두 파트너가 함께 충실히 일한다는 뜻이다. 그리고 이렇게 상호 의존하는 커플들은 각각의 파트너가 상대의 성공과 실패 속에서 수행하는 역할을 알아보고 존중한다.

커플들이 상호의존성을 성취하기는 쉽지 않다. 현실적인 문제들, 이를테면 '다음 주말에는 누가 콘퍼런스에 참석하지?', '딸을 유치원에서 데려오는 게 누구 차례더라?'와 같이 표면 위에 보이는 문제들 아래를 파고들어야 하고, 커리어와 삶에 관련된 더욱 깊은 질문들과 씨름해야 하기 때문이다. 이 일을 의식적으로 실행해나가는 커플은 제1전환기에서 벗어나는 경로를 닦을 수 있고 두 번째 전환기가 시작되기 전까지 공동의 성장기를 누릴 수 있다.

제1전환기

제1전환기의 특성
커리어와 삶이 평행하고 독립적인 방식에서 상호의존적인 방식으로 변화된다.

도화선
커플이 직면하는 인생의 첫 번째 중대 사건. 예를 들어 지리적 이동, 직업상의 중대 기회, 심각한 질병, 출산, 재혼으로 인한 두 가정의 통합 등이 있다.

핵심 질문
• 이 상황을 우리는 어떻게 헤쳐 나갈 것인가?
• 커플은 당면한 인생의 중대 사건에 대응해나가고 두 파트너 모두 사랑과 일에서 번영할 수 있도록 삶을 구조화할 방법을 찾아내야만 한다.

함정
• 결정을 할 때 경제적 기준에 지나치게 의존한다.
• 결정이 불러올 장기적 영향을 간과한다.

- 현실적인 문제들에 지나치게 집착한다.
- 너무 많은 것을 한다.

해결 방법

두 커리어에 우선순위를 지정하는 방식과 가족에 대한 책무를 분담하는 방식에 합의함으로써 인생의 주요 사건에 의식적으로 대응해나간다. 제 2차 전환기에 이르기까지 함께 여행할 공동 경로를 짓는다.

기술

- 커플 계약: 두 파트너의 가치, 경계, 두려움을 기록해 공동 경로를 만드는 데 이용한다(2장)
- 살림에서 살아남는 생존 전략: 살림 분담에 관해 세심하게 협의하여 긴장과 갈등을 완화한다(3장)
- 커리어 지도: 커리어의 미래 궤적을 예측하고 지도로 그려 커리어 우선순위 지정 모델을 결정할 때 참고한다(4장)

성찰

- 대화하는 법: 의사소통의 함정을 피하고, 만족스러운 관계의 가장 중요한 예측 변수인 친절을 배양하는 법에 관한 조언들(2장).
- 함께 선택하는 법: 더 나은 의사결정을 위해 숙고해볼 질문들(4장)

제2전환기

중년,
혼란과 갈등의 2막을
걷어 올리다

05

쉼 없는
달리기 멈추기

"이게 다 꿈 때문에 시작된 일이에요." 매튜가 내게 말했다. "꿈을 꿨는데, 내가 제일 좋아하는 레스토랑에서 직장 상사랑 같이 있었죠. 상사가 디저트로 초콜릿을 두 개 시켰는데, 맛있어 보였지만 전혀 먹고 싶지가 않았어요. 정말이지, 상사가 내미는 초콜릿을 받을 수가 없더라니까요."

매튜는 마흔두 살이다. 그때까지 그의 인생은, 그의 말마따나 "성공 열차"를 타고 달렸다. 그러니까 직업 세계에서 승승장구한 것인데, 그렇지만 목적지를 정하고 같이 여행할 동행을 선택한 것 말고는 거의 항상 승객 같은 기분을 느꼈다. 매튜는 대학을 졸업한 뒤에 국제경영학부에서 석사 학위를 땄다. 제임스를 만난 것도 그때였다. 두 사람 다 성실한 학생이었고 직업에 대한 야심이 컸다. 서로의 닮은 점이 마음에 들었던 두 사람은 곧 사랑에 빠졌고 함께 인생을 설계했다. 그 뒤 18년 동안 매튜는 의료 서비스 분야에서, 제임스는 건설 업계에서 꾸준히 지위를 높여왔다. 이미 두 사람은 제1전환기를 무난하게 넘기면서 자신들에게 꼭 맞는 공동의 집과 인생을 지어두었다. 그때부터 그들은 성공의 초상이 되었다. 키 크고 잘 생긴 두 남자, 일 잘하고 동료들에게도 사랑받는 한 쌍의 젊은 임원들.

그런데 매튜는 그 꿈이 왜 그토록 심란했을까?

그 꿈이 자기 삶의 근원적인 뭔가를 상징하는 것 같다고 그는 말했다. 자신이 얻고 있는 기회들은 멋져 보이기는 해도 지나치게 호사스럽고, 그래서 넘치게 누리고 산 데 대해 나중에 후회하게 될 거라는 얘기였다. 이 기회들은 그에게 행복이나 의미를 불어넣어주지 못했다. 그리고 그가 꾼 꿈은 거칠게 휘돌던 감정과 질문 들에 구체적인 이미지를 부여했다. **나는 지금 인생을 어떻게 살고 있는 거지? 엉뚱한 길로 걸어온 게 아닐까?** 매튜도 자신이 운이 좋다는 것을 잘 알았고 이제껏 살아온 인생의 방향에 의문을 품는 것이 불안했다. 하지만 심란한 기분은 좀처럼 가실 줄 몰랐다. 이제 그는 다른 경로를 상상하기 시작했다. 회사를 그만두고 보수는 적어도 성취감이 더 클 만한 일을 찾는 상상이었다.

이 무렵, 제임스는 회사에서 고위 관리직으로 올라서는 파격적인 승진을 제안받았다. 출장이 더 잦은 자리이기는 했어도 전근까지는 아니었다. 제임스는 좋아서 어쩔 줄 몰랐지만 매튜는 침통해했다. 이제 매튜는 자신이 회의를 품고 있다는 사실이 파트너에 대한 배신처럼 느껴졌다. "제임스와 나는 나란히 성공가도를 달리는 커플이라는 게 고유한 특징이야. 그런데 내가 방향을 바꿔도 제임스가 계속 나를 사랑할까?"

커플이 된 이후 처음으로 매튜는 제임스에게 감정을 숨기기 시작했다. 제임스는 매튜가 마음이 식었다고 짐작했다. "우린 40대 초반에 갈라선 몇몇 커플들을 알고 있었어요." 제임스가 내게 말했다. "매튜가 아직도 나와 함께하고 싶어 하는지 의심이 들기 시작했죠. 심지어 바람을 피울 거라는 망상에 시달리기까지 했어요."

터놓지 않는 고뇌와 남모르는 근심 속에서 모호한 상태로 6개월이 흐른 뒤, 매튜와 제임스는 해변가에서 짧은 여름휴가를 보내게 되었다. 첫날 저녁에 햄버거와 감자칩을 사이에 두고 앉았을 때 제임스가 뭔가 찾아내려는 눈빛으로 매튜를 쏘아보았다. "그래서, 무슨 일인지 말 할 거야, 말 거야?"

제2전환기의 시작

스치는 의심, 심란한 꿈, 뇌리를 떠나지 않는 질문 들은 모두 제2전환기의 시작을 알리는 징표들이다. 커플이 40대에 접어들고 나면 제1전환기의 끝에서 만들었던 공동 경로의 안정성이 일련의 새로운 난관들 아래 허물어지기 시작한다. 이제 제1전환기의 도화선이 됐던 인생의 사건을 붙들고 씨름하기보다는 인생의 기반과 방향에 대한 존재론적 질문과 의심을 상대로 겨뤄야 한다. 제1전환기가 커플에게 자기 선택의 주인이 되라고 요구했다면 제2전환기는 그 선택들에 의문을 제기하라고 떠민다. 그리고 선택들을 잘 지켜왔을수록 의문의 강도는 더 세다.

이 의문들은 어디선가 난데없이 솟아나서는 사람들에게 슬금슬금 다가가 잘만 돌아가던, 때로는 더없이 행복해 보이던 인생에 훼방을 놓는 것만 같다. 하지만 실제로는 그렇지 않다. 이 의문들은 수 년간 움이 트고 사람들의 의식 밖에서 자라오다가 마침내 눈에 띄지 않을 수 없을 만큼 거대해졌을 뿐이다. 대개 처음에는 대수롭지 않다. **이게 내가 원하는 직업이 맞을까? 내 열정은 어디에 있는 걸까?** 그러다가 금세 삶의 다른 영역들로 번져나간다. **이게 내가 원하는 관계가 맞나? 난 이런 사람이 되고 싶었던 걸까? 남은 인생은 어떻게 살아가야 하나?**

의문들의 원천은 간단하다. 내가 인터뷰했던 많은 커플들은 운좋게도 좋은 파트너 관계와 커리어를 누려왔지만, 한편으로는 수많은 요구를 수용해야 하고 참기도 해야 하는 입장이었다. 그들은 직장 안에서도, 사회관계 안에서도 그런 요구들을 충족시킬 자원과 뒷받침이 있었고 또 다분히 본인들의 선택으로 그렇게 하고 있다고 느꼈다. 하지만 어느 시점에 이르러 둘 중 한 사람이 묻기 시작한다. "내가 왜 이걸 참고 있지? 언제까지 참아야 하는 거야?"

이번 연구에서 나는 커플들이 제2전환기를 촉발하는 질문들을 제일 자주 마주친 시기는 40대 때라는 것을 발견했다. 이 시기에 사람들은 직업 영역에서나 사생활에서나 이미 경험이 충분히 쌓여서 자신들의 성공을 돌아보고 한계를 인식할 줄 알며, 또한 남아 있는 잠재력을 낭비하고 싶어 하지도 않는다. 게다가 어느 정도 성공 궤도에 오른 상태라면 과거에는 받아들였을 법한 고생도 더는 감내하고 싶어 하지 않는다. 그들이 인생에 내리는 평가는 긍정적인 평가든 부정적인 평가든 더 많은 질문을 불러일으킨다. 오스카 와일드가 쓴 것으로 알려진 이런 문장이 있다. "하느님은 우리를 두 가지 가혹한 방법으로 대하신다. 첫 번째는 우리의 꿈을 거부하시는 것이고, 두 번째는 우리의 꿈을 이뤄주시는 것이다." 어떤 일에 성공을 거두고 꿈을 이뤘을 때 우리는 묻는다. "이게 다 뭘 위한 것이었을까? 인생이란 게 고작 이것뿐인가?" 동년배들보다 뒤처졌다고 판단될 때, 꿈을 이루는 데 실패했을 때도 우리는 묻는다. "이제 나는 뭘 할 수 있을까?" 그리고 결코 꿈을 이루지 못할지도 모른다는 쓰라린 자각에 직면한다.

사람들이 중년에 이르러 자기만의 삶을 만들어가야 한다는 절박한 요구에 직면하는 것은 이미 너무나 광범위하게 입증된 현상이어서 일부 심리학자들은 이를 보편적인 것으로 여긴다. 이것이 우리에게 내재된 욕구냐, 아니면 그저 사회 시스템이 부과한 압박의 결과일 뿐이냐는 철학자들이 다툴 문제다. 현실적으로 보자면, 내 연구에 참여했던 커플들처럼 20, 30대 시기에 커리어의 기회들과 사회적 지위를 확보하기 위해 열심히 싸웠던 사람들은 대부분 40대에 들어서고 나면 자신들이 한때 그토록 열망했던 그 책임들로부터 더 자유로워지고 싶은 욕망을 느낀다.

교착 상태에서 개별화로

　마흔 살이 되기 전에는, 우리가 인정하든 안 하든 대다수 사람들이 부모, 친구, 직장 동료라는 형태의 사회적 영향력들이 제시하는 경력과 인생 경로를 따른다. 대학을 졸업하자마자 어떤 이들은 의과 대학에 들어가 엄마나 아버지처럼 가정의가 된다. 또는 엔지니어가 되려고 준비하는 이들도 수두룩하다. 그게 요즘 똑똑한 애들이 하는 거니까. 첫 직업으로 무엇이 좋을지 확신이 서지 않은 채로 경영 컨설턴트 회사나 은행에 들어가기도 한다. 그게 또래들에게 재능과 사회적 신분을 나타내주기 때문이다. 우리는 남들이 우리에게 기대하는 대로 행동할 뿐만 아니라, 남들이 우리에게 기대하는 사람이 되기도 한다. 가령, 열심히 일하고 노력하는 사람이 되고, 세심하게 배려하고 챙겨주는 사람이 되고, 성실하게 추종하는 사람이 된다. 인생경로와 페르소나가 애초에 남들에 의해 형성된다고 해서 우리가 나약하다거나 자의식이 부족하다는 뜻은 아니다. 엄격한 스승에게 배워본 사람은 잘 알 테지만 이런 방식이 이른 나이 때는 대체로 유용하다. 하지만 이 유용함은 그리 오래 가지 못한다.

　일반적으로 40대 시기에 사람들의 마음속에 나타나는 내적 문제 제기와 의심들은 그들의 "진짜 자기"가 이제껏 사회적 기대에 순응하기 위해 키워온 페르소나를 상대로 힘겹게 싸우고 있다는 첫 번째 신호다. 내가 연구했던 사람들의 경우, 자신이 살고 있는 인생이 온전히 자신의 것이 아닐 수도 있음을 처음으로 자각했을 때 대개 함정에 빠졌다고 느꼈다. 그들은 현재의 경로로 계속 걸을 수 없다는 것을 알았다. 그들은 남들의 기대가 아니라 자기 자신의 욕망을 반영하는 경로를 다시 짓고 싶어 했다. 하지만 문제는 자신의 욕망이 무엇인지 정확히 알지 못한다는 점이었다. 이럴 수도 저럴 수도 없는 교착 상태에 빠진 셈이다.

제2전환기의 발달 과제는 사회적 요구와 기대에 부응하던 방식에서 각각의 파트너가 커리어와 서로의 관계에서 자신이 정말로 바라는 것이 무엇인지를 찾아내고 그것을 추구하는 방식으로 옮겨가는 것이다. 나는 이 과제를 상호적 개별화라고 부른다. 심리학자 칼 융이 이 개별화 과정을 처음으로 소개했는데, 그에 따르면 개별화를 통해 사람들은 자기만의 고유한 관심과 욕망에 뿌리내린 진짜 자기와 삶을 만들어나갈 수 있다. 융은 개별화가 매우 혼란스러운 과정이라는 것을 인식하면서도 그것을 건강한 인간 발달의 핵심으로 보았다. 오직 이 과정을 통해서만, 융에 따르면 우리는 "당위로서의" 자기를 버리고 본래의 자기가 되며 진정으로 나의 길로 느껴지는 경로를 걷게 된다.[1]

제2전환기의 과제를 내가 '상호적 개별화'라고 부르는 이유는 이 전환기를 잘 통과하기 위해서는 커플이 반드시 서로의 개별화를 지원할 수 있어야 하고, 두 사람 모두의 관심과 욕망이 나래를 펼 수 있는 공동 경로를 다시 닦아야 하기 때문이다.

나와 인터뷰했던 맞벌이 커플들 중 상당수가 이 두 번째 전환기를 매우 버거워했고, 매튜와 제임스처럼 처음에는 외면했다. 매튜는 자신의 개별화가 "나란히 성공가도를 달리는 커플이라는 게 고유한 특징"인 자신과 제임스의 관계를 배신하는 일일까 봐 두려워했는데, 이는 우리가 제2전환기를 외면하는 이유를 잘 보여준다. 왜냐하면 적어도 표면적으로는, 더 자기다워지려는 충동이, 즉 더 개별적인 존재가 되려는 충동이 다름 아닌 커플로서의 가장 기본적인 자질을 위협하는 듯 보이기 때문이다.

제2전환기에 저항하기

제2전환기에 들어서서 개별화 과정을 밟으려면 커플은 첫 번째 전환기 때 만든 공동 경로가 더 이상 목적에 맞지 않는다는 사실을 받아들여야만 한다. 이렇게 하는 것은 많은 부분을 위태롭게 한다. 두 파트너의 정체성, 관계, 커리어까지 모든 것이 의문을 제기해야 하는 기존의 인생 경로 안에서 발달해왔고 또 거기에 익숙해져 있기 때문이다.

당연히 많은 커플들이 저항한다. "가진 것에 감사할 줄 알아야지." "잘 살고 있는데 왜 분란을 일으키려고 해?" "지금 짊어지고 있는 책임이 얼마나 많은데 자기회의 따위에 빠져 있겠어." 나는 커플들이 마음속에 떠오르는 의문들을 평정하기 위해 스스로에게 이런 말을 하는 것을 많이 들었다. 제2전환기를 향한 이런 이중적인 감정 때문에 많은 이들이 주저하게 된다.

* * *

　나와 처음 이야기 나눴을 때 벤저민은 커리어와 삶에 대한 회의를 1년이 다 되어가도록 회피하는 중이었다. IT 업계 보안 전문가인 그는 오래 전부터 컴퓨터와 테크놀로지에 열광했고, 컴퓨터공학을 전공한 뒤 중간 규모 회사 여러 곳을 거치며 경력을 쌓아왔다. 하지만 지난해에는 갈수록 일이 손에 걸리지 않았고 다른 길을 알아보고 싶은 마음이 간절해졌다. 애초에 그가 이 직업에 끌렸던 이유는 다른 이들의 문제를 해결해주고 피해를 막아준다는 점이었는데, 이제 그런 것은 따분하게만 느껴질 뿐이었다. 그가 도움을 줘야 하는, 그의 표현대로 "IT 문맹들"에게는 부아가 나기까지 했다. 게다가 그가 관리하는 팀 안에서도 팀원들과의 성격 차이에 점점 짓눌려가고 있었다. 하지만 달리 어떻게 한단 말인가? 그는 다른 길을 알아보고 고려한다는 게 자신에게 얼마나 "불가능한지" 거듭 설명했다. 나보다는 자기 자신에게 더 다짐해두는 말 같기는 했지만. 그의 생각에 그는 그런 일을 할 시간도, 기력도 없었다.

　3년 전, 그는 한 실험실 분석가인 조와 인연을 맺었다. 각각 첫 번째 결혼에서 실패하고 난 뒤였다. 두 사람 다 이전 결혼에서 얻은 아이들이 있었다. 벤저민에게는 일곱 살, 아홉 살인 두 딸이, 조에게는 다섯 살인 아들이 있었다. 재혼 부부가 많이들 그렇듯이 그들도 복잡한 생활을 곡예하듯 버텨나갔다. 벤저민은 조를 깊이 사랑했다. 자기 일에 대한 그녀의 열정이 존경스러웠고, 그녀와 자신의 열린 관계가 무척 마음에 들었다. 그런 솔직함이야말로 첫 번째 결혼에서는 턱없이 부족한 부분이었다. 그러나 그는 복잡한 일상의 체계가 힘에 부쳤다.

벤저민과 조는 첫 번째 전환기를 빠르게 통과해 독립적인 삶에서 상호의존적인 삶으로 나아갔다. 조의 아들은 주중에는 그들과 함께 지내다가 격주 주말마다 친아빠에게 갔다. 벤저민의 딸들은 그 반대였다. 그러다 보니 조와 벤저민은 둘만의 시간을 보낼 겨를이 거의 없었다. 그런데다 가까이 사시는 벤저민의 부모님이 점점 연로해져갔고 그의 어머니는 최근 알츠하이머 진단까지 받았다. 벤저민은 곧 자신이 부모님을 전적으로 돌봐야 하는 시기가 오리라고 예상했다. 이 모든 책임들을 떠메고 어떻게 그가 자기 자신에게 집중할 수 있었겠는가?

벤저민은 조와의 솔직한 관계가 무척 소중하다고 말했지만, 자신의 의심과 회의로 공연히 그녀를 귀찮게 하지는 말아야 한다고 결론 내렸다. 당연히 그녀와의 사이가 점점 멀어지는 게 느껴지기 시작했다. 첫 번째 결혼을 연상시키는 우려스러운 조짐이었다. 조는 나와 따로 인터뷰할 때 그녀 역시 거리감을 느꼈다고 말했다. 벤저민의 내적 회의는 알지 못한 채 그가 이 관계에 마음이 식어가고 있다고 짐작했다고 한다. 이런 변화들을 감지했지만 벤저민은 점점 불어나는 책임과 복잡한 일상을 감안할 때 자신의 회의는 입 밖에 내지 않는 것이 최선이라고 굳게 믿었다.

벤저민만이 아니다. 커플들의 제2전환기는 각종 책임들이 무겁게 짓누르는 시기에 시작된다. 40대 때 사람들은 직장에서 더 높은 지위로 올라가고 더러는 팀을 이끌기도 한다. 경제적으로는 주택담보대출과 연금, 의료비를 대야 한다. 자녀가 있다면 양육도 그들의 몫이다. 40대는 경우에 따라 노쇠한 부모를 돌보아야 하는 때이기도 하다. 이런 모든 책임들 때문에 개인적 성장에 투자한다는 것은 배부른 사치로 여겨지고 변화의 조짐은 너무 위험하게 보인다. 그 결과, 내가 인터뷰한 많은 사람들이 자기 자신과 파트너에 대해 떠오르는 의문들을 부인했다. 하지만 벤저민과 조의 이야기나, 매튜와 제임스의 이야기에서도 잘 드러나듯이, 사람들이 자신의 내적 혼란을 겉으로 인정하거나 고백하지 않더라도 파트너들은 대개 감지하고 있다.

제2전환기로 뛰어들기

나는 일부 사람들이 내적 회의를 외면한 채 제2전환기에 저항하고 기존의 경로를 고집한 반면, 또 일부는 질문들을 서둘러 처리한 뒤에 너무 황급히 새로운 경로로 뛰어들었다는 것을 발견했다. 카를라의 사례를 보자. 43세에 카를라는 제2전환기의 도화선이 되는 전형적인 질문과 의심 들에 부딪쳤다. 그녀는 단조로우면서도 짧은 시간에 전력을 다해야 하는 디자인 회사의 업무가 정말 자기에게 맞는 일인지 회의가 들기 시작했고, 그보다는 자신의 열정을 좇는 일에 더 많은 시간을 투자하고 싶었다. 워낙 활동적이고 추진력 강한 카를라는 조금의 망설임도 없이 이직을 준비했다. 어느 날 저녁 집으로 돌아온 그녀는 남편 프란체스코에게 곧 직장을 그만둘 예정이며, 프리랜서 디자인 작업과 약간의 자원 활동을 병행하는 포트폴리오 경력을 쌓을 생각인데, 그나저나 프리랜서 작업은 이미 준비에 들어갔다고 선언했다. 충격을 받은 프란체스코는 카를라가 나가서 새로운 경로를 만드는 동안 그녀의 선택이 가족의 경제 상황에 미칠 영향을 해결하느라 골머리를 앓았다.

9개월 뒤. 카를라의 심란함은 더 맹렬한 기세로 되돌아왔다. 더이상 직장에 매여 있지 않은 까닭에 이제 의문은 삶에 대한 그녀의 전반적인 접근 방식에 초점이 맞춰져 있었다. "나는 쉬지 않고 달리기만 했어요." 그녀가 말했다. "그런데 왜 달리는지조차 모르겠어요. 어디로 달리고 있죠? 어디로부터요? 제가 인생에 바라는 건 뭘까요? 이젠 도무지 모르겠어요." 카를라는 직장을 그만두고 바라던 일을 시작했는데도 이런 질문들이 가라앉질 않자 혼란스러웠다. 그리고 깨달았다. 자신이 프란체스코를 일차 부양자의 위치에 억지로 밀어넣어 그에게 엄청난 부담을 지웠다는 것을. 그런데 그렇게 변화를 밀어붙였는데도 정작 자신의 내면세계는 거의 변하지 않았다는 사실을 인정하기가 몹시 부끄러웠다. 한편으로는 두렵기도 했다. 이제 와서 다시 방향을 바꿔도 남편이 여전히 지지해줄까?

카를라가 저지른 실수는 외적 변화를 전환의 완료와 동일시했다는 점, 그리고 이직을 내적 의문의 유일한 해답으로 여겼다는 점이었다. 전환은 그 핵심에 있어서 우리의 내적 세계와 관련된다. 전환은 세상에서의 새로운 **존재** 방식을 요구한다. 인생에 대한 새로운 접근

방식, 새로운 초점, 새로운 우선순위가 필요한 것이다. 어떤 이들에게는 이 새로운 **존재** 방식이 새로운 **행동** 방식으로 이어질 것이다. 새로운 직업, 새로운 관심, 일부에게는 새로운 파트너까지도. 그러나 반드시 내적 변화가 외적 변화를 끌어내는 동력이 되어야 한다. 후자가 전자를 회피하기 위한 자극적인 꼼수가 되지 않게 하려면 말이다.

낡은 것들 내려놓기

모든 전환기는 하나의 종결과 함께 시작된다. 제1 전환기에서 커플은 독립적인 일과 삶을 내려놓아야 한다. 제2전환기에서는 좀 더 실존주의적인 어떤 것을 포기해야 한다. 사람들이 직면하는 내적 의문들은 그들의 진짜 자기가 더 이상 남들을 기쁘게 하려고 만들어온 페르소나와, 그 페르소나를 뒷받침하기 위해 만들어온 인생 경로와 동질감을 느끼지 못한다는 것을 나타낸다. 이 전환기의 첫 번째 과제는 더 이상 적합하지 않은 것을 찾아내는 일이다. 카를라에게 이것은 그녀의 일이 아니라 "쉼 없는 달리기"였다. 우리의 전환기는 더 이상 작동하지 않는 우리의 존재 방식을 찾아내고 그것을 내려놓을 때 진정으로 시작된다. 가령 그것은 인생에 접근하는 방식일 테고, 남들을 대하는 태도일 테고, 세계관이거나, 또는 내가 어떻게 행동해야 하며 무엇을 위해 노력해야 한다는 식의 근거 없는 믿음일 것이다.

이 연구를 통해 나는 사람들이 자기 행동의 이면을 파고들어 그 행동을 부추기는 것의 실체를 직접 확인했을 때 더 이상 작동하지 않는 이 존재 방식이 무엇인지 찾아냈다는 것을 알게 되었다. 이번 장의 맨 처음에 소개한 매튜가 마침내 "성공 열차"에 대한 불편한 마음의 밑바닥을 파고들었을 때, 그는 스스로 괜찮은 사람이라고 느끼기 위해 끊임없이 자기를 한계 이상으로 밀어붙여야 하는 혹독한 내면세계를 지어왔음을 알게 되었다. 이렇듯 스스로를 혹사하는 습관은 일단 올라탄 이상 내려주지도 않을뿐더러 결코 멈추지도 않을 것 같은 열차 안에 그를 가둬버렸다. 그는 이렇게 설명했다. "나는 직장에서만이 아니라 인생 전체를 더 잘하기 위한 경주로 바꿔놓았더군요. 할 수 있는 한 요리도 최고로 잘하고, 달리기도 제일 빨리 달리려고 애썼죠. 이런 태도가 내 인생의 모든 측면에 퍼져 있었어요." 이 사실을 깨닫고 난 뒤에 매튜는 슬픔과 상실감이 밀려들었다고 말했다. "원래 나는 감성이 풍부한 아이였다는 게 기억났어요. 부모님의 정원에 앉아서 오후 내내 그림을 그리고 책을 읽던 아이였죠. 그 아이를 되찾고 싶었어요. 그 아이에게 더 넓은 공간을 주고 싶었어요." 매튜는 잃어버린 자기를 되찾아야 하고, 그렇게 하기 위해서는 스스로를 모질게 혹사하던 자신의 일부를 내려놓거나, 적어도 줄여야 한다는 것을 꿰뚫어보았다.

　낡은 페르소나를, 즉 낡은 존재 방식을 내려놓기는 몹시 힘든 일이다. 그것은 자기를 앞으로 나아갈 수 있게 자유로이 놓아주는 한편, 일종의 죽음이기도 하기 때문이다. 그것은 나를 '**여기**'까지 데려온 삶의 방식이 나를 '**저기**'로 데려가지는 못한다는 사실을 인정하는 일이며, 그런데 우리 자신도 대개는 '**저기**'가 어딘지 아직 모른다. 이

때 '**저기**'를 외적 변화의 관점에서만 생각하면 앞으로 나아가기 어렵다. 전환기는 필경 외적 변화도 수반할 테지만, 우리를 외적 변화로 이끄는 것은 바로 내적 종결과 내적 변화다. 내적 의문들과 변화를 놓치지 않는 것은 그래서 매우 중요하다.

경계성에 들어서기

이전의 낡은 존재 방식을 내려놓을 수 있을 때에만 사람들은 제 2전환기의 핵심 경험, 즉 '경계성liminality' 안으로 들어설 수 있게 된다. 민속학자 아놀드 방 주네프Arnold van Gennep가 처음 소개하고 이후에 인류학자 빅터 터너Victor Turner가 구체화한 이 경계성은 우리의 정체성이 유예되어 있는 정신 상태를 말한다.[2] 이 안에서 우리는 낡지도 새롭지도 않은 어중간한 상태다. 그러나 경계성 안에 들어설 때, 사람들은 다른 어디서도 접근 가능하지 않은 여러 겹의 자기와 연결될 기회가 높아진다. 그들은 낡은 페르소나와 더 이상 일체감을 느끼지 않지만, 새로운 존재 방식도 아직 찾지 못했다. 경계성 안에서 사람들은 이것을 찾아내는 일을 하는데, 이때 '자기'는 아직 정의되지 않았으므로 '**있는 그대로**' 존재할 수 있다.

전통적으로, 경계성은 역할들의 변화 사이에서 생기는 것으로, 통과의례가 특징이었다. 청소년들은 자기 부족을 떠나 장로들에게 이끌려 물리적인 경계 장소로 들어가 성인으로서의 새로운 정체성에 대해 배웠다. 요즘에는 경계 세계에 들어갈 때 장로들의 길 안내

없이 대부분 혼자서 간다.[3] 경계성 안으로 들어갈 때 사람들은 해도海
圖도 없이, 어느 방향으로 항해해야 하는지도 전혀 모른 채 배에 오른
다. 하지만 해도를 제작하고 스스로 선택한 방향으로 배를 몰아가면
서 사람들은 각자만의 고유한 자기가 된다. 경계성 안에서 우리는 개
별화의 동력인 탐험과 성찰에 열린 상태가 된다. 또한 여기서 감행하
는 탐험은 깊은 성찰과 결합해 우리의 선택과 행동 들을 낱낱이 뜯어
보게 하고 과거를 이해하게 하며 새로운 미래로 더듬더듬 나아가게
해준다. 이 변화는 즉각적인 깨달음이 아니라 일련의 점진적인 발견
들을 통해서 일어나는데, 이 점진적인 발견들은 우리가 정말로 바라
는 것이 무엇이며 그것을 어떻게 성취할 것인가의 큰 그림 속으로 같
이 어울려 들어간다. 시간이 걸리는 일이다.

　속도와 생산성은 현대 세계에서 덕목이 되었지만, 경계성의 관점
에서는 제약일 뿐이다. 태아가 건강한 아기로 성장하기 위해서는 자
궁 속에서 9개월의 시간이 필요하듯이, 사람들도 건강하게 개별화
된 자기로 성장하기 위해서는 경계성 안에서 충분한 시간이 필요하
다. 속도와 생산성의 유혹을 이겨내려면 우리는 경계성 안에 들어설
때 이 과정이 시간이 걸릴 거라는 사실을 인정해야 하고, 또한 경계
성 안에서 얻는 경험을 잘 이해하는 것이 우리의 가장 중요한 무기라
는 사실도 받아들여야만 한다. 전환과 관리 분야의 대가 윌리엄 브리
지스William Bridges는 이렇게 말한다. "(경계성 안으로) 들어가는 길이 나
오는 길이다."[4] 경계성을 받아들일 수 있을 때, 그리고 이 경계성을
이용해 내가 누구이며 내가 정말로 되고 싶은 사람이 누구인지 깊이

이해할 수 있을 때 우리는 자연스럽게 거기서 나와 자기만의 개별화된 인생 경로로 옮아갈 것이다.

성찰과 탐험

성찰은 경계성 안에서 수행해야 하는 가장 중요한 과제 중 하나다. 과거에 대한 성찰(**어쩌다 이 막다른 골목까지 왔지? 넌 누구니? 네가 선택한 것들을 선택한 이유가 뭐였어?**), 그리고 미래에 대한 성찰(**넌 어떤 사람이 되고 싶니? 삶에서 바라는 게 뭐야?**). 성찰은 텅 빈 시간에 일어난다. 성찰을 하기 위해서는 활동을 멈춰야 한다. 성찰은 순전히 자신의 마음속에서 일어날 수 있다. 그러나 일기를 쓰면서, 그림을 그리면서, 다른 이들과 대화를 나누면서 얻기도 한다. 어떤 이들은 혼자서 성찰한다. 오래 걸으면서, 넘실대는 파도나 활활 타오르는 장작불을 보면서, 오후 내내 정원에서 빈둥대면서 마음이 마음껏 배회하고 연상 작용을 일으킬 수 있는 고요하고 오롯한 공간을 얻는다. 그런가 하면 다른 이들과 같이 성찰하는 것도 가능하다. 친구, 형제자매, 코치, 분석가, 또는 파트너와 오래 대화를 나누면서 우리의 생각과 연상 들, 글과 그림 들을 같이 나눌 수 있는 공간을 얻는다. 이따금 우리의 생각과 감정을 입 밖으로 소리 내어 말하는 단순한 행동만으로도 우리의 마음이 한결 선명해지곤 한다. 물론 많은 이들이 여러 가지 성찰 방법을 골고루 섞어 쓰면서 차츰 자신에게 제일 잘 맞는 방법을 찾아나간다.

나는 제2전환기를 무사히 통과하는 커플들의 경우 각자의 성찰 공간에 처음부터 파트너를 포함시킨다는 것을 알게 되었다. 그렇다고 해서 처음부터 끝까지 같이 성찰하는 것은 아니고, 파트너 외에는 상대하지 않거나 자기 혼자만의 시간을 보내지 않는다는 뜻은 아니다. 다만 파트너 한 사람이 다른 한 사람에게 자신의 새로운 인생경로를 불쑥 통보하기보다는 서로의 생각과 감정을 처음부터 함께 열어 나간다는 뜻이다. 이들은 이전 삶에 작별을 고할지는 모르지만, 새로운 삶을 찾으러 서로가 서로를 데리고 간다.

과거를 성찰하기 위해서는 시간이 필요하다. 미래를 성찰하려면 데이터도 필요하다. 여기가 경계성의 또 한 가지 주요 과제, 바로 탐험이 끼어드는 지점이다. 탐험은 장차 될지도 모를 대안적인 자기들과 장차 선택할지도 모를 대안적인 경로들에 대한 통찰을 제공한다. 탐험이란 이 대안적인 경로를 이미 걷고 있는 부류의 사람들과 사귀기 위해, 그리고 그 경로의 실현 가능성에 대한 정보를 모으기 위해서도 새롭고 낯선 세계와 깊이 관계를 맺는 일이다. 이 작업은 우리가 그 길을 택했을 때 할지도 모를 **활동**과 또한 될지도 모를 **존재**에 대한 그림을 제공한다. 나의 멘토인 허미니아 아이바라Herminia Ibarra는 많은 생각거리를 던져주는 책《터닝포인트 전직의 기술Working Identity》에서, 탐험은 다양한 형태를 띨 수 있다고 설명한다.[5] 그중 한 방법은 동문회나 지역 직장인모임 등이 주관하는 조직적인 인맥 쌓기 행사를 통하는 것이다. 이런 단체들은 정기적인 모임을 여는데, 이 모임들에 나가는 것은 다른 세계에 대해 알아가는 탁월한 기회가 될 수 있다. 다른 방법들은 좀 더 비공식적이다. 이를테면 친구나 이웃, 그 밖의 지역 주민들에게 우리가 관심 두는 직종에 종사하는 사람들을 소개해달라고 부탁하는 것이다. 또 개인적인 접촉이 적은 방법들도 있다. 가령, 다른 유형의 인생을 사는 사람들이 쓴 책이나 기사, 블로그를 통해서도 배울 만한 내용을 풍부하게 얻을 수 있다. 또 다른 방법들은 적극적인 실험활동이 수반된다. 이를테면 직업체험, 임시파견, 또는 자원 활동 등을 통해 새로운 역할들을 실제로 경험해보는 것이다. 물론 여기서도 최고의 탐험은 이 모든 방법들을 고루 섞어서 대안적인 경로들을 가능한 한 빈틈없는 그림으로 완성해보는 일이다.

커리어 관련 책들은 대부분 대안적인 경로를 탐색하는 법에 관한 훌륭한 조언들로 가득하다. 그러나 이런 책들이 간과하는 부분은 이 경계성이 얼마나 당혹스럽고 불안한가 하는 점이다. 18개월 동안 달리기를 한 끝에, 앞에서 보았던 IT 보안 전문가 벤저민은 마침내 자신이 무엇을 해야 할지 깨달았다. 그리고 "나만의 싸움은 항상 나 혼자 싸우고 다른 사람들의 싸움에는 항상 같이 끼어들어가서 대신 싸워주는 독립전사 노릇"을 그만둬야 한다는 것을 자기 자신과 조에게 인정했다. 그러나 이렇게 깨달았다고 해서 무엇을 어떻게 해야 할지는 알 수 없었다. 다만 그가 아는 것은 계속 이런 식으로 해나갈 수는 없다는 것과, 대신 자신이 어떤 사람이 되고 싶은지, 삶에서 정말로 바라는 것이 무엇인지 찾아내야만 한다는 사실 뿐이었다. 조는 그의 탐험을 지지했지만, 그녀도, 벤저민도 경계성 안에서 겪는 혼란스러운 경험에 대해 아무런 준비가 되어 있지 않았다. 그는 이렇게 말했다. "완전히 길을 잃은 상태였어요. 되돌아갈 수 없다는 걸 알았지만, 동시에 앞으로 나아간다는 게 어떤 건지도 전혀 알 수 없었으니까요. 내가 여기까지 어떻게 오게 됐는지에 대해서만 오랫동안 생각했어요. 밖으로 나가서 다른 대안들에 대한 정보를 모으기도 했죠. 새로운 사람들과도 얘기를 많이 나눴는데, 그래도 뭔가 선명하게 보이기까지는 시간이 무척 오래 걸렸어요. 제일 이상한 건 겉으로는 아무것도 바뀐 게 없었다는 점이죠. 여전히 출근을 했고, 아이들을 돌봤고, 어머니를 보살폈으니까요. 하지만 조금 거리가 있었어요. 내가 하고 있는 일과 내가 느끼고 있는 것, 내가 속으로 생각하고 있는 것이 다 따로 놀았던 거예요."

벤저민의 경험은 일반적이다. 혼란스럽기는 하지만 경계성은 궁극적으로 잠재력의 공간이다. 이곳은 우리가 바라는 것이 무엇인지 발견하는 공간이고, 우리가 될 수도 있을 다양한 자기들을 탐색할 수 있는 공간이기도 하다. 개별화가 일어나는 장소도 바로 이곳이고, 내가 진정으로 바라는 것이 무엇인지, 되고 싶은 사람이 누구인지 발견하는 것도 오직 이 경계성 안에서다. '개별화'라는 용어의 문제는 이것이 '개인'으로서의 나에게만 초점이 맞춰진 듯 보이게 할 수 있다는 점이다. 실은 전혀 그렇지 않다.

결코 당신만의 문제가 아니다

두 사람이 커플이 될 때 그들은 서로의 인생 이야기에서 주된 역할을 맡게 되고, 제1전환기의 과정을 거치면서 이전의 독립적인 두 경로를 잇는 공동의 상호의존적 경로를 만든다. 제1전환기에 있을 때 커플들의 초점은 커리어에 우선순위를 지정하는 방법과 가정에 대한 책무를 분담하는 방법을 합의함으로써 인생의 주요 사건에 의식적으로 대응해나가는 데 있다. 그러나 동시에, 이 연구를 통해 나는 커플들이 서로의 삶에서 맡을 역할들도 암묵적으로 합의한다는 사실을 알게 되었다. 인터뷰했던 커플들 중에 제2전환기가 한창 진행 중일 때까지 이 역할들에 대해 노골적으로 논의한 커플은 전혀 없었지만, 모두 일찍부터 정해두고 있었다.

커플들이 인생의 첫 번째 주요 사건에 의식적으로 대응하지 않은 경우, 다시 말해 제1전환기의 함정들 중 하나에 빠져 커리어 우선순위 지정과 가정에 대한 책무 분담을 두 사람 모두 번영할 수 있는 방식으로 명확하게 합의하고 넘어가지 않은 경우, 이 커플들은 자신들이 맡은 역할에 어쩌다 잘못 걸려든 듯 느꼈고 그렇게 역할을 굳혀온 것을 후회했다. 또한 인생의 주요 사건에 의식적으로 대응해나간 경우에는 커플이 제1전환기 때 만들어둔 공동 경로로 여행하는 내내 애초에 설정한 역할들이 안정적으로 기능했다. 그러나 시간이 흐르면서 이 역할들은, 심지어 의식적으로 합의한 결과였다 해도 제약으로 변했고, 마음의 동요와 내적 질문을 야기하는 요인 중 하나로서 제2전환기를 불러왔다.

따라서 제2전환기는 두 가지 동력의 결합으로 촉발된다. 하나는 인생 주기의 일부인 개별화를 향한 충동이고, 또 하나는 제1전환기의 결과물인 커플의 역할 분담에 대한 재고의 필요성이다. 이 두 동력의 결합은 커플들이 중년의 나이에 제2전환기를 직면할 가능성이 제일 높다는 것을 의미하지만, 나는 인생의 다른 시기에 이 전환기를 헤쳐 나가는 커플들도 보았다.

제1전환기를 다룬 앞의 세 장에서 우리는 커리어 우선순위 지정과 가정에 대한 책무 분담에 관한 합의가 어떻게 부부를 사랑과 일에서 번영하게 (또는 하지 못하게) 하는지 살펴 보았다. 이번 6, 7장에서는 커플들의 더 깊은 심리적 합의들에 대해 알아보고, 제2전환기를 무사히 통과하기 위해 이 심리적 합의들을 어떻게 표면화하고 재논의해야 하는지 검토할 것이다.

커플들은 실질적 노동을 분담하듯이 심리적 노동도 분담한다. 각각의 파트너가 특정 역할들을 맡고 다른 역할들은 넘겨주는 것이다. 한 사람이 감정을 표현하고 지키는 역할을 하면 다른 사람은 이성적인 부분을 관장한다. 한 사람이 활달하고 저돌적인 태도로 가족을 앞으로 끌고 나간다면, 다른 사람은 느긋한 태도로 균형을 잡는다. 우리는 저마다 성격에 맞는 역할에 이끌리는데, 파트너가 그 역학을 넘겨줌에 따라 우리가 두 명 몫을 해내게 되고, 따라서 그 부분에 있어서는 우리 자신이 조금 과장되게 표현될 수 있다. 동시에, 우리도 우리 자신에게 덜 중요한 부분들을 넘겨주고, 그러면 파트너가 우리 몫까지 해낸다. 그러므로 두 파트너는 지속적으로 일부 역할들을 수행하고 다른 역할들은 거의 하지 않는 방식으로 양극화될 수 있다. 그 결과, 커플로서는 완전하지만 개인으로서는 불완전한 형태의 분담이 이루어진다.

교착 상태에 이르러 제2전환기에 들어설 때 우리가 직면하는 질문과 의심은 부분적으로는 제1전환기 때 파트너에게 넘겨줬기 때문에, 그리고 그때부터 계속 파트너가 맡아 해왔기 때문에 우리는 잃어버렸거나 제대로 개발하지 못한 존재 방식에 집중된다. 앞에서 이미 소개했던, 디자인 회사에서 일하다가 프리랜서로 서둘러 전환했던 카를라는 늘 추진력이 남다른 사람이었다. 하지만 과거를 되돌아보면서 "쉼 없이 달리는" 존재 방식이 프란체스코와의 관계 속에서 더 강화되었다는 것을 깨달았다. 그녀는 가족을 이끌어나가는 쪽이었다. 늘 주도적인 역할을 맡을 뿐 아니라 머릿속으로도 끊임없이 내달리며 일을 궁리하고 처리했다. 그녀는 생활을 차분하게 가라앉히는 부분은 프란체스코에게 의지했고, 그는 억지로라도 그녀가 휴식을 취하게, 저녁에는 일을 손에서 놓게, 아니면 숨이라도 조금 돌리게 했다. 그녀는 스위치를 딸깍 꺼버릴 줄 아는 그의 능력을 존경했다.

카를라는 프란체스코처럼 타고난 체질은 아니었을지 몰라도 자신도 예전에는 곧잘 쉬기도 했다는 것을 알고 있었다. 그러나 20대 초반 시절을 되돌아보다가 그녀는 훨씬 태평했던 자기를 발견하게 되었다. 부부관계에서 일어난 역할의 양극화와 바쁘게 돌아가는 커리어에 적응하다 보니 차츰 추진력 강한 자기는 한없이 강화되고 태평한 자기는 약해지게 된 것이었다. 카를라는 자신의 이 두 측면 사이에 균형을 회복하고 싶었다. 하지만 그렇게 하자면 그녀와 프란체스코의 관계 안에서도 두 측면 사이에 균형이 회복되어야 했다. 바꿔 말하면, 그녀의 개별화는 프란체스코의 협력과 지지만이 아니라, 프란체스코 자신의 변화까지도 요구하는 일이었다.

함께 전환하기

시스템이라는 것이 다 그렇듯이 커플도 한 부분에 변화가 생기면 나머지 부분에도 영향을 미친다. 한 파트너가 삶의 방식을 바꾸기 위해서는 다른 파트너도 그의 방식을 조정해야 하는 것이다. 사람들은 흔히 파트너의 개별화를 지지한다고, 파트너가 새로운 존재 방식과 새로운 행동 방식을 지닌 새로운 자기를 탐색하는 것을, 또 그러한 자기가 되어가는 것을 지지한다고 말하고 스스로도 그렇게 굳게 믿을지 모르지만, 실제로는 그 변화에 무의식적으로 저항하는 경우가 많다. 우리는 파트너가 변해도 괜찮다. 우리가 모든 감정을 관장하는 역할을 포기해야 되는 것만 아니라면. 우리는 파트너가 더 야심찬 사람이 되어도 괜찮다. 우리가 현실적인 부분들을 더 짊어져야 하는 것만 아니라면. 이 연구를 통해 나는 사람들이 파트너의 변화에 대해 느끼는 불편한 감정이 널리 퍼져 있다는 것을 알게 되었다. 파트너의 변화가 불편하다는 것은 한쪽이 변할 경우 두 사람 모두 서로의 이야기 속에서 수행하던 역할들을 바꿔야 한다는 것을 뜻했다. 그러나 이

것을 부정적인 진화로 보는 것은 실수다.

　파트너가 커플 사이의 역할 분담에 관해 이의를 제기할 때, 그것은 우리가 잃어버렸거나 제대로 개발하지 못한 우리 자신의 일부를 회복할 기회를 주고, 또한 우리와 파트너 모두에게 심리적으로 더욱 완전한 자기가 될 기회를 준다. 커플을 더욱 풍요로운 존재가 되게 해줄 발달상의 기회인 셈이다. 게다가 한 파트너가 교착 상태에 이르면 대개 다른 한 사람의 교착 상태도 불러일으키는데, 이는 파트너들이 내가 발달상의 '동반 정체'라고 부르는 상태와 정서적으로 잘 공명하기 때문이다. 정서적 공명은 각 파트너의 정체 경험을 강화하고, 공동의 교착 상태와 공동의 변화 기회도 만들어낸다.

　벤저민이 조에게 그가 겪고 있는 내적 의문과 교착 상태에 관해 고백한 지 3개월 뒤에 조 역시 유사한 경험을 하기 시작했다. 그러나 벤저민과 달리 조의 회의는 직장이 아니라 그녀가 인생에서 맡고 있는 다른 역할들에 집중되었다. 그녀가 말했다. "예전부터 나는 남들의 보살핌을 받으며 살아왔어요. 어떤 면에서 여전히 어린애 같은 거죠. 어릴 때는 나를 보호해준 사람이 아빠였답니다. 대학을 졸업한 뒤에는 연구소에 들어가서 나보다 나이가 훨씬 많은 동료들과 일했는데, 그분들은 나를 딸처럼 대해주셨고요." 계속해서 그녀는 첫 번째 결혼도 비슷한 패턴으로 흘러갔다고 설명했다. 그러나 아들이 태어난 뒤로 당시 남편은 그녀를 정서적으로 학대하기 시작했다. "벤저민이 나를 그 결혼생활로부터 구해줬고 자신감도 회복시켜줬습니다." 하지만 그녀는 같은 패턴으로 돌아가고 말았다. 그리고 살면서 처음으로 그 패턴이 편안하기보다는 구속처럼 느껴졌다. 그녀는 간절히 그 구속에서 벗어나 스스로의 힘으로 서고 싶었다. 곧 벤저민과 조는 자신들의 교착 상태 사이에서 연결 고리를 발견했다. 벤저민은 구원자 역할에, 조는 희생자 역할에 갇혀 있었던 것이다. 그리고 두 사람이 지금 맺고 있는 심리적 합의 방식은 이 역할들에서 그들을 자유롭게 해주는 게 아니라, 더욱 옭아매고 있었다.

벤저민과 조의 이야기가 드러내듯이, 커플이 제2전환기 초기에 직면하는 교착 상태는 그들의 심리적 합의가 무너졌다거나 거기에 결함이 있다는 것을 나타내는 게 아니라, 그 합의가 뒷받침하던 인생 경로가 그 끝에 다다랐다는 것을, 그리고 새로운 인생 경로로 방향을 바꿔야 할 시점이 되었다는 것을 가리키고, 따라서 두 사람이 이 심리적 합의들을 재협상해야 한다는 것을 뜻한다. 한마디로, 커플들은 이 질문을 직면해야만 한다. **우리가 정말로 바라는 것은 무엇일까?**

우리가 정말로 바라는 것은 무엇인가?

커플이 직면하는 내적 질문과 회의가 어떤 형태를 취하든 간에 그것은 제2전환기의 과제를 드러내준다. 즉, 초점을 주변의 요구와 기대에 부응하던 것에서부터 두 파트너가 각각 커리어에서, 인생에서, 서로의 관계에서 진심으로 바라는 것이 무엇인지 찾아내고 추구하는 것으로 옮겨가야 한다는 것이다. 이 전환기의 과제는 부분적으로는 첫 번째 전환기에서 설정된 역할 분담을 다시 검토하는 데 있으므로 "내가 정말로 바라는 것은 무엇일까?"라고 묻는 것으로는 충분하지 않다. 각자의 이야기는 파트너의 이야기와 너무나 복잡하고 밀접하게 얽혀 있기 때문에 반드시 이렇게 물어야 한다. **"우리가** 정말로 바라는 것은 무엇일까?"

제1전환기와 마찬가지로, 맞벌이 커플들은 이 질문에 대한 대답을 함께 풀어나간다. 그러나 제1전환기와 달리 이번 대답의 과정은 공동의 성찰 사이사이에 개인적인 탐험이 수반될 것이다. 이 탐험과 성찰은 생산적인 전환을 이루기 위해 반드시 거쳐야 하는 경계 세계에서 일어난다.

6장에서는 커플들이 경계 세계를 헤매며 나아가다가 걸려들 수 있는 함정과 그에 따르는 투쟁들을 알아볼 것이다. 또한 이 세계를 잘 통과하기 위해 우리가 파트너에게 주어야 하고 파트너로부터 받아야 하는 지원과, 이 상호적인 지원으로부터 생겨날 수 있는 긍정적인 피드백 회로에 대해 집중적으로 살펴볼 것이다. 그런 다음 7장에서는 커플이 자신들이 진정으로 바라는 것이 무엇인지 발견하고 새로운 존재 방식을 향해 나아가기 시작했을 때 어떻게 성공적으로 새로운 인생 경로를 닦을 수 있는지 보여줄 것이다.

제2전환기는 정신적으로 대단히 고된 과정이고 모든 커플이 무사히 통과하지는 못한다. 이 인생의 단계는 결별과 이혼율이 절정에 달하는 시기 중 하나다.[6] 따라서 제2전환기의 핵심으로 들어가기 전에 파랑을 미리 대비하는 의미에서 여기에 **관계의 회복탄력성**을 강화하는 몇 가지 비법을 소개하겠다.

관계의 회복탄력성

회복탄력적인 관계는 고난의 시기에도 잘 견딘다. 2장에서 우리는 파트너와 질 높은 관계를 형성하는 데 있어서 친절과 온전한 주의 집중의 중요성에 대해 탐구했다. 이 질 높은 관계에 회복탄력성을 불어넣기 위한 핵심은 바로 당신과 당신 파트너의 사고방식이다.

심리학자 캐롤 드웩Carol Dweck은 우리의 동기부여와 성공, 관계에 깊이 영향을 미치는 사고방식 두 가지, 즉 고정형과 성장형 사고방식을 발견했다.[7] 고정형 사고방식을 가진 사람들은 지능, 능력, 성격이 변하지 않는 고정된 특성이라고 믿는다. 반대로, 성장형 사고방식을 지닌 사람들은 이 똑같은 자질들이 헌신과 노력을 통해 개발될 수 있다고 믿는다. 연구들은 성장형 사고방식의 좋은 점들을 끊임없이 가리키고 있지만, 그런데도 관계에 관해서만큼은 여전히 고정형 사고방식을 강화하는 메시지들이 쏟아진다.

어린 시절부터 대다수 사람들은 관계가 운명적이라는 서사를 배운다. 부모들이 들려주는 동화에서부터 영화, 잡지 기사들까지 거의 대부분 사랑을 "운명적인 사람"을 찾는 탐구 과정으로 그린다. 운명이 나와 내 파트너를 맺어주었다고 믿는 것이 낭만적일지는 몰라도 이 믿음은 관계의 회복탄력성을 기르는 데는 방해가 된다. 고정형 사고방식을 촉진하기 때문이다.

고정형 사고방식을 지녔을 때, 우리는 관계에 어려움이 생기면 그것이 파트너와 내가 함께 할 수 없는 사이라는 증거라고 생각한다.

또 상대와 의견이 엇갈리거나 싸우게 되면 우리가 처음부터 인연이 아니었다고 결론 내린다. 갈등과 대립이 떠올랐을 때 고정형 사고방식을 지닌 사람들은 파트너와 관계를 끊고 그에 대한 지지를 중단할 공산이 더 높다.[8] 게다가 힘든 시기가 찾아왔을 때 고정형 사고방식 커플들은 서로에게 덜 너그러운데, 이는 2장에서 보았듯이 결별로 이어지기도 한다.[9]

반대로, 성장형 사고방식을 지닌 사람들은 커플이 힘든 시기를 함께 극복할 때 관계가 더욱 성장한다고 믿는다. 두 사람이 서로 의견이 엇갈리거나 싸우게 되면 이들은 관계에 더 정성을 들여야 한다고 결론 내린다. 갈등과 대립이 떠오르면 성장형 사고방식을 지닌 사람들은 긍정적인 태도를 유지하며 어려움을 이겨내고 서로를 향해 관대한 태도를 취할 공산이 더 높다. 한마디로, 성장형 사고방식 커플은 고난의 시기에 더 회복탄력적이고, 역경들은 관계를 약화시키기보다는 실제로 더 강화하는 계기가 될 수 있다.

그래서 우리는 어떻게 성장형 사고방식을 촉진하고, 그렇게 해서 관계의 회복탄력성을 높일 수 있을까? 여기에 다섯 가지 비결이 있다. 첫째, "운명적인 사람"에 대한 동화의 이미지를 포기한다. 좋은 관계를 유지하는 커플들은 가슴에 큐피드의 화살을 맞아서가 아니라 서로가 서로에게 공을 들이기 때문이다. 두 번째, 파트너가 관계에 쏟는 노력에 감사를 표시한다. 완벽한 사람은 없다. 누구나 이따금 파트너에게 상처를 준다. 중요한 것은 장기적인 관점에서의 의도와 투자다. 파트너의 노력에 고마워하는 마음을 보여줄 때 파트너는 더 노력하는 것으로 보답할 것이다.

셋째, 어려움들을 전적으로 부정적인 것으로만 규정하지 않고 성장을 위한 기회로도 바라본다. 관계는 힘든 시기에 회복탄력성을 발휘한다. 커플들은 두 번째 전환기 동안 이 힘든 시기들을 셀 수 없이 겪게 될 것이므로 이것을 불가피하고도 유익한 것으로 받아들이기 바란다. 넷째, 결과보다는 과정을 중시한다. 우리는 파트너에게, "X가 일어나면 그다음에는 우리도 쉴 수, 휴가를 갈 수, 여유를 즐길 수 있다"고 말할 때가 얼마나 많은가? 문제는 이 X가 또 다른 뭔가로 대체된다는 것인데, 우리가 성장하는 것은 그 과정을 통해서이지, 목적지에 도달해서가 아니다. 여유를 가지고 커플이 혼란한 과정 속에 함께 있음에 감사하라.

마지막으로, 서로의 성장을 축하해준다. 커플들은 승진을 하거나 급여가 오르거나 상을 받는 등 외적 성취가 생겨야 서로 축하하는 경우가 너무나 흔하다. 그러나 커플 관계 안에서의 성장을 축하하고, 어려움을 극복한 데 대해 축하하고, 의미 있는 대화를 나눌 수 있는 여유를 축하하는 것은 두 사람의 성장형 사고방식을 유지해나가는 데 중요하다.

서로의
안전 기지를 만들어라

창은 주방을 서성이며 남아 있던 포장음식을 집적거렸다. 로즈가 어떤 동호회 모임에 나가 밤늦게까지 들어오지 않은 것이 일주일 새 두 번째였다. 커리어를 바꾸려고 시도하는 그녀를 계속 지지해왔지만, 그의 인내심도 거의 바닥나고 있었다.

6개월 전, 로즈는 갑자기 사무실에서 전화를 걸어와 그를 놀라게 했다. "나 방금 직장 그만뒀어." 그녀가 덤덤하게 말했다. 처음에는 창도 기뻤다. 로즈의 일은 그녀를 번아웃 직전까지 몰아붙였고 창도 그런 그녀를 지원해주기가 부담스럽던 차였다. 그는 그녀가 몇 주 정도 쉰 뒤에 털고 일어나 새로운 직장에 나가리라 짐작했다. 열성 고객층을 확보하고 있는 숙련된 자산관리사로서 로즈는 경쟁사가 재빠르게 낚아채갈 게 확실했다. 그러나 일은 그렇게 풀려가지 않았다.

로즈는 자기가 바라는 것이 단순히 새로운 직장이 아니라 새로운 직종이라고 마음을 굳혔다. 사표를 던지기 전에 그녀는 이미 빠져나올 수 없는, 그녀의 표현대로 "죽음의 소용돌이"에 들어서 있었다. 하는 일은 한없이 지루해졌고, 삶의 방식 전체가 신물이 났다. "그때 나는 융통성 없고 합리적이기만 한 자동장치 같았어요." 그녀가 말했다. "그런 내가 마음에 들지 않았죠. 그 사실을 깨닫는 게 큰 충격이었는데, 동시에 그 깨달음이 나를 변화 속으로 떠밀었던 거예요. 내가 하고 싶은 일이 뭔지 필사적으로 찾아야 했고, 더 근본적으로는 내가 어떤 사람이 되고 싶은지 알아야 했죠." 문자 그대로 죽고 싶은 것은 아니었지만, 로즈는 그런 삶을 끝내고 싶었다. 더 이상은 견딜 수 없었다.

　　그녀가 "죽음의 소용돌이"에 들어서기 전까지 8년 동안 로즈와 창은 그런대로 안정적인 생활을 누렸다. 30대 중반에 첫 번째 전환기를 거치면서 서로의 커리어를 조율하느라 무척 애를 먹었지만 그 뒤로는 가족 내의 소소한 갈등 정도를 제외하면 두 사람 모두 일과 관계에서 순탄하게 흘러왔다. 그래서 로즈의 교착 상태는 전반적으로 잘 작동하던 그들의 시스템에 예기치 못한 충격이었다.

　　직장을 그만두고 나서 로즈에게는 그녀가 처한 교착상태에 대해 성찰해볼 조용한 시간이 생겼다. 그 시간에 그녀는 커리어 관련 책들을 수북이 쌓아놓고 읽었고 그 책들이 조언하는 대로 집중적인 인맥 쌓기 작업에 돌입했다. 그녀는 자기가 그 일을 무척 좋아한다는 사실을 알게 되었다. 다양한 집단의 사람들과 관계를 맺고 새로운 커리어를 탐색하는 일은 로즈가 수년 만에 그 어느 때보다도 살아 있는 듯 느끼게 해주었다. 그녀는 창에게 자신의 모험담과 새로 알게 된 매력적인 사람들에 대해 이야기하는 것이 즐거웠다.

창은 자신이 원래 사랑에 빠졌던 활달한 여성을 되찾아 기뻤고, 처음에는 그녀의 탐색 작업에 같이 열광하는 척 행동했다. 하지만 며칠이 몇 주가 되고 몇 주가 몇 달이 되면서 그의 속에서는 원망과 질투가 커져갔다. "생활이 로즈의 실존적 위기를 중심으로 돌아가요." 창이 불만을 터뜨렸다. "전에는 모든 게 순탄했거든요. 시간을 되감을 수만 있다면 정말 좋겠어요." 창이 별 흥미가 없다는 것을 눈치 채고부터 로즈는 그와 거리를 두기 시작했다. 그녀에게는 새로 사귄 사람들의 지지가 넘쳐나고 있었다. 어쩌면 창의 지지는 그다지 필요하지 않을 정도로.

이윽고 로즈가 현관문을 열고 들어선 것은 밤 11시 15분이었다. 그녀는 환하게 빛나는 얼굴로 외투를 벽에 걸고 굽 높은 부츠를 벗어놓았다. "나왔어, 여보!" 그녀가 외쳤다. 그녀는 전환기에 있는 다른 두 여성과 함께 술자리에 있다가 온 참이었고, 그녀의 마음속에는 "여전사들"과 함께 나눈 동지애에 대한 생각이 보글보글 끓고 있었다.

창이 그녀를 막아섰을 때 로즈는 깜짝 놀랐다. "어떤 남자야?" 그가 불쑥 물었다.

그녀 얼굴에서 웃음기가 사라졌다. "무슨 얘기를 하는 거야?" 그녀가 대답했다.

"바람피우는 게 틀림없어!" 창이 소리를 질렀다. "누군지만 말해. 서로 시치미 떼는 거 그만하게."

두 번째 투쟁

두 번째 전환기의 시작을 알리는 내적 질문과 회의에 직면한 채 로즈와 창과 같은 커플들은 투쟁의 시기에 내던져진다. 1차 전환기 동안 닦아놓은 안정적인 경로는 토대에 금이 가기 시작하고, 다 잘 돌아가게 할 방법을 찾았다는 믿음도 불안하게 흔들린다. 두 파트너 가 각자의 내적 질문과 씨름하는 동안 그들의 행동이 변하고 서로의 삶에서 수행하던 역할들, 그리고 서로 관계를 맺는 방식도 변한다. 이 변화는 방향감각을 잃게 하고 위협적이다.

방향감각을 잃고 위기를 느끼는 커플은 오히려 투쟁을 더 심화하 고 연장하는 함정들에 빠지기 쉬운데, 이 함정들은 커플의 개별화 작 업도 방해한다. 첫 번째 함정은 불신과 자기방어로, 이전 경로와 파 트너가 원래 수행했던 역할에 과도하게 집착할 때 나타난다. 두 번째 는 지원의 불균형이다. 서로의 전환 과정을 지원할 에너지나 의지가 부족할 때 나타난다. 두 함정 모두 커플이 스스로 정말로 바라는 것 이 무엇인지 찾아내기 어렵게 만든다.

이 투쟁의 기간이 얼마나 오래 갈지, 얼마나 혹독해질지, 그리고 커플이 이 기간을 잘 극복할지는 그들이 이 함정들을 얼마나 잘 발견 하고 피하느냐 여부에 달려 있다. 또한 서로의 전환 과정을 얼마나 진심으로 지원하느냐에 따라 좌우되기도 한다.

함정 1: 불신과 자기방어

　자신이 누구이며 어떤 사람이 되고 싶은지 고민하기 시작하는 파트너들은 흔히 로즈처럼 밖으로 나가 새로운 인생 경로를 탐험한다. 그러다 보면 그들은 우리와의 관계에서 멀어져 새로운 환경 속으로 들어가는데, 거기서 새로운 사람들을 만나고 새로운 열정을 발견한다. 탐험과 성찰이 성장을 위한 기본 동력이기는 하지만, 새로운 흥미에 푹 빠진 파트너와 사는 일은 대단히 위협적으로 느껴질 수 있다.

　고통스러운 질문이 떠오른다. **왜 저 사람은 만족하지 못하지? 커리어가 문제인 거야, 관계가 문제인 거야? 아니면 내가 문제인가? 왜 새로운 사람들을 만나려고 할까? 이제 나만으로는 충분하지 않은 거야?** 창처럼 우리도 파트너의 의도가 수상쩍어지고, 그의 사랑에 의문이 생기며, 외도를 할까 봐 불안해진다. 이런 감정들은 우리를 파트너에 대한 불신과 자기방어의 함정에 빠지게 한다. 그러나 우리가 이렇게 행동할 때 파트너는 오히려 더 멀리 달아나기 마련인데, 그러면 우리는 파트너를 한층 더 불신하고 한층 더 방어적으로 행동하게 되며, 결국에는 우리의 관계 자체가 개별화를 지원하는 공간이 아닌, 개별화의 장애물로 전락하고 만다. 이 연구의 대다수 사례에서 나는 사람들의 의심과 두려움이 현실이 아닌 환상에 뿌리를 두고 있고, 또한 파트너의 투쟁을 바라보는 자기중심적인 관점에 기반을 두고 있다는 것을 발견하게 되었다. 그런데도 사람들은 이런 두려움 앞에서 파트너에 대한 제약과 요구만을 늘리는 식으로 대처했고, 이는 때로 파트너를 다른 사람의 품 안으로 떠미는 결과를 낳기도 했다.

42세에 애브니는 자신이 처한 상황이 막막하기만 했다. 아주 싫지는 않지만 그렇다고 좋지도 않은 커리어가 막막했고, 침체기에 빠진 결혼 생활이 막막했으며, 무엇보다 '조력자' 역할을 그만두고 싶은데 어떻게 해야 할지 몰라 막막했다. 20년 전에 샌딥과 결혼했을 때만 해도 애브니는 남편의 야심과 성공을 존경했다. 여섯 살 연상인 그는 한 다국적 방위산업체에서 서열이 고속으로 오르는 중이었다. 연애 초기에 그는 아내의 야심을 격려했다. 그녀는 결혼하자마자 4년 동안 화학 분야에서 박사 과정을 밟았고, 그 뒤에는 파견 근무를 가게 된 남편을 따라가 영국에서 3년 동안 박사 후 과정을 이수했다. 그러나 아들 둘이 연이어 태어난 뒤로 두 사람은 다른 가족들과 가까이 살기 위해 고향인 인도 첸나이로 이주했다.

지역도 바뀌고 엄마라는 새로운 책임도 맡은 차에, 게다가 학계에도 점점 불만이 쌓여가던 터라 애브니는 커리어를 비즈니스 쪽으로 옮겼다. 그리고 샌딥의 제안에 따라 집에서 가까운 곳에 사무실들을 두고 있는 대형 첨단기술 회사의 인사관리과에 들어갔다. 첨단기술을 다루는 회사 분위기는 좋았지만, 인사과 자체는 그녀 표현에 따르면 "그림자 같은 역할"이라서 전혀 마음에 들지 않았다. "회사에서 아무도 우리를 알아주지 않았어요." 그녀가 설명했다. "집에서와 똑같았죠. 샌딥은 스타 대접을 받고 나는 가족들 뒷바라지 잘 한다고 칭찬을 받는 것처럼요." 40대에 들어서면서 그녀는 보조하는 아내 역할, 보조하는 엄마 역할, 보조하는 인사과 역할에 진력이 났다. 변화가 간절했고, 자기만의 꿈을 빛내고 자기만의 꿈에 집중할 계기를 얻고 싶었다.

애브니는 석 달 동안 안식월을 얻고 혼자 생각하면서 이런저런 기회들을 알아볼 시간을 벌었다. 샌딥은 처음에는 협조적이었지만 그녀가 다른 세계들을 탐색하기 시작하자 차츰 지원이 끊어졌다. 그는 소유욕이 강해지고 비판적으로 변했으며 그녀의 성찰에 무관심했다. 그러면서도 한편으로는 직장으로 복귀하라고 압박하면서 원래 직장의 긍정적인 측면들을 납득시키려 애썼다. 애브니가 비카시를 만난 것은 그 무렵이었다. 애브니처럼 비카시도 한창 전환기를 겪는 중이었다. 같은 경험을 하고 있다는 공감대는 곧바로 친밀감을 불러일으켰고 두 사람은 외도를 시작했다. 비카시에게 어떤 점이 끌렸는지 묘사하면서 애브니는 이렇게 말했다. "그 사람은 샌딥이 하지 못하는 방식으로 저를 봐줬어요. 내 생각, 내 감정, 내가 어떤 사람이 되고 싶은지에 대해 진심으로 관심을 기울이는 것 같았죠. 그런 느낌은 정말 간만에 처음이었어요. 누군가에게 내가 온전한 한 사람으로 보이는 느낌 말예요."

온전한 한 사람으로 보이고 싶은 애브니의 욕망은 많은 사람들이 공감하는 욕망이다. 전환기의 시기에, 그러니까 여러 부분으로 쪼개진 채 아직 하나로 맞춰지지 못하는 듯 느껴지곤 하는 시기에 이 욕망은 한층 더 강해진다. 누군가에게 목격된다는 것은 혼란의 한 복판에 있는 우리에게 닻을 내려준다. 그러나 애브니가 알게 됐듯이, 이것만으로는 관계가 오래 지탱되지 못한다. 비카시와의 외도는 자연스럽게 끝이 났고, 그녀와 샌딥은 결혼생활을 재건하기 위한 긴 여정에 들어섰다. 아내의 배신에 큰 충격을 받기는 했지만 샌딥은 그 사건 속에서 자신의 역할이 무엇이었는지 이해하게 되었다. "다른 남자가 아내에게 뭔가를 줬는데 나는 아내가 그것을 필요로 하는지도 모르고 있었죠. 나는 애브니를 내가 보고 싶은 대로 보는 데 너무나 익숙해져서 그녀가 정말로 원하는 건 보려고도 하지 않았어요."

파트너를 정체 상태에 버려두기

인정하고 싶든 말든 우리는 대부분 샌딥과 아주 비슷할 것이다. 파트너를 특정한 방식으로만 보고 파트너가 우리 삶에서 수행하는 역할을 강화하는 데만 열중한다는 면에서 말이다. 파트너를 보는 방식이 완고해질 때 우리는 두 번째 전환기의 첫 번째 함정에 빠지기 쉬워진다. 그들의 탐험을 위협으로 느끼고 그들의 의도를 신뢰하지 않는 것이다. 그런데다 제1전환기 때 만들었던 경로를 다시 손보려고도 하지 않는 경우, 개별화를 위한 파트너의 노력이 제기하는 위협은 더 이상 상상이 아니라, 실제가 된다. 이 위협이 불러오는 악순환은 투쟁을 더 격화시키고, 관계에 불화를 가져오고, 개별화된 삶으로의 전환을 더 요원하게 만든다.

교착 상태와 개별화 과정을 극복하기 위해 탐험과 성찰에 몰두해야 한다는 것은 이미 다양한 저술로도 잘 입증된 부분이다. 이직에 관한 아무 책이나 골라서 훑어보라. 분명 이 탐험과 성찰에 관한 상세하고 친절한 실행 지침을 찾을 수 있을 것이다. 신기한 것은 왜, 이

토록 풍부한 지침들을 앞에 두고서도 어떤 사람들은 이것을 실천하지 못하느냐 하는 점이다. 왜, 40대 후반에 이르도록 어떤 사람들은 여전히 자기 삶 같지 않은 삶에 잘못 걸려든 듯 느끼느냐 하는 점이다. 어째서 어떤 사람들은 개별화된 인생 경로를 만들지 않는 것일까? 커플 관계가 이것과 어떤 관련이 있을까?

바로 이 질문들이 내가 맞벌이 커플에 관한 첫 연구 프로젝트에서 동료이자 친구인 배스대학교의 오틸리아 오보다루 교수와 함께 답을 찾으려 했던 질문들이다.[1] 우리는 두 파트너 모두 스스로 바라는 것을 찾아내서 개별화된 인생 경로로 옮겨가는 커플이, 한 사람이나 두 사람 모두 계속 교착 상태에 빠져 있는 커플과 다른 점이 무엇인지 분석해보았다. 그리고 첫 번째 함정을 잘 피하는 것과 파트너의 탐험 욕구를 수용하는 것이 중요하지만, 그것만으로는 충분하지 않다는 사실을 발견했다. 열쇠는 파트너들이 서로를 위해 수행할 수 있는 중요한 역할, 바로 안전기지 역할이었다.

안전기지 관계

아동 발달 분야의 선구자인 심리학자 존 볼비John Bowlby는 이렇게 썼다. "인간은 누구나 요람에서 무덤까지 애착 대상이 제공하는 안전기지를 기반으로 여행하는 삶을 살아갈 때 가장 행복하다."[2] 볼비는 애착이론의 창시자 중 한 명으로, 애착이론은 사람의 친밀한 관계가 어떻게 일생 동안 그의 정체성을 비롯해 타인과 관계하는 방식에도 영향을 미치는지에 대해 설명하는 이론이다. 볼비는 우리가 개인으로 발달하기 위해서는 항상 안전기지가, 다시 말해 탐험과 위험을 감수하도록 우리를 격려하는 사람, 동시에 도전과 모험 사이에서 물러나 쉼을 얻을 수 있게 우리에게 안전한 장소를 제공해주는 사람이 필요하다는 사실을 보여주었다.[3]

어떤 나이에든 인간 개인의 발달은 탐험을 통해서, 즉 익숙하고 편안한 영역을 떠나는 모험을 통해서 이루어진다. 익숙한 영역을 떠나는 것은 불안과 불확실성을 제기한다. 이때 안전기지가 있는 사람은 이 감정들을 잘 추스르면서 탐험을 계속해나가고, 따라서 계속 성장해나간다. 대다수 아이들이 부모에게 안전기지를 기대하듯이, 대다수 성인들은 파트너가 이 역할을 해주기를 기대한다.

파트너에게 안전기지가 되어줄 때 우리는 상대를 든든하게 지원하고 그의 탐사 활동을 격려해준다. 현실적으로 이는 두 가지를 의미한다. 첫째, 탐험과 성찰에 따른 파트너의 불안을 달래준다는 뜻이다. 이렇게 달래주기 위해서는 먼저 파트너의 불안을 하찮게 여기거나 부풀리는 일 없이 있는 그대로 인정해야 하고, 파트너가 자신의 감정과 기복, 두려움과 의심을 터놓고 이야기할 수 있게 열린 자세로 들어주어야 한다. 둘째, 파트너가 우리와의 안전한 관계를 벗어나 새로운 세계를 탐험하고 새로운 사람들과 인연을 맺도록 등을 떠밀어야 한다. 이렇게 등을 떠미는 것은 다소 사랑의 압박처럼 느껴질 수 있는데, 이 과정을 통해 우리는 파트너가 자기연민이나 냉소에 빠지지 않게 하고, 오히려 세상 밖으로 나가 자신이 원하는 게 무엇인지, 어떻게 하면 그것을 얻을 수 있는지 찾아내도록 설득하게 된다.

안전기지의 두 측면을 나란히 놓고 보면 모순이 느껴질 수 있다. 다독이면서도 도전을 부추겨야 하고, 가까우면서도 밀어내야 하는 것이다. 하지만 이 두 측면은 동전의 양면이다. 우리가 자신을 붙잡아줄 거라고 확신할 때 파트너들은 익숙한 영역을 떠나라는 우리의 권유에 응답할 공산이 커진다. 바꿔 말하면, 우리와의 관계에서 더 안전하게 느낄수록 더 쉽게 우리와의 관계에서 벗어날 수 있다.

상호적 안전기지 관계의 힘

나는 제2전환기를 무사히 통과해서 개별화된 경로를 새로 짓는 커플들의 경우, 대부분 상호적 안전기지 관계를 형성하고 그 안에서 두 파트너가 공히 서로에게 안전기지 역할을 제공한다는 사실을 발견했다. 인디라와 닉도 그런 커플 중 하나다. 17년 간 함께 살면서 두 사람 모두 번듯하고 안정적인 커리어를 쌓고 세 아이까지 기르다 보니, 인디라와 닉은 이제 인생을 어떻게 살아야 할지 자신이 좀 붙은 듯했다. 그러던 중 인디라가 막 40대에 들어섰을 때, 그녀는 자신의 기업 커뮤니케이션 분야에서 마음이 뒤숭숭하게 겉도는 것을 느끼기 시작했다. 처음에는 직장을 옮겨야겠다는 단순한 생각이 들었지만 이것이 금세 정체성에 관한 질문들로, 자신과 닉에게 깊이 영향을 미친 인생의 선택들에 관한 의문들로 번져나갔다.

40대가 되면서 마음에 모순이 일기 시작했어요. 겉으로 보면 내 직업은 좋았어요. 작은 팀을 이끌었고 예산도 적당했지만, 왠지 저 아래 더 깊은 곳에서 뭔가가 자꾸 내 신경을 건드린다는 걸 깨달았죠. 그 무렵에 나는 기분이 너무 축 처져 있었어요. 어떻게든 버티려고 두 달 동안 항우울제를 복용했고요. 결국에는 담당의사가 6주 동안 병가를 낼 수 있게 진단서를 써줬어요. 정말이지 더 이상은 못하겠더라고요. 그때 알게 됐죠. 내가 그저 기계처럼 나 스스로 정말로 선택한 적도 없는 커리어를 좇아왔다는 사실을 말이에요. 난 우리 회사 분위기가 마음에 들지 않았지만 왜 그런지 이유도 알 수 없었어요. 그야말로 정체성 위기에 빠졌던 거죠.

인디라의 위기는 그녀와 닉이 탄탄하게 지어놓은 세계의 기반을 뿌리째 흔들었다. 그녀는 한때 열성적이었던 사교 생활도 그만두었고 아이들에게 자신이 왜 회사에 나가지 않는지 설명하기 어려워 애를 먹었다. 그리고 무엇보다 닉을 실망시켰다는 죄책감이 괴로웠다. 원래 인디라는 자신이 가족의 든든한 버팀목이라는 데 대해 자부심이 컸었다. 그런데 이제 그 버팀목이 부러진 것만 같았다. 그래도 남편의 지원이 그녀가 이 우울한 시기를 지나가는 데 도움이 되었다.

닉이 걱정을 많이 했어요. 내가 신체적으로 감당이 안 된다는 것, 그리고 더 이상 일을 하고 싶어 하지도 않는다는 것을 알았거든요. 그래서 내 정신건강, 신체건강을 모두 염려했죠. 그때 얼마 동안 집에서 쉬었는데, 닉이 적극적으로 받아줬어요. 그 기간 동안 고마웠던 것을 나는 평생 잊지 못할 거예요. 남편은 이렇게 말했어요. "필요한 만큼

쉬어. 그러고 나면 뭔가 보일 거야." 하지만 우두커니 앉아서 신세만 한탄하게 놔두지는 않았어요. 다른 길들도 알아보고 내가 정말로 뭘 하고 싶은지 깊이 고민하게 했죠. 그 시기에 나는 나 자신에게 온전히 투자했답니다. 다양한 길들을 탐색했고, 그때마다 닉이 옆에서 같이 얘기하고 의논해줬어요.

닉은 인디라에게 그녀의 괴로운 감정을 지탱해주고 성장을 지원하는 데 필요했던 것을 정확히 제공했다. 교착상태를 인정하고, 다른 선택지들을 탐험하게 떠밀고, 빨리 결정하라고 압박하지 않았던 것이다. 인디라에게 안전기지가 되어주면서 닉은 그녀의 여정을 그대로 목격했는데, 그것은 곧 그 자신의 여정으로 옮아갔다. 그는 이렇게 설명했다.

처음에는 인디라가 그렇게 바닥까지 내려가는 것을 보고 덜컥 겁이 나서 무조건 부담을 없애주고 다시 기운을 차리게 해줄 궁리만 했어요. 그리고 아내는 정말로 직업을 바꿔야겠다, 직업 말고도 또 뭔가, 삶의 방식 같은 것도 바꿔야겠다고 생각했죠. 그래서 다른 대안들도 알아보고 살면서 꼭 하고 싶은 게 뭔지도 찾아내라고 했어요. 아내가 병가가 끝나서 직장으로 복귀했을 때조차 나는 아내를 가만히 둘 마음이 없었어요. 바꿀 방법을 찾지 못하면 도로 가라앉아버릴 것 같았거든요. 그러다가 차츰, 아내가 "다음엔 뭘 할까?" 하는 질문을 붙들고 씨름하는 걸 지켜보다가 서서히 구름 뒤에서 햇빛의 윤곽이 비치는 걸 보게 됐어요. 힘든 투쟁이 어딘가 새로운 곳으로 나아가고 있는 것을 보는 건 정말 기운 나는 일이더라고요. 그 새로운 곳이 어디일지는 알 수 없었지만 아내가 완전히 바뀌어가는 모습을 내 눈 앞에서 지켜봤으니까요. 그래서 생각이 들었어요. "나도 저렇게 해봤으면 좋겠다."

인디라의 탐험과 성찰을 목격하면서 닉은 인생이 자기가 원래 목표했던 게 다가 아니라는 것을 알게 되었다. 그리고 머지않아 그 역시 제2전환기의 질문을 맞닥뜨렸다. **나는 지금의 내가 되고 싶었던 게 맞나? 내가 인생에서 정말로 바라는 건 뭐지?** 이 질문들은 닉을 불안하게 했고, 인디라는 그것을 바로 알아보고 그의 감정을 버텨주러 성큼 다가섰다.

내가 모든 것에 질문을 해댈 때 닉이 너무나 중요한 동력이었기 때문에 그이가 그이만의 존재론적인 곤경에 빠져드는 게 보였을 때 나도 똑같이 해주고 싶었어요. 이미 같은 패턴을 한 번 거쳐 왔다는 게, 그리고 여러 가지 면에서 나 역시 여전히 길을 찾고 있고 여전히 "다음엔 뭘 할까?" 질문에 답을 구하고 있는 중이라는 게 도움이 됐어요. 온갖 가능성들에 대해 같이 얘기하는 게 나중엔 그야말로 즐거워지더라고요. 그렇다고 불확실성이 줄어들지는 않지만, 솔직히 정말로 힘들 때도 있었지만, 그래도 그 속에서 우리가 함께 있다는 느낌이 들었어요. 같이 공모하는 기분이랄까, 이 여정이 결국에는 우리 두 사람 모두에게 도움이 될 거라는 확신이 들었죠.

인디라와 닉은 거의 2년 가까이 경계성 안에 머물면서 자신들이 진정으로 바라는 게 무엇인지 찾고 또 찾았다. 이 기간 동안 수없이 많은 기복을 겪었고 시작부터 망하거나 막다른 골목에 다다른 때도 수없이 많았지만, 이제 7장에서 보게 되듯이, 두 사람은 서로가 서로를 지원하면서 함께 번영할 수 있는 새로운 경로를 찾아냈다. 게다가 이들은 탐험과 성찰이 서로의 성장에 이로울 뿐 아니라 서로의 성장을 견인해낸다는 것까지 경험하게 되었다.

내가 사연을 수집한 커플들이 모두 인디라와 닉과 같지는 않다. 제2전환기에 다다르자마자 일부 커플들은 심리적 관계를 비대칭적으로 발전시켜서 안전기지 역할을 한쪽 파트너에게만 영영 떠맡긴다. 이 말은 한쪽 파트너가 끊임없이 상대를 지원해주는데 반해, 그 상대는 끊임없이 지원을 받기만 한다는 뜻이다. 이렇듯 균형이 깨진 안전기지 관계를 형성하는 것이 제2전환기의 두 번째 함정이다.

함정 2: 비대칭 지원

피에르와 까미유가 만난 것은 두 사람 다 40대 초반이었을 무렵, 공교롭게도 두 사람 모두 첫 번째 결혼의 파경에서 힘겹게 헤어 나오던 시기였다. 한 자동차 회사의 생산관리 책임자였던 피에르는 아이가 셋 있었고, 한때 그의 커리어를 뒷받침하기 위해 자신의 커리어를 포기했던 첫 번째 아내와 혹독한 이혼 과정에 휘말려 있었다. 회계사였던 까미유는 어린 딸이 하나 있었고, 그녀에게 직장을 그만두게 하려고 압박하던 남편과 이혼한 지 얼마 되지 않은 상태였다. 피에르가 설명했듯이, 쓰라린 과거 경험 덕분에 피에르와 까미유는 두 사람 모두 번영할 수 있는 공동의 삶을 짓는 법에 대해 명확하게 합의를 이루었다. "첫 번째 결혼 때 나는 정말 나쁜 남편이었어요. 이번에는 그렇게 되지 않으려고 단단히 마음을 먹었죠. 그래서 처음부터 아내의 직업이 무척 중요하다고 분명하게 말했어요. 그게 등식의 일부라는 게 나에게는 너무나 자명했으니까요. 이 여인과 사랑을 할 거라면 커리어에 관한 그녀의 야심도 받아들여야 하는 거고요."

제1전환기 때 두 사람은 공동 일차 커리어 모델을 도입하기로 결정하고, 그 모델에 걸맞게 공동의 삶을 건설하기 시작했다. 처음에는 모든 것이 순조로웠다. 두 사람 다 첫 번째 결혼에서 벗어난 데 대해 안도감을 느꼈고 새 인연의 평등한 관계를 만끽했다. 그리고 만난 지 2년차에 접어들었을 무렵, 까미유가 직업 영역에서 교착상태에 이르렀다. 그녀 말에 따르면, 첫 번째 결혼이 파탄에 이르기 전까지 그녀는 "자동 조종장치 모드"로 살아왔다. 대학을 졸업하고 나서 "똑똑한 애들이 다 하는 대로" 자신도 큰 회사의 회계사 인턴으로 들어갔고, 그 뒤에는 "다들 기대하는 대로" 어린 시절 남자친구와 결혼했다. 이혼과 함께 순응하는 삶에서 (조금) 자유로워지기는 했지만 곧 직업 세계에서 교착 상태에 다다른 것이었다. 그녀는 회계법인이라는 큰 함정에 빠진 기분이었고 남의 밑에서 일하는 게 불행하게 느껴졌다. 피에르는 첫 번째 결혼의 실패를 의식하면서 까미유를 돕기 위해 다가섰다. 그는 아내의 회의와 의문들을 가만히 들어주었고, 천천히 다른 대안들을 탐험해보라고 격려했으며, 그리고 꿈을 좇으라고 격려해주었다.

피에르를 안전기지 삼아 까미유는 이렇게 결정 내렸다. "회계법인을 그만두고 내 예전 고객사 중 한 곳에서 회계 책임자로 일하기로 했죠. 자율성과 자신감을 얻는다는 점에서 굉장한 도약이었어요. 회사를 내부에서 속속들이 이해할 수 있다는 것도 큰 장점이었고요." 그녀가 꿈꾸던 이상적인 커리어를 위해서는 옳은 결정인 것 같았지만, 쉽지가 않았다. 까미유는 이렇게 회상했다. "굉장히 남성 중심적인 환경 속으로 들어간 거였어요. 엔지니어링 회사였거든요. 너무 큰 변화이다 보니 새로운 역할에 적응하지 못해 힘들었죠. 또 너무 큰 도약이었기 때문에 정말 피에르의 도움이 간절했어요."

수개월이 지나는 동안 피에르는 끝없이 까미유의 안전기지 역할을 해주기가 버거워지기 시작했다. 두 사람이 공동 일차 커리어 모델을 선택했다는 것은 그 역시 힘든 직장 생활에다 복잡한 가정사까지 두루두루 곡예하듯 감당하고 있다는 뜻이었다. 이렇듯 여러 책임들 속에서 겨우 균형을 유지하면서는 까미유가 바라는 것처럼 지속적으로 지원해주기가 어려웠다. 더구나 피에르 역시 그만의 질문들을 막 대면하기 시작하는 중이었다. 까미유와 마찬가지로 피에르도 대학을 졸업한 이래로 "꼬리를 물 듯 이어지는 기대"에 이끌려 살아왔다. 똑똑한 애들이 다 하는 대로 엔지니어가 되었고 좋은 직장이라고들 해서 그 자동차 회사에 들어갔다. 다 그만두고 떠나고 싶은 마음이 간절했지만 어디로 가야 할지 알 수 없었다. 어떤 삶을 살고 싶은

지에 대해 진지하게 성찰하고 탐험하고 싶은 욕구를 느끼면서 피에르는 까미유의 안전기지 역할이 절실해졌지만 그녀는 자신의 전환과정에 너무 지친 나머지 그에게 다가와줄 수 없었다.

"진짜 위기였습니다." 피에르가 설명했다. "까미유는 직장을 옮기고 싶어 했는데, 옮기고 나서는 완전히 무너져버렸어요. 능력이 없어서가 아니라 그 일이 에너지를 너무 많이 잡아먹어서였죠. 우린 둘다 서로에게 화가 났습니다. 까미유는 내가 도우려고 노력은 하지만 충분하지 않으니까 내가 그것밖에 못 하는 데 대해 화가 났어요. 나는 나대로, 끊임없이 지원해주는데도 되돌아오는 건 하나도 없으니까 화가 났고요. 나도 전환 작업이 꼭 필요했지만 우린 도저히 그 스트레스를 감당할 수 없었습니다."

까미유 입장에서는, 자신이 피에르를 충분히 지원하지 못하고 있다는 것은 알았지만 그 이상 할 여력이 안 된다고 느꼈다. "우린 서로의 직업 문제에 관해 얘기를 많이 했다고 생각했는데 사실은 그렇지 않다는 것을 알게 됐어요. 피에르는 가능할 때마다 나를 열심히 지원하지만 나는 에너지 차원에서 그이를 지원할 수가 없어요. 정말 최근에야 알았어요. 내 에너지가 내 삶에만 굉장히 집중돼 있다는 사실을요. 게다가 만만치 않은 집안 건사까지 병행하자면 에너지 수요의 균형을 맞추기가 항상 쉽지만은 않답니다."

반드시 파트너의 안전기지가 필요할까?

피에르와 까미유의 생활은 너무나 빠듯하게 돌아가서 서로의 커리어와 성장을 지원해주고 싶었어도 안전기지 역할까지 할 여력을 찾기가 어려웠다. 탐험과 성찰이 서로의 성장에 이로울 뿐 아니라 서로의 성장을 견인해낸다고 경험했던 인디라와 닉 부부와는 달리, 피에르와 까미유 커플은 카미유의 탐색과 성찰이 피에르의 그것을 저해한다고 경험했다. 이런 상황은 두 사람의 성장은 물론 관계까지 막다른 상태로 몰아넣었고, 7장에서 보게 되듯이 두 사람이 제2전환기에서 헤어 나올 길을 찾기 어렵게 했다.

많은 이들이 그렇듯이 피에르는 까미유 말고도 지원을 얻을 만한 다양한 인맥이 있었다. 친구, 멘토, 직장 동료 들까지. 그런데 까미유의 지원을 받지 못한 것이 그의 개별화 여정에 왜 그토록 치명적이었을까? 나는 대다수 사람들의 경우, 파트너와의 관계가 실제적, 심리적 공간을 워낙 많이 차지하고 있어서 그 관계가 제공하지 못하는 어떤 것의 빈자리를 다른 뭔가를 통해 채우기가 무척 어렵다는 것을 발견했다.[4] 물론 그래서 파트너들이 우리에게 필요한 모든 것을 제공해야 하고 다른 관계가 들어설 자리가 없다는 뜻은 아니지만, 시간이 지날수록 많은 이들이 파트너와의 관계가 자기 삶에 가장 주요한 영향을 미치기를 바란다.

내가 인터뷰했던 커플들은 예외 없이 이 두 번째 전환기에서 어느 정도 어려움을 겪었지만, 비대칭 지원을 바탕으로 하는 커플들은 상호적 지원을 기반으로 하는 커플들보다 갈등을 더 많이 겪는 경향을 보였다. 까미유와 피에르의 사례가 보여주듯이 상호성의 결여는 원망과 울화를 키운다. 더욱이 지원이 대칭을 이루지 못할 때 두 사람 공히 개별화된 경로로 전환하기가 더 어려워지고 제1전환기 때 설정했던 역할들의 균형을 재조정하기도 더 힘들어진다. 이런 커플들은 두 사람 모두 첫 번째 전환기의 끝에서 만들었던 공동 경로에 매몰되거나, 또는 이 공동 경로가 둘로 갈라져 한 사람은 개별화된 경로로 나아가고 한 사람은 기존 경로에 매몰돼 있을 수 있는데, 그 결과는 7장에서 자세히 살펴볼 것이다.

그러면 두 파트너 중에 아무도 상대의 안전기지 역할을 해주지 않는 커플도 있을까? 가능하지만 나는 아직 그런 커플을 보지 못했다. 지원하고 지원받고자 하는 인간의 욕망은 커플이 되는 핵심 요소다. 이 욕망이 비대칭 커플들의 경우처럼 한 사람에게만 편중돼 있든 아니면 상호 간 안전기지 관계 커플들처럼 두 사람에게 고루 분포돼 있든 간에 대부분 존재한다.

나는 상호 간 안전기지 관계를 제2전환기의 묘약이라고 말하고 싶다. 이 관계를 통해 커플은 서로에게 투자하는 바람직한 방식을 배우게 될 것이다. 다시 말해, 서로의 성장을 돕고, 서로 더 가까워지고, 두 사람 모두 개별화된 인생 경로를 짓게 해주는 방식으로 서로 투자하게 되는 것이다. 하지만 중요한 전환기의 한 가운데 있지 않을 때도 이 관계가 도움이 될까? 또는 인생의 다른 단계들을 지날 때도 여전히 이 상호 간 안전기지 관계에 공을 들일 만할까? 물론 그렇다. 어째서? 안전기지 방식은 전환기에만 유용한 것이 아니라, 관계에 접근하는 우리의 전반적 자세와 방향에 영향을 미치기 때문이다.

제로섬이냐, 포지티브섬이냐?

넓게 말해서 커플들이 관계에 접근하는 방식에는 두 가지가 있다. 제로섬zero-sum, 그리고 포지티브섬positive-sum. 관계를 제로섬으로 인식하는 커플들은 자신들의 직업과 삶, 선택 들을 두 사람 사이에서 나눠가져야 하는 파이로 여긴다. 이럴 경우 한쪽이 더 큰 조각을 가질수록 다른 한쪽에게 남은 조각은 더 작을 수밖에 없다. 나는 제로섬 방식으로 접근하는 대다수 커플이 비대칭 안전기지 관계를 형성하고 있다는 사실을 발견했다. 피에르와 까미유처럼 이런 커플들은 자신들에게 에너지 공급량이 한정돼 있다고 생각하고 그 한정된 에너지를 한 사람에게 투자함으로써 다른 사람의 것을 박탈한다고 믿는다. 이 제로섬 사고방식은 한 사람이 얻으면 한 사람은 잃는다는 전제 아래 파트너들을 서로 겨루게 하고 결국 둘 사이에 긴장과 갈등을 증가시킨다.

제로섬 방식을 기반으로 하는 커플들은 쉽게 식별이 된다. 서로의 관계에 대해 논의할 때 거래와 타협의 언어들을 주로 사용하기 때문이다. 한 번은 어떤 여성에게 왜 일에 대한 당신의 열망을 버리고 남편의 열망을 밀어주느냐고 물었더니 그 여성이 대답했다. "글쎄요, 어쨌든 타협을 해야 되잖아요, 안 그래요? 일을 다 잘 돌아가게 하려면요." 모든 관계에는 타협이 필요하다. 그런데 제로섬 방식 커플들이 식별되는 지점은 다른 대안이 전혀 없다고 믿는다는 점이다.

제로섬 접근방식은 맞벌이 커플에 대해 묘사하는 주류 서사들 속에 두루 퍼져 있다. 학자와 전문가 들은 종종 두 직업을 지탱하는 것을 엄청나게 어려운 과제로 그리면서 두 파트너가 한 사람이 얻으면 한 사람이 잃는 방식의 거래와 타협을 하지 않을 수 없다는 식으로 말한다. 이런 믿음과는 반대로, 나는 일부 커플들이 자신들의 관계를 바라보는 극적으로 다른 방식, 즉 포지티브섬 방식을 견지하고 있다는 것을 알게 되었다.

관계를 포지티브섬 방식으로 바라보는 커플들은 자신들의 직업과 개인적인 선택들을 파이를 키우는 기회로 여긴다. 이들은 자신들의 관계가 두 몫의 일과 삶을 동시에 성장시키는 것을 감당할 수 있을 만큼 충분히 강하다고 믿는다. 내가 발견한 바로는 포지티브섬 방식을 기반으로 하는 커플들 대다수가 상호 간 안전기지 관계를 형성하고 있었다. 인디라와 닉처럼 이들은 한 사람의 성장이 다른 사람의 성장에 긍정적인 영향을 미칠 거라고, 그리고 한 사람에게 이로운 것이 다른 사람에게도 이로울 거라고 생각했다. 이 모든 것이 둘 사이의 긴장과 갈등이 상대적으로 적다는 것을 의미한다.

포지티브섬 방식을 견지한 커플들은 서로의 관계에 대해 논의할 때 상호이익의 언어를 사용한다. 이 커플들도 여전히 타협을 하지만, 타협의 필요성이 관계의 기본은 아니다. 대신 이들의 관계는 공동의 성취를 위한 노력을 기본으로 한다. 그리고 어떤 것을 포기할 때는 그 손실이 둘의 관계의 가치를 확인해주는 희생이라고 여긴다. 이런 커플들은 자신들의 두 커리어의 궤적이 서로 엮이고 서로 강화하는 방식을 자주 흥미롭게 목도한다.

내가 볼 때 가장 재미있는 부분은 이 두 가지 접근 방식이 커플의 인생에서 벌어지는 객관적인 사건들과는 별 관련이 없다는 점이다. 이 두 방식은 거의 전적으로 주관적이다. 자, 두 커플이 있는데, 각각 두 파트너가 모두 동시에 직장에서 승진했다고 가정해보자. 첫 번째 커플은 제로섬 방식으로 관계에 접근하고 두 번째 커플은 포지티브 섬 방식으로 접근한다. 첫 번째 파트너들은 자신들의 성공을 개인적인 노력 덕분이라고 여기면서 상대의 승진이 자신의 번영에 지장을 줄까 봐 염려한다. 그리고 이 염려에 부응하여 이들은 팽팽한 협상을 벌여가며 상대에게 실용적인 가사와 의무들을 최대한 많이 떠넘기고 자신은 자기만을 위한 에너지와 시간을 충분히 확보하려 애쓴다. 이 커플이 실용적으로 괜찮은 거래에 도달하게 될지는 몰라도 이 팽팽한 협상은 둘 사이의 선의를 무너뜨린다. 반대로, 두 번째 파트너들은 자신들의 성공을 서로의 지원 덕분으로 여기고 둘의 승진을 커플의 성공으로서 축하한다. 이들은 실용적인 역할 분담을 다시 논의해야 할 것이고 틀림없이 둘 다 어느 정도 양보해야 할 거라는 것도 알지만, 공동의 해결책을 찾는다는 목적 아래 그 작업을 수행한다. 실용적으로 괜찮은 거래에 도달하는 과정에서 이들은 관계의 상호성을 강화하고 둘 사이의 선의를 더 끌어올린다.

따라서 상호 간 안전기지 관계를 형성하는 것은 단순히 제2전환기를 잘 헤쳐 나가게 돕기만 하는 것이 아니다. 장기적인 관점에서 더 행복한 관계를 촉진하기도 한다. 이러한 장점들로 볼 때, 인생의 어떤 단계에 있는 커플이든 이 상호 간 안전기지 방식의 관계를 개발하는 데 집중하는 것이 중요하다.

상호 간 안전기지 관계 형성하기

내가 만난 커플들 중에는 관계 초기에만도 두 사람 모두에게 알맞은 커리어 우선순위를 찾아내고 육아와 가사를 동등하게 분담하는 등 서로에게 실용적인 지원을 아낌없이 베풀다가, 중년에 이르렀을 때는 그 실용적인 지원을 확장해 상호 간에 안전기지가 되어주는 발달 영역까지 나아가는 데 실패한 경우들이 일부 있었다. 인디라와 닉이 경험했듯이 파트너에게 안전기지가 되어주는 일은 쉽지 않을 수 있다. 그렇기는 해도 나는 제2전환기에서 살아남아 새로운 인생 경로와 함께 앞으로 나아가는 커플들이 바로 상호 간 안전기지 관계를 형성하고 있는 커플들이라는 것을 수시로 목격해왔다. 다음은 이유형의 관계를 촉진하기 위해 주의를 기울여야 할 세 가지 원칙이다.

탐험을 격려한다. 새로운 커리어를 탐험하고 다른 경로들을 시험해보고자 하는 파트너의 노력을 진심으로 지원하는 것은 대단히 중요하지만, 한편으로는 위협적으로 느껴질 수도 있다. 이 위협을 최소화하기 위해서는 지속적인 대화가 필수적이다. 파트너들이 직면한 교착 상태에 적극적으로 관심을 기울이고, 그들의 생각을 잘 들어주고, 또한 그들의 딜레마에 대해 같이 이야기하는 것은 모두 유용한 행동들이다. 대다수 사람들은 탐험을 하다가 좌절을 경험하기 마련인데, 이럴 때 파트너에게 무조건 동정과 연민을 쏟아붓지 않으면서 안전한 쉴 곳을 제공하는 것이 중요하다. 그런 다음에 탐험으로 되돌아갈 수 있게 부드럽게 떠밀어주는 것이다. 다소 모질게 느껴질지는 몰라도 좌절감에 젖어 있게 두는 것은 파트너에게 아무 도움도 되지 않는다.

간섭하지 않는다. 파트너의 탐험에 적극적으로 관심을 기울이는 것과 간섭하는 것 사이에는 미묘한 차이가 있다. 우리가 해줄 수 있는 최고의 지원은 파트너가 우리와의 안전한 관계에서 벗어날 수 있게 애정을 담아 밀어주는 것이고, 그런 다음 파트너가 알아서 탐험을 통해 자기 경로를 찾을 수 있게 두는 것이다. 파트너가 그 동호회 모임에 나가봤는지, 그 발 넓은 사람과 얘기를 해봤는지, 그 끝내주게 좋은 책은 읽어봤는지 일일이 확인하는 것은 전혀 도움이 되는 행동이 아니다. 마찬가지로, 경청 모드에서 훈수 모드로 전환하고 싶은 유혹에 저항해야 한다. 전환기를 거치는 사람들은 대부분 이래라저래라 지시하는 사람이 아니라 잘 들어주는 공명판 같은 사람이 절실하다. 마지막으로, 파트너가 탐색하는 동안 옆에 있는 사람은 불안감을 느끼겠지만, 새로운 경로를 빨리 찾아내라고 압박하는 것은 파트너의 진행 과정에도, 커플의 관계에도 아무 도움이 되지 않는다. 전환에는 무르익는 시간이 필요한 법이다.

감정적 지원을 제공한다. 교착상태를 헤치고 나와 개별화된 인생 경로로 옮겨가는 것은 스트레스가 높은 일이다. 때로는 새로운 가능성을 보고 흥분했다가 때로는 명확한 것이 아무것도 없어서 낙담하고, 또 이미 닫혀버린 듯 보이는 기회들 앞에서 실망한 채 영원히 길을 찾지 못할까 봐 두려움을 느끼기도 한다. 이럴 때 파트너의 감정적 분출을 잘 들어주고, 문제를 해결하려는 시도 없이 그 고통스러운 감정을 가만히 수용해주는 것은 우리가 베풀 수 있는 최고의 지원이다. 2장에서 이미 보았듯이, 온전한 잠깐의 주의집중만 해도 감정적으로 지원하는 관계를 만들어가는 데 큰 도움이 된다.

* * *

상호 간 안전기지 관계를 형성한다고 해서 제2전환기가 수월해지지는 않지만, 확실히 각각의 파트너가 꼭 수행해야 할 일을 할 수 있는 여건은 조성해준다. 다시 말해, 개별화된 인생경로를 개척하기 위해 경계성 안에서 탐험하고 성찰하는 것이 가능해지는 것이다. 상호 간 안전기지 관계를 기반으로 하는 커플들은 이 심리적 역할을 둘 사이에서 주고받는다. 어떤 시점에는 한 파트너가 상대의 안전기지가 되어주고, 또 어떤 때는 이 파트너가 상대로부터 안전기지를 얻는다. 이 역할을 주거니 받거니 하는 가운데 관계에 상호성이 생기고 두 파트너는 상대에게 필요한 것이 무엇이며 그것을 제공하는 최선의 방법이 무엇인지 더 깊이 이해하게 된다.

나 역시 안전기지 역할을 이렇게 주고받는 방식에 대해 잘 안다. 잔피에로와 나는 우리 스스로를 세게 밀어붙이는 편이다. 그래서 자주 익숙한 영역 밖으로 높이 뛰어오르는데, 그때마다 부드럽게 착지하는 것은 아니다. 우리는 또 우리 자신에게 아주 가혹할 정도로 엄해지기도 한다. 부부로서 우리는 상대의 안전기지 역할이 필요할 때마다 사용하는 암호 하나를 만들었다. "나 블랑망제(우유에 젤라틴과 설탕, 바닐라 향 등을 넣어 만드는 보드라운 푸딩―옮긴이)가 된 것 같아." 탐험과 무리한 도전의 시기마다 나는 마치 1970년대에 엄마가 어린 내게 만들어주던 흐물흐물하던 푸딩처럼 접시에 폭삭 허물어져 그저 분홍색 곤죽이 되어버리지나 않을까 걱정이 된다. 그런 순간이 바로 잔피에로가 나를 허물어지지 않게 잡아주는 동시에 더 멀리 뛰어오르도록 밀어주어야 하는 때다.

이따금 우리 커플은 블랑망제 역할과 안전기지 역할을 둘 사이에서 계속 맞바꾸고 있다는 느낌이 든다. 그런데 바꾸기 어려울 때도 있는데, 특히 안전기지 수혜자에서 제공자로 옮겨 앉아야 할 때다(블랑망제를 한 접시에서 다른 접시로 옮겨보라. 어려울 뿐 아니라 엉망이 되기 십상이다). 우리 커플 관계에서도 배웠고 같이 이야기했던 많은 다른 커플들에게서 배운 한 가지 사실은 상호 간 안전기지 관계가 삶을 더 수월하게도, 더 단순하게도 만들어주지는 않는다는 점이다. 역설적이게도 오히려 더 고단하게 할 수도 있다. 파트너라는 안전기지가 버티고 있어줘서 모험을 감행하고 새로운 일들을 시도할 가능성이 더 높아지기 때문이다. 이 관계가 삶을 조용하게 만들어주지는 못한다 해도 확실히 더 흥미롭게 만들어주기는 한다.

진정으로 바라는 것을 알아내기 위한 투쟁

이 연구를 통해 만난 커플들 중 많은 이들이 제2전환기의 투쟁 시기가 자신들이 같이 살아온 시간을 통틀어 가장 힘들었다고 토로했다. 두 함정 중 하나나 두 가지 모두에 걸려들어 도저히 빠져나갈 수 없는 막다른 지경에 이르렀던 것이다. 이 투쟁 시기에 집중해야 할 과제가 각 파트너에게는 미래를 위해 자신이 진정으로 바라는 것이 무엇인지 찾아내는 일이고, 커플로서는 이 전환기를 성공적으로 통과하는 일이지만, 두 사람은 또 한 가지 질문에도 반드시 대답을 찾아야 한다. 바로, **우리가 진정으로 바라는 것은 무엇인가?** 라는 질문이다.

나는 이 대답을 찾기 위해서는 커플들이 커리어 우선순위와 가정에서의 합의들을 넘어서서 심리적 합의들에 주의를 기울여야 한다는 것을 배웠다. 심리적 지원을 형성하기 시작할 때 커플들은 비로소 공동의 경로를 다시 짓기 시작한다.

07

항우울제 아니고
역할 재협상

"다음 모험을 위하여!" 거품이 얹힌 코코아 잔을 하이디와 부딪치며 볼프강이 외쳤다. 두 사람은 뭔가 안다는 눈빛을 교환하고는 키득키득 웃기 시작했다. "이번 주말이 이렇게 확실하게 통할 줄 알았으면 벌써 1년 전에 제안했을 거야!" 그녀가 대답했다.

일요일 오후였고, 하이디와 볼프강은 주방에 앉아 있었다. 밖에는 가볍게 눈발이 흩날렸다. 두 사람이 서로의 관계와 삶에서 정말로 바라는 게 무엇인지를 놓고 종종 고함까지 질러가며 치열하게 논쟁을 벌인 지 18개월 만에, 그들은 이틀간 단 둘이 집에서 이 교착상태로부터 빠져나갈 방법만을 궁리해보자는 데 합의했다.

이들의 결혼생활은 조금은 롤러코스터처럼 오르락내리락한 편이었다. 두 아이의 출생이 스트레스와 갈등으로 점철된 시기의 문을 열었을 때 두 사람은 각각 직장을 가진 맞벌이 부모로서 새로운 삶을 어떻게 감당할지 방법을 찾았고 제1전환기를 힘겹게 빠져나왔다. 그 뒤로 비교적 안정적인 9년이 흘렀다. 일찍이 두 사람은 볼프강이 일차 커리어 위치를 맡기로 합의했었고, 그는 소규모 디지털 카메라 렌즈 제조사에서 관리직에 올라 있었다. 하이디는 많은 시간을 가족에게 헌신하면서도 고객 관련 담당자로서 차근차근 전문성을 쌓아 두고 있었다.

하지만 40대 초반에 이르러, 힘들게 다져놓은 균형이 흐트러지기 시작했다. 볼프강은 자신에게 후배 동료들을 지도하는 재능과 열정이 있다는 것을 발견하게 되었다. 하이디의 격려를 받으며 그는 전문 코치 양성과정에 등록했고 프리랜서 코치가 되는 꿈을 꾸기 시작했다. 하지만 곰곰이 따져볼 때마다 그는 가족에 대한 책임 때문에 그 일이 재정적으로 실현 불가능하다는 결론에 이르렀다. 차츰 덫에 걸려든 기분이 들면서 볼프강은 억울해졌고, 집에서 자기만의 세계로 들어앉았으며, 직장에서는 업무 성과가 떨어지기 시작했다.

그사이, 하이디 역시 그녀만의 교착 상태를 마주하고 있었다. 지난 10년 동안 그녀는 가족에게 집중하기 위해 직장에서는 일부러 승진 속도를 늦춰 왔다. 처음에는 느리게 가는 게 옳다고 느꼈지만 막내가 초등학교 마지막 학년으로 올라가고 나자 후회가 되기 시작했다. 그녀 연배들 중에는 이미 책임자의 지위에 오르려 하는 직원들도 있었지만 그녀는 여전히 팀의 슈퍼바이저였다. 그녀는 책임자의 재능이 있었고 동료나 고객 들에게 두루 인정받고 있었다. 볼프강도 더 높은 자리에 지원해서 야망을 좇으라고 권유하는 입장이었다. 하지만 가정을 돌보는 일차적 의무를 계속 짊어진 상태에서 어떻게 직장에서 책임자의 역할을 맡을 수 있겠는가? 볼프강처럼 하이디도 가족 안에서의 역할과 그것이 커리어에 그어놓은 한계 때문에 억울함이 쌓여갔다.

하이디와 볼프강은 예전부터 "큰소리 내지 않는" 자신들의 삶의 방식을 자랑스럽게 여겨왔다. 그러나 이 방식은 이제 두 사람을 짓누르는 억압이 되어 있었다. 공연히 소란을 일으키고 싶지 않아 둘 중 누구도 속에 쌓인 불만을 털어놓지 않았던 것이다. 긴장이 점점 올라갔다. 그리고 그들은 서로에게, 그리고 아이들에게까지도 통명스럽게 대하고 곧잘 비난을 해대는 성마른 사람들이 되어갔다.

상황이 정점에 다다른 것은 볼프강이 의사에게 항우울제 처방을 받았을 때였다. 하이디는 자신이 남편의 고통을 전혀 눈치 채지 못했다는 데 대해 매우 당황스러워 했다. 볼프강은 자신의 상태에 대해 미리 얘기하지 않은 것이 겸연쩍었다. 이제 적어도 구름 뒤로 한 줄기 햇빛이 비쳐 들고 있었다. 다시 대화를 시작하게 된 것이다. 두 사람은 부부 상담을 받기 시작했고 차츰 둘의 교착 상태를 잇는 연결 고리도 알아보게 되었다. 수개월에 걸쳐 상담을 받고 난 뒤 긴장이 서서히 누그러지면서 출구도 보이기 시작했다. 변화의 현실적인 지점들을 찾아내려면 시간이 걸린다는 것은 알았지만, 그들은 하이디의 부모님에게 주말 동안 아이들을 맡아 달라고 부탁했다.

토요일부터 일요일 아침까지 볼프강과 하이디는 자신들의 꿈과 두려움, 희망과 환상에 대해 과거 어느 때보다 더 깊이 이야기를 나눴다. 그들은 서로의 미래 계획 사이에 상상했던 것보다 훨씬 공통점이 많다는 사실을 발견하고는 감격하고 놀라워했다. 하이디 부모님의 차가 마당가에 도착했을 무렵에는 이미 하이디가 최근에 제안받은 승진을 수락하고 안정적인 대표 부양자의 위치에 옮겨 앉기로 두 사람 사이에 합의가 이루어져 있었다. 그녀 월급의 인상분과 둘이 같이 절약하기로 한 가계 지출을 합하면 볼프강이 직장을 그만두고 프리랜서 일을 시작할 수 있었다. 물론 이제 가정을 돌보는 의무는 일차적으로 볼프강이 맡게 되었다.

이 계획은 두 사람 모두에게 약간은 고통스러운 변화를 요구했다. 볼프강은 재정적 안정을 제공하던 역할을 포기해야 했다. 나아가 경제적으로 하이디에게 의존하고 가정에서 주도적으로 움직이는 데 익숙해져야 했다. 그런가 하면 하이디는 가정 안에서의 부차적 역할을 수용해야 했는데, 그녀에게는 조금 두려운 변화였다. 또 두 사람이 함께 생활 방식도 바꿔야 했다. 볼프강이 코치 일로 자리를 잡을 때까지는 가족 나들이를 비롯해 꼭 필요하지 않은 지출은 줄여야 하는 것이다.

효과가 있을까? 시간만이 말해줄 것이었다. 하지만 적어도 이들 앞에 놓인 경로는 퍽 분명해 보였다.

확장된 경로를 위한 토대 다지기

제2전환기를 거치면서 나와 이야기했던 다른 커플들과 마찬가지로, 볼프강과 하이디도 두 사람이 각각 일과 삶에서 진정으로 바라는 것들을 모두 담아낼 수 있도록 기존의 공동 경로를 확장해나갔다. 무엇을 하고 싶은지 깨달은 것도 중요한 도약이기는 했지만 그것만으로는 이 전환기를 성공적으로 통과하는 데 충분하지 못했다. 그들은 경로 확장에 따르는 현실적 문제들을 해결하기 전에 먼저 심리적 토대부터 닦을 필요가 있었다. 이 토대 작업을 위해서는 먼저 속을 겉으로 뒤집어보아야 했다.

성공적인 전환기는 안에서 시작된다. 커플이 서로의 삶에서 수행하던 역할들을 재협상하는 데서 시작돼, 그것이 결국 두 사람이 어떤 사람이 되고 무슨 일을 할지를 결정해나가게 되는 것이다. 5장에서 이미 보았듯이 커플들은 이 역할들을 제1전환기 때, 꼭 드러내놓고 하지는 않아도 어쨌든 정하게 된다. 그리고 나서 제1전환기를 무사히 헤쳐 나가면, 다시 말해 인생의 첫 번째 주요 사건에 의식적으로 대응하고 나면 이 역할들은 그들의 경로와 조화를 이룬다. 그러나 시간이 흐르면서 이 역할들은 커플들에게 제약이 되고, 따라서 두 사람의 상호적 개별화에 적합하게 경로를 다시 짓기 위해서는 이 역할들의 재협상도 필요하다.

볼프강과 하이디는 두 사람 모두 직장 생활을 했고 집안일도 함께 관여했지만, 볼프강은 믿음직한 재정적 공급원 역할을 맡았고 하이디는 가정의 총괄 책임자 역할을 맡았다. 볼프강이 커플의 야심과 추진력, 재정적 책임을 관장했다면, 하이디는 보살핌, 균형, 가정에 대한 책무를 관장했다. 물론 볼프강도 여전히 보살폈고 하이디도 여전히 야심이 있었지만 두 사람 다 이런 측면은 표현하지도, 개발하지도 않았는데, 왜냐하면 상대방이 그 부분들을 워낙 잘 하고 있었기 때문이다. 따라서 이들은 개인으로서는 양극화되고 불완전했지만 커플로서는 완전했다. 결혼 초기에는 이런 심리적 분업이 효과가 있었다. 커플로서 이들은 직장에서도 잘 나가고, 가정도 잘 건사하고, 사람들과도 잘 어울릴 수 있었다. 또 "큰소리 내지 않는" 접근법 덕분에 정서적으로도 안정적인 시기를 누렸다. 그러나 제2전환기의 시련에 부딪치고 나자 이들의 역할과 접근법은 오히려 장애물이 되었다.

이들이 고수하던 큰소리 내지 않는 접근법은 기본적으로 강렬한 감정 표현을 꺼리는 방식이었기 때문에 각자의 교착 상태를 상대에게 털어놓지 못하게 가로막았다. 동시에, 두 사람이 맡고 있던 심리적 역할들은 이들이 더 이상 원하지도 않는 인생 경로로 꾸역꾸역 걸어가게 만들었다. 하이디는 가정의 총괄 책임자 역할에 갇혀 있었기 때문에 점점 커져가는 욕구를 표현하기도, 커리어에 대한 야심을 실행에 옮기기도 불가능하다고 느꼈다. 반면, 볼프강은 믿음직한 재정적 공급원 역할에 갇힌 탓에 좀 더 균형 잡힌 커리어와 삶의 방식으로 전환하는 게 불가능하다고 느꼈다. 두 사람 다 앞으로 나아갈 길이 보이기는 했지만 서로를 보완하는 역할들에 꼼짝없이 매인 까닭에 그 길에 발을 들여놓을 수 있을 것 같지가 않았다. 한 사람의 개인이자 삶을 공유하는 커플로서 이 교착 상태를 뚫고 나아가려면 이들은 그 익숙한 역할들을 던져버려야 했다.

심리적 역할들의 재균형

하이디와 볼프강의 경험은 이 책을 위해 내가 인터뷰했던 커플들에게서 공통으로 나타나는 현상이었다. 제1 전환기 때 합의했던 역할들이 두 번째 전환기에도 여전히 유효한 경우는 드물었다. 제2전환기의 시련과 싸워 나가면서 두 사람이 각각 일에서, 삶에서, 그리고 관계에서 진심으로 바라는 것들을 찾아내고 나면 이제 그들은 확장된 경로에 적합한 새로운 심리적 역할과 접근법을 찾아야 했다.

볼프강과 하이디가 제일 먼저 할 일은 두 사람의 역할이 커플 사이에서, 가족과 사회적 관계 안에서 어떻게 복잡하게 얽혀 있는지 인식하는 것이었다. 그 역할들이 족쇄처럼 느껴졌다 해도 한편으로는 그들에게 중요한 정체성들도 부여하고 있었다. 볼프강은 직장에서 꾸준히 승진해온 데 대해 자부심이 컸는데, 그 직장에서의 성취가 그에게 사회적 지위를 주었고 집에서도 독보적인 역할을 맡게 해주었다. 아이들은 실용적인 조언이 필요할 때마다 아빠를 찾았고, 그러면 그는 아이들에게 학업에 매진하도록 독려했다. 또한 그는 생계를 책임지던 아버지 밑에서 자란 아들로서 자신의 위치에서 안정감과 연속성을 느꼈다. 반면, 하이디는 자신이 가족의 든든한 버팀목 역할을 맡고 있다는 것이 자랑스러웠다. 그녀의 엄마도, 대다수 여자 친구들도 맡아온 역할이었다. 아이들이 자신에게 기대고 의지한다는 사실에 그녀는 스스로 가치 있는 사람이라고 느꼈고, 아이들이 매력적이고 사려 깊은 사람으로 성장해나가도록 뒷받침하는 일이 더없이 즐거웠다. 또한 가정을 돌보면서 직장 생활까지 병행한다는 점도 그녀의 큰 자부심이었다.

볼프강과 하이디는 이 역할들을 바꾸는 것이 좋기도 하고 내키지 않기도 했다. 이 역할들이 부여해줬던 분명하고 소중한 정체성들을 벗어버리는 것도 마찬가지였다. 몇 달 동안 두 사람은 이제까지의 심리적 역할들을 고수하면서 새로운 경로로 전환해가고 싶은 환상과 싸웠다. 이들의 두려움은 전환을 위해서는 이제까지 맡아해온 역할들을 송두리째 포기해야 하고 따라서 소중했던 정체성들을 다 잃게 되지 않을까 하는 점이었다. 당연히 이들은 함정에 빠진 기분이 들었다.

하지만 사실, 볼프강과 하이디를 포함해 대다수 커플들이 제2전환기 때 해야 할 일은 역할들의 균형을 새로 맞추고 더 확장하는 것이지, 포기하는 것이 아니다. 커플 사이에서 일어난 역할의 양극화를 해소하는 기회지, 그저 맞바꾸는 것이 아니라는 얘기다. 따라서 각각의 파트너는 이제까지 상대가 대신 맡아 해온 까닭에 덜 발달된 자신의 부분들을 되찾아야 하고, 또한 상대를 대신해 자신이 맡아 해온 역할들은 완전히 놓아버리는 것이 아니라 쥐고 있던 힘을 조금 느슨하게 풀어주기만 하면 된다. 새로운 역할들을 수용하고 예전 역할들을 공유함으로써 커플들은 심리적 중심부로 이동할 수 있게 된다. 또한 이 이동을 통해 그들은 외적 세계의 전환도 가능해지고, 다방면에 걸쳐 더욱 고르게 발달한 사람, 심리적으로 완전체에 가까운 사람이 될 수 있다. 새로운 역할을 수용하거나 예전 역할을 공유하는 일 중에 대다수 사람들은 후자를 훨씬 어려워한다.

재균형의 두려움

볼프강은 프리랜서 일을 준비하는 동안 하이디에게 재정적으로 의존했다가 친구와 가족 들의 존경을 잃게 될까 봐 두려웠다. 하이디는 가정의 총괄 책임자 역할을 볼프강과 공유했다가 가족과 친구들에게 더 이상 중요한 존재로 인식되지 못할까 봐 두려웠다. 두 사람 모두 남의 눈에 비친 자신들의 가치를 염려하고 있었던 것이다. 나와 얘기했던 대다수 커플이 제2전환기 이전까지 그랬던 것처럼 볼프강과 하이디도 그때껏 사회적 기대에 맞춘 인생경로를 따라 살아왔고, 그래서 두 사람이 다른 이들의 이목을 걱정하는 것은 당연했다. 이들만의 독자적인 눈으로 들여다보면, 둘 중 누구도 자신의 가치가 재정적 공급원이나 가족의 버팀목이라는 역할에 달려 있다고 진심으로 믿지 않았지만, 그렇다 해도 수십 년간 내면화된 기대들로부터 벗어나는 것은 몹시 어려운 일이었다.

하이디와 볼프강의 전환 과정에서는 유난히 다른 이들의 역할이 두드러졌는데, 그 이유는 이들의 전환기에 부과된 과제가 바로 전통적인 젠더 역할 분담을 해체하는 것이기 때문이었다. 이들은 가족과 친구들이 자신들의 전환을 가로막을 거라고 옳게 추측했기 때문에 변화에 대해 더 불안하게 느낄 수밖에 없었다. 실제로, 나와 인터뷰했던 커플 중에 볼프강과 하이디와 유사한 전환기를 통과한 커플들은 하나 같이 주위의 반발을 경험했다. 남성들은 대부분 생각 없이 내뱉는 말이나 우스갯소리, 즉, 남자들 사이에서 어떤 메시지를 전달하는 데 이용하는 뼈 있는 농담 따위를 견뎌야 했다. 가령, 볼프강의 경우에는 제일 친한 친구가, 나중에는 하이디더러 술 한 잔 걸치러 나오라고 해야 하는 것 아니냐고 농담을 했다고 한다. 반면 여성들은 대부분 남편들의 살림 능력을 걱정해주는 친구들과의 "선의의" 대화를 견뎌야 했다.

일부 커플들은 더욱 강력한 반발을, 대개는 양가 집안 식구들로부터 경험하기도 한다. 내가 얘기했던 한 남성은 46세에 소프트 엔지니어 직업을 그만두고 늘 꿈꾸던 자기 사업을 시작하기로 했는데, 아버지가 보여준 반응에 대해 이렇게 설명했다. "아버지가 나를 앉히더니 내가 아내에게 재정적으로 의존하게 된 것을 절대로 용납하지 못하겠다면서, 이제 나는 남자도 아니라고 하시더군요." 이런 식의 선포는 안타깝게도 여전히 비일비재하다. 젠더 규범은 바뀌고 있지만, 커플이 전통적인 규범에 어긋나는 선택을 할 때 쓰라린 반발에 부딪히는 것은 결코 드문 일이 아니다.

커플의 전환이 꼭 젠더 역할의 해체를 수반할 때만 주위로부터 반발을 경험하는 것도 아니다. 5장에서 만났던 카를라를 떠올려보자. 그녀 내면세계의 전환은 끊임없이 내달리던 삶의 접근방식에서 한 걸음 물러나는 것을 포함했고, 따라서 가족과 친구들 사이에서 수행하던 오지랖 넓은 실무자 역할에서도 살짝 뒤로 빠지고 싶어 했다. 그러나 그녀가 빠지려 하면 할수록 가족과 친구들은 더 밀어 넣으려 애썼다. "빠져나갈 수가 없었어요." 그녀가 서글프게 말했다. "친구들은 내가 일을 제일 잘 한다고, 그러니까 내가 책임을 맡아야 하고, 그게 친구들 모임에서 내가 해야 할 역할이라고 우겼어요. 나를 절대로 놔주질 않았죠."

사실은 우리가 어떤 심리적 역할을 맡고 있든 간에 주위 가까운 사람들은 물론이고 파트너까지도 우리에게 그 역할을 계속 맡겨두려고 애를 쓸 때가 많다. 우리가 그 역할을 대신하는 한 자신들은 하지 않아도 되기 때문이다. 그래도 우리가 제2전환기를 잘 진행해나가면 파트너들은 우리의 변화 욕구를 이해하고 결국 받아들일 것이다. 그러나 친구와 일가친척 들은 설득하기가 훨씬 어려울 수 있다.

험난한 첫걸음

집에 단 둘이 남아 볼프강과 하이디는 자신들이 선택한 확장된 경로가 자신들만의 고유한 관심과 욕망에 뿌리를 두고 있다고 확신했다. 그들은 그것이 가져올 시련을 알았지만 전적으로 서로를 지지했다. 그러나 전환에 착수하고 나서 두 사람은 외적 변화보다 내적 변화가 더 어렵다는 사실을 알게 되었다.

하이디는 승진 제의를 수락하고 나서 기쁨으로 벅차올랐다. 그녀는 기꺼이 더 늦게까지 일했고 성공과 발전을 위해 들여야 할 에너지를 아낌없이 투자했다. 그녀가 힘들었던 것은 오히려 가족의 버팀목 역할에서 한 발 물러서는 쪽이었다. 부부는 하이디가 매일 아침 일찍 출근하고 나면 볼프강이 정신없는 아침식사 준비며 도시락 챙기기, 아이들 등하교까지 원래 하이디가 담당했던 일들을 맡아 하기로 합의를 해둔 상태였다. 이 명확한 합의에도 불구하고 하이디는 볼프강이 이제까지 잘만 굴러가던 가족의 일상을 망쳐 놓을지도 모른다는 걱정을 떨칠 수가 없었다. 그래서 남편이 자신과 다른 선택을 할 때면 그것을 받아들이기가 어려웠고 수시로 간섭을 하게 되었다. 그녀의 걱정을 더 부채질한 것은 여자 친구들과 친정 엄마였다. 그들은 볼프강이 과연 가족의 요구들을 얼마나 잘 감당하고 있는지 수시로 물어왔다.

반면, 볼프강은 직장을 그만두고 나서 날아갈 듯 속이 후련했다. 그는 코치 사업을 준비하는 것이 더없이 즐거웠지만 본격적으로 일을 시작하기까지 걸린 2년의 시간은 몹시 고됐다. 그는 하이디가 자기보다 더 많이 버는 것을 받아들이기가 어려웠고, 친구들이 그는 더 이상 가장이 아니라고 비아냥거리는 게 곤욕스러웠다. 게다가 자신이 직장을 그만두는 바람에 가족들이 씀씀이를 줄여야 했고 아이들에게서 1년에 한 번씩 가던 가족 휴가마저 빼앗아버렸다는 죄책감에도 시달렸다. 볼프강은 아이들의 삶에 더 적극적으로 관여하고 양육과 일 사이에 균형을 맞춰가는 것은 좋았지만, 하이디의 끊임없는 참견이 짜증스러웠고 헬리콥터처럼 주위를 맴도는 데 대해 불만이 쌓여갔다.

다행히 볼프강과 하이디는 제2전환기 때 겪었던 어려움들을 통해 지속적인 대화의 중요성을 잘 알고 있었다. 새로운 질서가 생기고 나서 처음 6개월 동안은 쉽지 않았지만 그래도 계속 대화를 나눴고, 이전 역할에서 한 발 물러서 있기가 어렵게 느껴질 때는 서로 문제제기도 하고 새로운 역할에 충실하도록 격려도 했다. 두 사람이 제일 오랫동안 매달린 문제는 심리적 역할의 재균형 작업이었다. 이들은 서로 상대가 없이는 변화를 이뤄낼 수 없다는 사실을 잘 알았다. 이러한 이유로 두 사람은 서로에게 책임을 묻기도 하고, 힘을 합해 반발에 대처해나갈 수도 있었다.

다른 이들에게 미치는 영향에 대처하기

볼프강은 자신이 새로 시작한 일을 얼마나 좋아하는지 이야기하면서 친구들에게 정면으로 맞섰다. 친구들은 차츰 물러섰다. 일부는 경로를 이렇게 바꾸기까지 그에게 대단한 용기가 필요했다는 사실을 인정하고 자신들도 그렇게 할 수 있으면 좋겠다고 털어놓기까지 했다. 그런가 하면 하이디도 엄마와 친구들의 반발을 물리치는 법을 터득했다. 그녀는 볼프강이 가정에서 감당하고 있는 역할을 공공연히 칭찬하는 한편, "헬리콥터 아내"의 자리에서 물러나기가 어려워 자신이 얼마나 애를 먹는지에 대해서도 솔직하게 고백했다. 그러자 그녀의 솔직함은 존중을 받았고 우려 섞였던 대화들은 서서히 자취를 감추게 되었다. 두 사람을 모두 놀라게 한 것은 아이들이 부모의 역할 변화를 너무나 쉽게 받아들였다는 점이었다. 내가 인터뷰한 커플들 상당수가 그랬듯이, 이 커플의 경우에도 아들과 딸은 거의 아무런 불평을 하지 않았고 반발도 지극히 미미했다.

나와 얘기했던 부모들 중에는 아이들이 가장 바라는 것이 무엇보다 안정성일 거라고 상상하는 이들이 무척 많았다. 이 믿음 때문에 많은 부모들이 극적인 변화를 시도하기를 조심스러워 한다. 그러나 연구에 따르면 아이들도 획기적으로 다른 뭔가를 좋아하는데, 특히 그 변화가 어떤 외부적 충격에 의해서가 아니라 가족 내부에서 사전 준비와 함께 시작된 경우에 그러하다. 한 연구에서 부모의 일이 자신의 삶에 미치는 영향 가운데 어떤 것을 바꾸고 싶으냐고 물었을 때, 아이들이 가장 많이 한 응답은 부모가 스트레스를 덜 받았으면 좋겠다는 것이었다.[1] 아이들은 부모 중 누가 무슨 일을 하거나 누가 얼마나 늦게까지 일하거나 하는 부분에 대해서는 신경 쓰지 않았다. 아이들이 신경 쓰는 것은 부모의 스트레스와 그것이 자신에게 미치는 영향이었다.

개별화된 인생 경로로 전환하자면 불가피하게 아이들에게도 변화를 끼치고 처음에는 약간의 스트레스까지 안길 것이다. 그러나 장기적인 관점에서는 부부의 성취감이 올라가면 아이들의 스트레스는 내려갈 것이다. 따라서 아이들도 더 행복해지고, 가정의 변화에 잘 적응하며, 사회적 요구에도 덜 민감해질 공산이 높다.

볼프강과 하이디는 제2전환기를 잘 헤쳐나간 커플이다. 이들은 길고 힘든 투쟁의 시기를 견뎌야 했지만 결국 상호 간 안전기지 관계를 형성해 서로가 서로를 지원해가며 개별화된 새로운 경로를 찾았다. 이들은 친구와 가족 들의 반발에도 부딪혔지만 자신들의 역할을 중심에 두고 성공적인 전환의 기초를 다졌다. 2년 뒤, 두 사람은 확장된 경로를 안정시켰고 그 길을 따라 여행하는 데 대해 만족감과 성취감을 느꼈다. 모든 커플이 이런 패턴대로 흘러가지는 않는다. 일부에게 제2전환기는 상호적 개별화로 이어지지 않고 오히려 냉기 도는 길로, 껄끄러운 관계로, 더러는 파탄한 관계로도 흘러간다.

발달상의 결빙

발달이 진행을 멈춘 채 얼어붙어 버릴 때 사람들은 더 이상 자신의 흥미와 욕망에 부합하지 않는 길 위에 갇히게 된다. 그래도 여전히 승진 가도를 달리는 등 객관적인 눈에 성공적으로 보이는 삶을 살 수도 있지만, 이런 사람들은 마치 엉뚱한 방향으로 달려가는 기차 안에 꼼짝없이 갇힌 듯 느낀다. 결빙은 사람들로 하여금 스스로 욕망하는 사람이 되지 못하게 막는다는 점에서 발달상의 문제다. 이 상태에 있는 사람들은 번데기 안에 갇혀 나비가 될 때를 간절히 기다리지만 떨치고 나오지 못하는 애벌레와 같다.

나는 발달상의 결빙이 제2전환기에 비대칭 안전기지 관계를 형성한 커플들에게 가장 흔하게 나타난다는 사실을 발견했다. 6장에서 다뤘던 까미유와 피에르의 사례로 돌아가서 결빙이 어떻게 일어나는지 살펴보자. 첫 번째 결혼에서 피에르는 아내의 지원을 톡톡히 누렸지만 자신은 그다지 되돌려주지 않았고, 까미유의 남편은 아내의 커리어와 발달을 적극적으로 방해했다. 피에르와 까미유는 둘 다 새로운 관계에서는 다르게 하고 싶었고 그래서 둘 다 서로의 커리어를 뒷받침하기로 약속했지만 이들의 선의는 행동으로 이어지지 못했다. 이들은 재혼한 뒤에 첫 번째 전환기에 들어섰다가 거기서 벗어나기 무섭게 두 번째를 맞았다. 개별화를 위해 두 사람 모두 상대의 지원이 간절했지만 함께 산 지 2년이 지났을 무렵에는 비대칭 관계를 맺고 있다는 사실이 자명해졌을 뿐이었다. 피에르는 까미유에게 안전기지였지만, 까미유는 피에르에게 이 역할을 되돌려주지 않았다.

까미유와 피에르는 서로의 첫 번째 결혼을 방향만 바꿔서 그대로 되풀이한 셈이었다. 피에르는 "나쁜 남편"에서 든든하게 지원하는 남편으로 변신한 뒤 자기희생을 하고는 거의 되돌려 받지 못했다. 까미유는 억압받는 아내에서 지원받는 아내로 변신한 뒤 자신이 받은 지원을 되돌려줄 기력이 없었다. 표면적으로는 이들이 맡았던 역할의 양극화가 까미유에게는 득이 되고 피에르에게는 해가 되는 듯 보였다. 피에르라는 안전기지를 옆에 둔 채 까미유는 다른 대안들을 탐험할 수 있었고, 자신이 무엇을 원하는지 성찰할 수 있었고, 그래서 회계법인의 프로젝트 매니저에서 이전 고객사 중 한 곳에서 일하는 사내 회계 책임자로 전환할 수 있었다. 까미유라는 안전기지 없이 피에르는 개별화된 인생 경로를 발견하기 위해 꼭 필요한 탐험 활동을 벌일 수 없었다. 2년 동안 전전긍긍한 끝에 그는 발달상의 결빙 상태로 물러났다.

까미유와 피에르의 상황을 깊이 들여다보면, 역할의 양극화가 두 사람 모두에게 해가 됐다는 사실이 눈에 보인다. 까미유는 점점 더 개별화되고 피에르는 점점 더 결빙되는 식으로 두 사람의 경로가 갈라져나가자 이들은 서로에게 불만을 품기 시작했고 관계가 계속 나빠졌다. 또 이 갈등 때문에 까미유는 계속 번영하기 어려웠고, 피에르는 마음에 울화가 쌓였다.

새로운 행로에 들어선 지 6개월 뒤, 까미유는 새 직장을 그만두고 예전의 회계법인으로 다시 돌아가 새 동료들에게 충격을 주었다. "내가 원래 자리로 돌아가고 나서 우리 관계를 짓누르던 압박감이 해소됐어요." 그녀가 설명했다. "우린 다시 평평한 운동장으로 돌아간 거니까요. 제 직업만 놓고 봐도 나쁜 선택은 아니었어요. 내 말은, 회계법인에서 일하는 게 너무 싫었던 건 아니니까요." 이 변화를 선택함으로써 까미유는 피에르와의 관계를 위해 자신의 개별화된 인생 경로를 희생한 것이었다. 겉으로는 둘 다 직장생활을 하고 복잡한 가정생활을 원만하게 끌어가고 있었기 때문에 관계에 아무 문제가 없는 듯 보였지만, 사실 두 사람은 발달상으로 정체되어 있었다. 까미유는 회계법인을 싫어하지 않았을지 모르지만, 그곳에서는 그녀가 그토록 벗어나고 싶어 하는 지원 역할에 매몰돼 있어야만 했다. 피에르는 발달이 멈춘 상태를 이렇게 묘사했다. "마치 물속에서 어디로도 가지 못하고 그저 가만히 떠 있기 위해 물장구를 치고 있는 것 같아요." 이들은 관계를 계속 유지하기는 했지만 제2전환기의 핵심 질문, "우리가 진정으로 바라는 것은 무엇인가?"에 대답하지 못했고, 그대로 결빙 경로로 물러나 세 번째이자 마지막 전환기에 다다를 때까지 흘러갔다.

까미유와 피에르와 같은 상황에 처한 커플들이 모두 결빙 경로로 물러나는 것은 아니다. 일부는 이별한다. 나와 이야기했던 한 여성은 40대 중반에 이혼했는데, 관계가 끝나게 된 과정을 이렇게 설명했다. "우린 완전히 성공한 커플의 전형이었어요. 좋은 직업에, 멋진 친구들에, 정말 잘 나갔죠. 그러다가 40대 초반에 우리 둘 다 자신감의 위기를 맞았어요. 그이나 나나 능력에 비해 너무 과분한 자리에 앉아 있다고 느꼈죠. 우린 변화를 원했지만 어떻게 바꿔야 할지를 몰랐어요. 그러곤 정체됐고요. 나는 그이를 도우려 했는데 그이는 나를 그다지 도울 생각도, 도울 힘도 없었어요. 결국 우린 자기만의 세계에 들어앉았습니다. 원망이 쌓였고, 그게 파국의 시작이었어요." 이혼한 뒤에 그녀와 그녀의 전남편은 개별화된 새 인생 경로로 옮겨갔다. 피에르와 까미유가 서로의 관계를 위해 각자의 개별화를 희생한 반면, 이 커플은 그 반대를 선택했다. 그 부분에 대해 곱씹어보고서 그녀가 말했다. "돌이켜 보면 인생의 새 국면으로 넘어가기 위해 마치 우린 이혼을 꼭 해야만 했던 것 같아요."

발달상의 결빙은 제2전환기를 겪고 있는 커플들에게는 비교적 흔하게 나타나지만 피할 수 없는 경우는 거의 없다. 상호 간 안전기지 관계를 형성함으로써 제자리에 정체되는 것을 피할 수 있고 두 파트너가 모두 확장된 경로로 나아갈 수 있다.

확장된 경로의 현실적 문제들 타개하기

두 파트너가 모두 진정으로 바라는 것이 무엇인지 찾아내고 서로 개별화된 경로로 옮겨갈 준비를 마쳤다면 이제는 현실적인 문제들을 다뤄야할 차례다. 계획 중인 변화와 전환이 급진적일수록 현실적 부분들의 중요성은 더 커진다.

6장에서 만났던 인디라와 닉은 같이 경계성의 과정을 거친 지 2년이 지났을 무렵 점차 자신들이 바라던 모습대로 안정되어갔다. 이제 두 사람은 그때까지 양극화되어 있는 성공의식과 목적의식도 공유해야 한다는 사실을 깨달았다. 일찍이 인디라는 기업 커뮤니케이션 업계에 우연히 발을 들여놓은 뒤 중간 규모 물류 회사의 커뮤니케이션 팀장 자리까지 올랐다. 지속적인 성공의식을 동력으로 그녀는 30대 내내 의욕적으로 일에 전념했지만, 40대에 들어서고 나서 과연 그 모든 일이 다 무엇을 위한 것인지 회의가 밀려왔다.

인디라는 교사인 닉의 직업이 좋아보였던 적이 한 번도 없지만 새삼 그의 뚜렷한 목적의식이 부러워졌다. 애초에 닉은 어린 학생들의 삶을 바꾸고 싶어서, 그리고 수학을 사랑해서 가르치는 일에 매력을 느꼈었다. 그러나 수없이 많은 학생들의 삶에 변화를 일으킨 것은 인정하지만 한 자리에 정체된 듯 느꼈다. "끝없이 되풀이되는 삶을 살고 있었습니다. 1년 단위로 계속 똑같았으니까요. 물론 학생들은 바뀌었죠. 그렇지만 나는 그 단조로운 반복에 숨이 막힐 것 같았어요."

인디라와 닉은 자신들이 성공과 목적이라는 양극의 정반대 끝에서 살아왔고, 이제 둘 다 중간 지점으로 옮아오고 싶어 한다는 것을 알게 되었다. 닉은 계속 교육계에서 종사하고 싶었지만 교직을 떠나 더 큰 성취감을 줄 만한 직종으로 옮겨야 한다는 생각이 들었다. 인디라는 기업 세계에서 벗어나 개인적으로 좀 더 의미 있는 영역에서 성공을 추구해야 한다는 것을 알았다. 공교롭게도 비영리 기구들의 본고장인 보스턴 가까이 살고 있었기 때문에 두 사람은 그쪽 세계에서 새로운 직업을 찾기로 했다. 그러나 실제로 삶의 구조를 재편하려면 세심한 계획이 필요했다.

그때까지 두 사람이 세 아이를 기르면서 맞벌이 생활을 어렵게라도 해낼 수 있었던 것은 교사인 닉의 근무 시간과 긴 방학 덕분이었다. 이제 그가 학교를 떠난다면 급한 일이 생길 때마다 도움을 구할 친척이 가까이 사는 것도 아닌데, 앞으로 중학생 두 명과 갓 고등학생이 된 아이를 어떻게 돌본단 말인가? 또한 경제적으로 여유가 있기는 했지만 닉도, 인디라도 급여가 대단히 높은 편은 아니어서 집안 살림 문제를 해결해줄 누군가를 고용할 처지도 아니었다. 이 모든 것을 염두에 두고 두 사람은 집중 계획 단계에 들어섰다.

"30대 초반에 어떻게 둘의 직업을 조율할지 고민하던 때로 돌아간 기분이었어요." 인디라가 말했다. "이번에는 공포감이 아니라 목적의식 아래서 했다는 점이 달랐지만요." 새 직장에 지원하기 전에 인디라와 닉은 이 미래 직업들의 형태를 꼼꼼하게 분석하고 예측했다. 그리고 일을 배우고 자리를 잡으려면 첫 1년 동안에는 만만치 않은 시간과 에너지를 쏟아야 할 거라는 결론에 도달했다. 이들 커플은 이제까지 공동 일차 커리어 우선순위 모델을 적용하고 있다고 생각했지만 분명 닉이 대표 부모 역할을 하고 있었다. 긴 방학 기간에는 그가 살림이며 온갖 허드렛일, 육아까지 거의 전담하다시피 했고, 학기 중에도 더 많은 몫을 담당했다. 이런 방식은 바뀌어야 할 터였다.

몇 주에 걸쳐 두 사람은 닉의 표현대로 "새 조약"을 완성했다. 첫 번째 합의 사항은 둘의 이직에 시차를 둔다는 것이었다. 먼저 인디라가 비영리 조직에 들어가 자리를 잡고, 그런 뒤에 집에서 역할을 늘릴 준비가 되면 그때 닉이 직장을 옮긴다는 계획이었다. 두 번째로, 집에서는 진정한 공동 양육 모델로 바꾸고 10대 자녀들도 집안일에 더 동참시키기로 했다. 두 사람 다 이 변화들이 쉽지 않을 거라고 예상했지만 이렇게 바꾸지 않고는 전환에 성공할 수 없으리라는 것을 알았다. 마지막으로, 두 사람은 6개월에 한 번씩 이 조약을 다시 논의해 모든 일이 정확히 진행되고 있는지, 약속들이 잘 지켜지는지 확인하기로 했다.

인디라와 닉의 이야기는 커플들이 제2의 전환을 무사히 완수하기 위해 어떻게 첫 번째 전환기에 정했던 합의들을 다시 논의해야 하는지 보여준다. 그러나 먼저 전환의 예상 형태를 정밀하게 분석하는 것이 중요한데, 이 분석 속에서 이후 직업 경로들의 상대적인 투자 수준이나 압력의 최고점과 최저점 등이 드러날 것이고, 커플들은 이 분석을 토대로 이전 합의들을 다시 논의하고 균형을 맞춰야 할 것이다. 4장에서 설명했던 커리어 지도 제작 방법이 여기서 도움이 될 수 있다. 이 실제적인 그림으로 무장하고 나면 그다음에는 커리어 우선 순위 지정 모델과 양육 모델을 다시 논의해야 하고 어쩌면 협상도 다시 해야 하는데, 여기서도 4장에서 살펴본 방법들이 유용할 것이다. 끝으로, 인디라와 닉이 "새 조약"에 합의한 것처럼, 전환이 이루어지는 시점은 2장에서 강조했던 커플 계약을 갱신하기에 완벽한 순간이다. 이 갱신은 커플이 앞으로 새로운 경로에 잘 적응하고 안착하게 도울 것이다.

실행을 위한 투쟁

일부 커플들은 두 사람이 바라는 것에 합의하고 심리적 기초까지 닦아놓고서도 단순히 현실적인 문제들에 합의하지 못하거나 또는 그 문제들을 타개하지 못한다.

도저히 감당할 여력이 없어요

내가 인터뷰했던 커플들 중 일부는 예상되는 전환과정을 지도로 그려놓고서도 자신들이 바라는 대로 변화를 실행해나갈 여력이 도저히 안 된다는 씁쓸한 결론에 도달했다. 실제로, 두 파트너 중 한 명이 직업 재교육을 받거나 새로운 사업을 준비하는 동안 수입이 거의 없거나 전혀 없는 상태로 들어간다는 것은 감당할 수 없는 일처럼 느껴진다. 이와 유사하게, 일부 커플들은 대출이 많거나 생활비가 너무 많이 들어서 한 명이 급여가 더 낮은 직종으로 옮긴다는 것은 생각조차 할 수 없는 일로 여겼다.

카릴과 아말 커플은 아말이 개별화된 경로로 개인사업을 시작해야겠다고 마음먹었을 때 바로 이런 상황이었다. 그전까지 아말은 이벤트 회사에서 일하면서 커플의 재정적·정서적 안정을 담당해왔다. 반대로, 카릴은 이미 작은 사업체를 차려서 커플의 즐거움과 모험 부분을 실행해왔다. 두 사람은 낙천적이고 성실했지만 재정적으로 신중하지는 못했다. 그 결과, 대출은 산더미인데 저축은 거의 없었다. 카릴은 회사 생활에 대한 아말의 불만을 이해했고 이제 자기사업을 하는 즐거움을 일부 그녀와 공유할 때가 됐음을 깨달았다. 그는 가족의 안정을 꾀하는 역할을 같이 짊어질 준비가 되어 있었다. 하지만 두 사람 중 누구도 아말의 이직을 감당할 마땅한 방법을 찾아내지 못했다. 아말은 회사 워크숍을 전문으로 하는 이벤트 회사를 차리려고 친구 한 명과 탄탄한 사업 계획을 세워둔 상태였다. 그녀와 그녀 친구는 둘 다 이 분야에서 경험이 많았고 견고한 소득 흐름을 차곡차곡 만들어나갈 자신이 있었다. 차곡차곡, 하지만 그녀와 카릴의 모든 부채와 지불 의무들을 감당할 정도로 빠른 속도는 아닐 터였다. 몇 달간 이리저리 궁리한 끝에 커플은 아말이 사업 계획을 보류해야 한다는 결론에 이르렀다. 두 사람은 이제부터 허리띠를 졸라매고 저축을 시작하기로 다짐했지만, 아말이 사업을 시작할 수 있을 정도로 밑천을 많이 모으려면 몇 년은 걸릴 거라는 사실을 둘 다 모르지 않았다.

카릴과 아말의 이야기는 사기를 떨어뜨리는 사례이기는 하지만 드문 이야기는 아니다. 재정적 쳇바퀴에 갇히는 커플은 많다. 보통은 필요한 경비를 모두 제하고 저축할 돈이 크게 남을 정도로 벌지 못한다. 더욱이 일부는 급여가 오르기 무섭게 무리해서 더 큰 집을 사는 등 더 많이 벌면 더 많이 쓰는 순환 속에 갇힌다. 스스로 잘한 일에 대해 보상을 하는 것은 당연하지만 꼭 지출을 통해 보상을 하게 되면 현재 누리는 수준의, 또는 그 이상의 수입이 항상 필요하게 된다. 장기적 관점에서 바라보면 저축이 훨씬 나은 보상이다. 장차 변화를 꾀할 수 있는 여지를 제공해주기 때문이다.[2] 맞벌이 커플의 큰 장점 중하나가 두 몫의 수입 덕분에 삶의 전환을 가능케 하는 경제적 여유를 얻을 수 있다는 점인데, 이 장점을 현실화하는 데는 자기통제와 계획, 그리고 물론 행운도 좀 든다.

도저히 합의가 안 돼요

전환에 대한 서로의 욕망을 이해하고 심리적 역할과 합의들을 바꾸는 데 찬성하지만, 서로의 새 커리어 계획에 도저히 동의할 수 없다면 어떻게 될까? 마고트와 제프는 제2전환기가 끝나갈 무렵 이런 딜레마에 빠지게 되었다. 30대 중반에 처음 만났을 때만 해도 커리어와 커플 관계를 병행하는 데 있어서 중요한 장애물이 나타나리라고는 누구도 예상하지 못했었다. 두 사람 다 자기 일과 서로에게 충실했고, 아무도 아이를 원하지 않았으며, 인생관도 거의 비슷했다. 잘못될 일이 대체 뭐가 있었을까?

이후 40대 중반이 되고 나서 마고트와 제프는 현재 가진 것들에 대해 마음이 겉돌고 자신들이 정말로 바라는 것이 무엇인지 질문을 던지는 익숙한 패턴에 들어섰다. 두 사람은 일과 삶 양 측면에서 더 큰 모험과 짜릿한 재미를 경험해보고 싶다는 데 동의했고, 그래서 이제껏 안정과 발전의 대가로 참아왔던 제약들을 깨고 나가자는 데 의견을 모았다. 이렇듯 모든 것이 잘 조율되는 듯 보였지만, 한 가지가 아니었다. 모험과 짜릿한 재미가 무엇을 뜻하는지에 대해서는 생각이 전혀 달랐던 것이다.

마고트는 해외로 나가서 살고 싶어 했다. 대학생 때 동남아시아로 배낭여행을 다녀오면서 그쪽에서 외국 생활을 하면 재미있겠다고 생각했다. 남편과 거기서 살면 새로운 나라들을 탐험하고 완전히 다른 인생을 경험할 수 있을 터였다. 영구적으로 이주할 계획은 없었지만 3년에서 5년 정도를 예상했다. 두 사람은 아이도 없고 부모님도 젊은 데다, 아파트에 세를 놓아 계속 대출금을 갚으면 되었다. 뛰어들지 못할 이유가 뭐가 있겠는가?

하지만 제프는 전혀 다른 곳에 뛰어들고 싶어 했다. 지난 5년 동안 그는 예측기술의 한 인기 높은 분야에서 전문성을 쌓았고 이 업계의 프리랜서 컨설턴트로 창업하고 싶어 했다. 위험 부담도 적었다. 몇몇 회사는 이미 그에게 자문을 요청했었고, 인맥도 넓어서 운이 조금만 따라주면 현재 급여보다 더 많이 벌 것 같았다. 문제는 그가 이 새로운 커리어를 성공시키려면 영국에 남아 있어야 한다고 확고하게 믿는다는 사실이었다.

여러 달에 걸쳐 마고트와 제프는 서로 자신이 선호하는 선택을 상대에게 납득시키려 노력했다. 마고트는 제프가 전 세계 어디서든 프리랜서 창업을 할 수 있다고 주장했고, 제프는 마고트가 단순히 장소를 바꾸는 게 아니라 커리어를 바꿔서 모험을 찾아야 한다고 주장했다. 두 사람 다 꿈쩍도 하지 않았고 결국 이러지도 저러지도 못할 진퇴양난에 이르고 말았다.

마고트와 제프처럼 두 파트너의 이상적인 경로가 서로 충돌해 한쪽을 따르면 다른 쪽이 불가능해지는 상황이라면 어떻게 해야 할까? 우선 이런 상황이라고 해서 반드시 협상이 깨지는 것은 아니라는 점을 기억하기 바란다. 협상이 깨지는 경우는 일반적으로 한 사람은 아이를 갖고 싶어 하는데 다른 사람은 아닐 때, 한 사람은 어떤 나라에서 영원히 정착하고 싶어 하는데 다른 사람은 그곳을 견딜 수 없을 때, 또는 서로 전혀 다른 가치관을 좇아 살고 싶어 할 때다. 이런 상황이라면 다른 인연을 찾는 게 나을지도 모른다. 그러나 그 밖의 상황에서는 대개 시간과 노력을 들이면 합의점을 찾을 수 있다.

진퇴양난에 이르렀을 때 전문 중재인을 찾아가는 것도 좋은 방법이다. 친구와 가족 들은 다들 우리가 뭘 어떻게 해야 좋은지에 관해 자신들만의 견해와 생각이 있기 마련이다. 하지만 우리에게 필요한 것은 편견 없이 딜레마를 헤쳐 나갈 수 있게 도와줄 누군가, 이래라저래라 하지 않으면서 다른 시각으로 봐줄 누군가다. 이것이 마고트와 제프가 선택한 방식이었다.

서로의 관계는 여전히 견고했지만 두 사람은 진퇴양난에서 헤어나온다는 분명한 목적 아래 부부 상담을 시작했다. 몇 달이 지난 뒤, 그들은 서로의 전환이 각자에게 얼마나 중요한지 깨닫게 되었고 두 사람 모두 원하는 것을 얻을 방법을 모색하기 시작했다. 그리고 결론은 마고트가 자기 회사의 홍콩 지부에서 1년 동안 파견 근무를 하면, 그동안 제프는 런던에 남아 프리랜서 컨설턴트로서 독립을 한다는 것이었다. 그 정도 기간은 멀리 떨어져 지낼 만했고, 프리랜서 생활을 시작하면 제프는 시간 활용이 유연해져 12개월 동안 서너 차례는 홍콩을 방문할 수 있었다.

제프는 마고트가 홍콩행 비행기에 오르기 6주 전에 회사를 그만두었다. 그 1년 동안 두 사람은 각자의 모험을 만끽했고 일에서도 성공을 거뒀다. 이제 제프는 외국 생활에 대해 호감을 느끼기 시작했지만 곧 1년이 지나고 마고트가 영국으로 돌아왔다. 두 사람은 그 뒤 제프가 프리랜서 사업을 안정적으로 정착시킬 때까지 2년 동안 런던에서 지내기로 하고, 그런 다음에는 같이 얼마 간 아시아로 돌아가서 살기로 했다. 누구에게도 완벽한 해결책은 아니었지만 둘 모두에게 꽤 괜찮은 해결책이었다.

진정으로 바라는 것 수용하기

진정으로 바라는 것을 찾아내고 개별화된 더 넓은 경로로 전환해 간다고 해서 마음속에 스치는 질문들이 전부 풀리지는 않을 것이다. 또 그래서도 안 된다. 제2전환기에서 직면하는 질문들, 즉 **내 열정은 뭐지? 나는 지금 이대로 괜찮은 걸까? 남은 인생은 뭘 하면서 살아야 할까?** 등은 장기적 발달 과제들이다. 우리가 할 수 있는 최선은 이 질문들에 부분적으로 답을 하고, 그런 뒤에 이 질문들을 계속 살아내는 것이다. 오스트리아의 시인이자 소설가인 라이너 마리아 릴케는《젊은 시인에게 보내는 편지》에 이렇게 썼다.

마음속에 해결되지 않고 남아 있는 모든 질문 앞에서 인내심을 가지십시오. 그리고 그 질문들이 마치 닫혀 있는 방이나 완전히 낯선 언어로 쓰인 책인 것처럼 그 질문들 자체를 사랑하도록 노력하십시오. 당장 주어지지 않을 대답을 찾지 마십시오. 당신은 주어지지 않은 대답을 살아낼 수는 없을 테니까요. 중요한 것은 모든 것을 살아내는 일입니다. 지금은 질문들을 살아내십시오. 그러다 보면 먼 훗날 언젠가, 당신도 모르는 사이 서서히, 대답 안에 들어와 살게 될 것입니다.[3]

각자의 질문들을 계속 살아내면서 개별화된 새 인생을 수용할 수 있는 커플은 제3전환기가 시작되기 전까지 공동 성장의 안정기를 누릴 것이다. 그러고 나서 약간의 운이 따른다면, 어느 날, 이미 대답 안에 들어와 살고 있는 자신들을 발견하게 될지도 모른다.

제2전환기

제2전환기의 특성
초점을 사회적 요구와 기대에 부응하던 방식에서 각 파트너가 일과 삶, 관계에서 진정으로 바라는 것이 무엇인지 찾아내고 추구하는 방식으로 옮겨간다.

도화선
제2전환기의 도화선은 두 가지 중요한 동력의 결합으로, 첫 번째 동력은 인생 주기의 일부인 개별화를 향한 충동이고, 두 번째는 제1전환기 때 합의했던 커플 사이의 역할 분담을 재고해야 하는 필요성이다.

핵심 질문
• 우리가 진정으로 바라는 것은 무엇인가?
• 각각의 파트너는 자기만의 고유한 관심과 욕구를 찾아내야 하고, 또한 커플은 그 관심과 욕구를 추구해나가도록 서로를 도울 방법을 발견해야 한다.

함정

- 반려자의 탐험을 불신하고 자기방어적 태도를 취한다.
- 서로의 발달을 상호 간에 균등하게 돕지 않는다.

해결 방법

- 상호적 개별화를 성취한다.
- 두 파트너가 모두 개별화의 길로 갈 수 있게 상호 간 안전기지 관계를 형성한다.
- 각각의 파트너가 상대의 인생에서 수행하던 역할들을 조정하여 다시 균형을 맞춘다.
- 제1전환기 때 합의했던 커리어 우선순위 지정 모델과 가사노동의 분담을 재논의한다.

기술

상호 간 안전기지 관계 형성: 전환기를 겪는 파트너를 지원하고 균등한 상호적 관계를 형성하는 최선의 방법이 무엇인지 이해한다(6장).

성찰

관계 회복탄력성: 커플 사이에 역경을 견뎌내는 견고한 관계를 형성하는 비결들(5장).

제3전환기

노년,
낡은 나를 버리고
새로운 나를
찾다

08

상실감이
영혼을 잠식하는 시기

노암은 침대에 가만히 누워 시라가 자는 모습을 골똘히 지켜보았다. 긴 세월의 경험이 훑고 지나간 자리에 젊은 시라의 강렬했던 아름다움은 더는 예전의 모습이 아니었다. 곡선은 무뎌졌고, 치렁치렁했던 머리카락은 이제 갈색이라기보다 은색에 가까웠으며, 억센 손은 주근깨로 얼룩덜룩했다.

노암의 몸 역시, 한때 장거리 달리기 선수처럼 유연하면서도 근육이 단단했던 때가 있었지만, 이제는 아니었다. 허리둘레는 두둑해지고 관절은 계속 무지근하게 쑤셨으며 안경이 없으면 안 되었는데, 이 모든 것이 그가 중년을 훌쩍 넘어섰다는 사실을 끊임없이 상기시켰다. 6개월 전 친구의 갑작스러운 죽음으로 충격을 받은 뒤 여전히 거기에서 헤어나지 못한 채, 노암은 언젠가 찾아올 자신의 죽음을 날

카롭게 자각하고 있었다. 누구보다 건강하게 생활했던 이타이를 심장마비로 아무 경고도 없이 데려갈 수 있었다면 노암의 시간이 다 되는 때는 언제일 것인가?

최근 들어 자주 그랬듯이, 견디기 어려운 상실감이 그를 휩쓸고 지나갔다. 그를 서글프게 하는 것은 젊음을 잃어버려서도 아니고 죽음에 다가가고 있어서도 아니었다. 그것은 가능성의 상실이었다. 그는 한때 대형 광고 회사에서 상급 관리자가 되는 것이 꿈이었지만 이제 그 꿈이 결코 실현될 수 없으리라는 것을 알았다. 아들은 대학에 가느라 곧 집을 떠날 터였다. 노암은 아들의 야구팀을 응원하던 때가 그리워질 것 같았다.

그러나 가장 받아들이기 어려운 것은 시라와의 관계에서 느껴지는 상실감이었다. 한때 열렬했던 관계는 이제 거의 정신적인 부분만 남았다. 여전히 서로 사랑했지만 질감이 달라진 것이다. 6개월 전에 이사를 한 뒤로 노암은 아내의 25년에 대해 잘 알지 못한다는 기분이 들었다. 그리고 아내가 여전히 자신에게 관심이 있을지 궁금했다.

노암과 시라는 앞선 두 전환기를 지나면서 오르막과 내리막을 겪을 만큼 겪었지만 결정적인 위기는 없었다. 30대 초반을 짓눌렀던 불임 문제가 힘들기는 했어도 5년을 기다린 끝에 대니얼을, '기적 같은 아기'를 얻었다. 워낙에는 두 사람 다 외국에서 일하는 게 꿈이었지만 대니얼을 우애 깊은 친척들 사이에서 북적거리는 사촌들과 함께 자라게 하기 위해 이스라엘에 남는 쪽을 택했다. 그 뒤, 그들은 대가족 안에 아늑하게 둘러싸인 채 즐거운 휴가와 느긋한 주말, 그리고 특별한 순간들에 대한 기분 좋은 추억을 쌓으며 행복한 몇 년을 보냈다. 그러다 40대로 접어들면서 노암과 시라는 방향에 관한 질문에 직면했다. 결국 두 사람은 곧 대니얼이 집을 떠날 때까지 획기적인 방향 전환을 미뤄두기로 결정했다.

어둑어둑한 침실을 눈으로 배회하다가 노암은 가족사진이 담긴 종이 상자가 이사 이후 아직 정리되지 못하고 덩그러니 놓여 있는 것을 발견했다. 그 모습이 자신들의 결혼 생활을 절묘하게 상징한다는 생각이 문득 머리를 스쳤다. 삶이 계속되는 동안 구석에 방치된 채 까맣게 잊힌, 두 사람의 관계 말이다. 그들은 새로운 인생을 앞에 두고 있는 것일까, 아니면 노년을 응시하고 있는 것일까? 그는 알 수 없었다. 이제 시라는 누구일까? 나는 누구지? 그리고 틀림없이 제일 무서울 질문이 남아 있었다. 우리는 누구일까?

이 불확실성의 순간은 노암과 시라에게 느닷없이 찾아온 것이 아니었다. 친구들이 50대에 정체성의 위기에 직면하는 모습을 이미 많이 목격했고, 그중에서 적지 않은 수가 부부 관계에 대한 고민으로 힘들어 하는 것을 보면서 자신들은 절대로 그런 문제만은 겪지 않겠다고 다짐을 해둔 상태였다. 그들의 묘수는, 시라의 표현에 따르면 "대니얼이 집을 떠나기 전에 대모험을 시작하는 것"이었다.

그들은 자주 유럽에서 살고 싶다는 꿈을 꾸었는데, 특히 몇몇 친척들이 사는 네덜란드와 프랑스에 끌렸다. 이스라엘 바깥에서 대학을 다니고 싶어 하는 대니얼의 소망도 이주에 대한 부부의 결심을 더욱 확고히 하는 데 한몫했다. 유럽으로 이주하면 대니얼이 좋은 대학에 들어가는 발판이 될 테고, 대니얼이 독립한 뒤에는 부부가 새로운 나라를 탐험하고 공동의 관심사를 새롭게 일궈나갈 완벽한 기회가 될 것이었다.

대모험은 시라가 암스테르담에 있는 한 연구개발 팀으로부터 일자리를 제안받음으로써 결실을 맺었다. 시라의 새 직장은 가족에게 유럽에서의 새 인생을 시작하게 해주는 티켓이었다. 노암의 커리어는 정체 상태였고, 더 높이 올라가지 못하리라는 것을 깨닫고서 그는 반은 후련하고 반은 체념한 심정으로 프리랜서가 되기로, 그래서 자신의 경험을 살려 가족의 이주를 성공적으로 완수하는 데 집중하기로 했다. 가족은 오랫동안 살았던 텔아비브의 집을 떠나 새롭게 인생을 시작했다.

그러나 어찌된 일인지, 그토록 피하고 싶었던 권태의 느낌이 이주에도 불구하고 부부를 덮쳐왔다. 그들은 자신들이 대니얼 때문에 마지못해 같이 사는 게 아닐까, 내년에 아이가 떠나고 나면 부부 관계도 끝이 나지 않을까 염려했다. 그러다 두 사람은 지난 20년 동안 자신들이 잠시도 가만히 있지 못하고 끊임없이 뭔가를 하는 정신없는 쳇바퀴 속에서 살아왔다는 것을 깨달았다. 그리고 이제는 같이 산다는 것의 의미를, 심지어 그게 어떤 기분인지에 대해서도 감을 잃었다는 것을 알게 되었다. 또한 이제까지 살아온 대로 일과 가정에만 전념하는 것으로는 충분하지 않다는 사실도 자각했다. 직장에서 연차가 높아지고 경력의 후반기에 이르면서 이들의 생각도 넓어졌다. 다른 사람들에게 우리는 어떤 영향을 끼쳐왔을까? 유산을 남기게 될까? 우리는 세상에서 의미 있는 삶을 살았던가?

노암은 한숨을 쉬었다. "이제야 옛말을 이해하겠군. '도망칠 순 있어도 숨을 수는 없는' 거야." 그는 침대에서 몸을 돌려 천장을 물끄러미 바라보며 또 하루 잠들지 못하는 밤을 받아들였다.

제3전환기의 시작

마지막 전환기는 역할들이 극적으로 바뀌는 시기에 찾아온다. 50대부터 은퇴할 시기에 걸쳐 우리의 직업이 이 단계에 들어섬에 따라, 제2전환기 말에 확립됐던 경로의 안정성은 이 역할 변화들이 야기하는 공허한 정체성과 유산에 관한 질문들 앞에서 다시 흔들리기 시작한다. 또한 유산을 과연 남기게 될 것인가의 질문은 세상에서 우리가 어떤 삶을 살아왔는가에 관한 핵심으로 질러간다.

이 역할 변화들은 우리의 직업 및 인생 주기와 떼려야 뗄 수 없게 밀착돼 있다. 우리의 커리어는 정체된다. 몸은 더 이상 옛날 같지 않다. 아이들이 있다면 아이들도 집을 떠난다. 수십 년 동안 커리어의 발전과 아이 양육을 위해 질주해왔지만, 어느 날 아침, 우리가 애초에 사랑에 빠졌던 모습과는 어쩌면 극적으로 달라진 듯 보이는 어떤 사람 옆에서 홀로 깨어난다. 우리 역시 극적으로 달라진 듯 보이는 어떤 사람이다. 우리를 둘러싼 텅 빈 공간과 더 이상 상상할 수 없지 않은 미래 속에 잠복 중인 공허가 우리를 근원적인 정체성 질문 앞으로 끌어온다. **이제 나는 누구지? 남은 인생 동안 어떤 사람으로 살아야 할까?**

이 질문은 우리가 어떤 한계에 도달했다는 사실을 직면하게 한다. 이제 우리는 앞선 두 전환기 때 만들었던 경로와 그때 형성했던 관계의 패턴 들이 현재 우리의 위치뿐만 아니라, 우리에게 열려 있는 미래의 선택지까지 어떻게 결정지어 왔는지 뼈저리게 자각하게 된다.

커리어의 한계

제3전환기에 들어서면서 커플들은 시라의 표현대로, "밀려드는 상실감과 취약성"에 직면한다. 내가 발견한 바로는, 대다수 커플이 이 시기에 파트너가 받쳐주기만 하면 스스로 운명을 통제할 수 있다고 믿었던 환상을 잃어버린다. 극적인 역할 변화는 사람들을 더 위태롭게 느끼게 하는데, 이 위기감은 사방에서 한꺼번에 덮쳐온다.

인생의 이 단계에서 가장 부정하기 힘든 진실은 육체적 한계다. 기력이 떨어지고 밤낮없이 일에 매달려도 끄떡없던 체력이 무너진다. 자꾸 여기저기 쑤시거나 아프고 더 심각한 질환이 생기기도 하는 등 다양한 건강 문제에 직면한다. 노암처럼 대다수 사람들은 필연적으로 친구, 부모, 또는 아끼던 사람들의 죽음을 경험한다. 또 인생의 절반이 지나갔다는 자명한 진실 앞에서 자신의 건강이 언제까지 유지될지, 시간이 다 되는 때는 언제일지 불안한 질문이 맴돈다. 과거에는 한 번도 의심한 적이 없다 해도 이제 불가능은 없다는 믿음에 의심이 드는 것을 피할 길이 없다.

직업 면에서 보면, 나와 이야기 나눴던 많은 이들이 커리어의 마지막 단계에서 침체를 겪었다. 그들은 도달 가능한 가장 높은 자리에 이미 도달했거나 도달 직전이었고, 사무실을 둘러보면서 대다수 동료가 더 젊은 세대에 속해 있음을 확인했다. 더 이상 그들은 유망주가 아니었고 유망주들을, 운이 좋다면 관리하는 위치였다. 다른 이들의 실력이 그들을 앞지르고, 명민한 젊은이들은 기껏해야 지원을 요청하거나 조언을 구할 때만 그들을 돌아보았다. 어떤 이들은 그 명민한 젊은이들이 자신의 자리를 차지하고 싶어서 안달이 나 있지나 않을까 의심하기까지 했다.

일부 사람들에게는 이런 변화들이 예기치 못한 충격으로 다가온다. 내가 인터뷰했던 한 남성은 53세 때 영업부장으로 승진할 기회가 있었는데, 그때 44세인 하급 직원과 경쟁 중이라는 사실을 뒤늦게야 알게 되었다. 직속 후배라고 믿었던 직원이 느닷없이 자신의 경쟁자가 된 현실을 마주하게 됐던 것이다. "처음 알았을 때 보통 충격이 아니었죠." 그가 말했다. "후배가 자기도 그 자리에 지원한다고 말해주지도 않은데다, 주위에서 대부분 그 친구가 승진할 거라고 예상한다는 걸 알게 됐으니까요. 10년이나 더 어린 사람에게 추월당한다는 건 정말 견디기 어려웠어요. 정신이 번쩍 드는 사건이었죠."

이 남성은 자기가 촉망받는 인재라고 항상 생각해왔지만, 동료들과 얘기를 해보고는 이제 "늙다리 꼰대" 중 한 명으로 통한다는 사실을 알게 되었다. 배를 똑바로 나아가게 할 뿐 큰 파도를 일으키지는 못하는, 안정적이고 보수적인 부류라는 뜻이었다. 그는 확실히 자기가 "늙다리"라고 느끼지 못했고 "꼰대" 행동도 거의 하지 않았다. 더구나 회사 안에서 그의 표현대로, "공룡"(덩치만 크고 시대에 뒤떨어진 데다 아무 쓸모가 없는 사람―옮긴이) 이 되는 것은 생각하기도 싫었다. 하지만 늙다리 꼰대가 되고 싶지 않고 촉망받는 인재로 인정받지 못한다면 그는 이제 직장에서 누구인 것일까? 그리고 퇴직까지 최소 15년은 남았는데 앞으로 어떤 사람이 돼야 하는 것일까?

승진 기회 때문에 이 남성이 갑자기 직면했던 이 질문들을 다른 사람들은 좀 더 서서히 대면한다. 일이 침체기에 접어들면서 우리는 야심이 바뀌는 것을 느낀다. 그리고 이렇게 묻는다. **이게 다야? 내가 커리어에 얼마나 많은 걸 쏟아부었는데, 그래서 뭐가 남았지?** 많은 이들이 아직 백기를 들 준비는 되지 않았지만, 그렇다고 이전처럼 계속 가고 싶어 하지도 않는다. 이때가 바로 인생을 돌아보고 재평가에 들어가야 할 시기다.

양육에서의 상실감

직업 안에서 겪는 정체성 변화와 함께, 나와 이야기했던 이 시기 커플들 중 자녀가 있는 경우에는 부모로서의 정체성 변화와도 씨름해야 했다. 자녀가 대학 진학을 위해 집을 떠나 성인으로서의 삶에 첫발을 내딛으면서 이들은 예전만큼 자녀의 삶에 적극적으로 동참하기 어려워진다. 이 변화는, 특히 대표 부모 역할을 맡았던 쪽에게는 무용지물이 된 기분을 느끼게 한다. **아이 키우는 부모가 아니라면 나**

는 이제 누굴까? 내가 별로 필요가 없어졌으니 나는 이제 뭘 해야 할까?

남편 모하메드가 탄광회사에서 일하며 국제적인 커리어를 쌓는 동안, 자라는 그런 남편을 따라 다니며 25년 동안 대표 부모 역할과 부차 커리어 역할을 맡아 해왔다. 자라는 세 아이를 키우는 일이 즐거웠고 동시에 일도 항상 병행했다. 그러나 막내가 대학에 진학하면서 집을 떠나던 해, 자라는 한계에 부딪혔다. "내 인생의 커다란 일부를, 정체성의 한 부분을 잃어버린 거였어요. 내가 항상 가족의 중심이었는데, 별안간 모하메드와 단 둘이 남게 된 거죠. 나도 여전히 쓸모가 있을까, 여전히 가치가 있을까 회의가 들더군요." 나와 인터뷰했던 다른 일부 대표 부모들과 마찬가지로, 자라는 아이들이 집을 떠났을 때 자기가치감과 존중감이 무너져 내렸다. 제일 끔찍하게 두려운 일이 그녀는, "아이들이 잘 사는 모습을 보면서 나만 혼자 남겨졌다고 불평하는 비참한 늙은이가 되는 것"이라고 솔직하게 고백했다.

한때 우리가 그랬듯이 우리의 자녀가 가능성의 세계에서 번창해 가는 모습을 지켜보노라면 우리에게는 자랑스러움과 상실감이 똑같은 크기로 밀려올 수 있다. 물론 우리는 자녀가 제일 잘 되기를 바라지만 미래가 더 이상 우리의 것이 아님을 절감하게 되는 것이다. 가령, 노암은 아들 대니얼이 여름방학 때 유럽 도시들을 배낭여행하는 것을 보면서, "내가 그렇게 다니던 시절의 기억들이 아프게 떠올랐다"고 말했다. 세상에서 누리는 아이들의 모험은 우리에게 이미 사라져버린 젊음을 끊임없이 상기시킨다.

부모로서의 정체성 변화는 불가피하게 부부 관계에도 변화를 초래한다. 양육은 많은 커플을 하나로 묶어주는 프로젝트다. 그리고 이 프로젝트를 위해서라면 우리는 커플 사이의 크고 작은 차이들을 카펫 밑에 묻어둔 채 아무 일 없는 양 행세한다. 그러나 아이들이 집을 떠날 때 커플이 계속 그렇게 살아야 할 필요성도 같이 떠난다.

이 역할 변화에서 나오는 상실감과 이 변화가 문을 여는 공허한 정체성은 매우 현실적이며, 그것이 제기하는 질문들은 아주 시급하다. 하지만 이 변화들은 새로운 가능성의 희미한 불빛 역시 드러낸다.

부상하는 기회들

예전에는 아이들이 집을 떠난 이후의 기간이란 커리어의 황혼기를 나타냈고, 곧이어 은퇴와 조부모로서의 의무, 그리고 건강의 쇠퇴가 뒤따랐다. 그러나 이제는 그렇지 않다. 무엇보다도 기대수명이 늘고 있고, 건강할 것으로 기대할 수 있는 연수도 늘고 있다.[1] 가령, 1960년대에 서구에서 태어난 사람은 92세까지 살 확률이 50퍼센트가 넘고, 1970년대에 태어난 사람은 95세까지 살 확률이 50퍼센트다. 그런가 하면 1980년대에 태어난 사람 중에 운 좋은 상위 50퍼센트는 최소 98세에 이르도록 살 것이다.[2]

기대수명이 길어짐에 따라 자녀가 집을 떠나는 시기와 그 자녀들이 부모가 되는 시기 사이의 지연도 길어진다.[3] 종합해보면, 이는 우리가 집중적인 양육에서도 조부모 역할에서도 자유로우면서, 동시에 노동이 가능하고 인생이 건네는 다양한 기회들도 감당할 수 있는 퍽 건강한 상태의 기간이 20년, 또는 그 이상 주어질 수 있다는 뜻이다.

이전 세대가 거의 즐긴 적 없는 이 새로운 기간은 새로 부상하는 온갖 기회들의 문을 열고, 맞벌이 커플들은 대개 이 기회들을 누리기에 대단히 유리한 위치다. 노동에 종사한 대부분의 기간 동안 둘이 같이 벌어서 외벌이 커플보다 대체로 재정적 완충장치가 잘 되어 있을 것이기 때문이다. 뿐만 아니라, 목돈이 들어가는 일들은 대부분 지나왔다. 주택담보대출은 이미 갚았겠고, 대학 등록금은 양육비용이 줄어들기 전에 남은 마지막 고개다. 이 모든 것이 가리키는 것은 이들이 이전에 비해 재정적 여유가 조금 더 늘어났을 거라는 사실이고, 재정적 여유는 삶에 변화를 시도할 발판이 되어준다.

이런 재정적 변화와 함께 많은 커플들이 유연성의 수준도 달라지는 것을 경험한다. 아이들이 집에 없기 때문에 부부는 더 이상 특정 장소에 묶이지 않는다. 학교 방학이 아닐 때도 여행할 수 있고, 아예 오래된 터전을 떠나 새로운 장소로 이사하는 것을 고려할 수도 있다. 일찍 은퇴해도 될 정도로 부유한 커플은 많지 않지만, 그래도 이 시기에는 과거에 비해 선택지가 늘어날 것이다. 프리랜서, 다양한 시간제 근무를 병행하는 포트폴리오 커리어, 개인사업(각각 9장에서 자세히 살펴볼 것이다) 등이 모두 이직을 희망하는 커플들의 잠재적인 대안이다. 게다가 일할 수 있는 기간이 20년이나 더 남았기 때문에 50대 이상 인구 중에 직업 재교육을 받고 전혀 다른 직종으로 옮기는 경우도 갈수록 느는 추세다.

이런 기회들의 부상은 우리의 목표 의식의 변화와도 궤를 같이한다. 사람들은 이제 서열 꼭대기에 오르거나 선택한 분야에서 전문가가 되는 등의 단일한 목표를 위해 아등바등하지 않을 수도 있다. 대신, 요즘에는 다양한 영역에서 꿈을 품고 각 영역 간에 균형을 유지하기 위해 노력하는 경우가 많다. 직업 안에서 성공하는 것이 여전히 중요할지 몰라도 새로운 흥미를 추구하거나 예전에 좋아하던 활동을 다시 시작하는 일, 그리고 가족과 친구에게 시간을 쏟는 것도 마찬가지로 중요해졌다. 세상에 남길 유산과 인생의 의미에 대한 생각도 이 전환기에 흔히 나타난다. 무엇보다 우리는 시간을 낭비하지 않으려고 마음을 졸이기 때문에 새롭게 부상하는 이 기회들과 상실감 사이의 긴장이 절박감을 만들어낸다. 시간을 잘 활용하려는 절박감. 충만한 삶을 살려는 절박감. 그리고 우리가 지금은 누구이며 앞으로 어떤 사람이 되고 싶은지 찾아야 한다는 절박감.

반드시 찾아야 한다

20, 30대가 직업과 가정을 이루는 데 대한 압박을 느끼는 "해야 한다"의 시기이고, 40대는 각자의 개별화된 인생 경로를 확립하는 "하고 싶다"의 시기라면, 50대와 그 이후는 "반드시"의 시기다. 이 시기에 사람들이 느끼는 절박감은 손에 만져질 듯 뚜렷하다. 노암과 시라의 이야기가 보여주듯이 이 절박감은 신속하게 결단력 있는 행동으로 변환될 수 있다. 뭔가 다른 방식으로 하거나 다른 사람이 될 거

라면 지금 당장 그렇게 해야 하는 것이다. 지금이 재평가해야 할 때다. 지금이 유산을 고민해야 할 때다. 지금이 일을 추진해야 할 때다. 그렇지 않으면 영영 하지 못할 테니까.

제3전환기에서 이 절박감에 직면하는 한 가지 장점은 이때는 이미 우리가 스스로에게 좀 더 친절하고 너그러워지는 법을 익힌 나이라는 점이다. "**나는 반드시**"라고 말할 때 우리는 더 이상 완벽을 위해 애쓰지 않고, 충분히 괜찮은 정도를 위해 애쓴다. 그리고 연구는 '충분히 괜찮은' 정도가 우리와 우리 주위 사람들에게 만족을 주는 최선의 길임을 보여준다.

완벽이 아니라 충분히 괜찮은 정도를 목표로 삼는 사람들은 평균적으로 자기 삶에 더 만족하고, 자기 일을 더 좋아하고, 미래에 대해 낙천적이며, 자기가 한 선택에 더 흡족해 한다.[4] 또 부모들의 경우 이상과 완벽을 위한 안간힘을 버리고 충분히 괜찮은 정도를 지향할 때 더 좋은 부모가 된다.[5] 인생의 전환기를 다룬 책에서 게일 시히Gail Sheehy는 이렇게 썼다. "충분하다는 개념을 이해하게 되는 사람들에게 보상이 있기를. 충분히 괜찮아. 충분히 성공했어. 충분히 날씬해. 충분히 부자야. 충분히 사회적 책임을 다하고 있어. 자존감이 있으면 충분히 있다. 충분히 있으면 자존감이 있다."[6] "충분히 괜찮아" 접근법은 우리 삶의 거의 모든 영역에서 더 나은 결과를 가져다준다. 단 하나, 관계에서만 빼고.

충분히 괜찮은 정도가 전혀 괜찮지 않을 때

《괜찮은 결혼The All or Nothing Marriage》에서 저자 엘리 핀켈Eli Finkel은 결혼에 대한 서구 사회 접근법의 역사적 변천사를 조명하면서, 과거에 경제적 거래에 지나지 않았던 시대로부터 최근, 그가 명명하는 대로 '자기실현 결혼'이 출현하기까지의 과정을 훑는다. 그리고 단순하지만 중요한 경향을 한 가지 드러낸다. 사람들이 관계로부터 점점더 많은 것을 기대하고 있다는 점이다.[7] 충분히 괜찮은 정도는 더 이상 충분하지 않다.

오랫동안 사람들은 좋은 관계라고 하면 사랑, 지원, 빈번한 섹스와 연관 지었다. 또한 시간이 지나면 관계의 열정은 우정으로 변해갈 거라고들 예상했다. 제일 먼저 변한 것은 사랑, 지원, 육체적 열정이 관계의 연차에 따라 진화해가는 게 아니라 언제까지나 변함없이 지속되어야 한다는 사회적 기대다. 요즘에는 노암과 시라처럼 관계에서 섹스와 열정이 빠져나가고 나면 경고음이 울리고 더 심각한 관계 문제가 나타난다.

두 번째로 변한 것은 지난 30여 년 간 이 사회적 기대에 더해 자기계발이라는 층위가 또 한 겹 추가되었다는 점이다. 서구 사회는, 그리고 대다수 서구 사람들은 이제 좋은 관계를 정의할 때 '각각의 파트너가 상대를 잘 아는 관계', '상대가 최선의 자기에 도달하고 최고의 잠재력을 발휘하도록 격려하는 관계'라고 묘사하고 실제로 그렇게 생각한다. 연구자들은 우리가 파트너에게 기대하는 이 역할을 미켈란젤로가 조각에 접근하는 방식에 착안해 '미켈란젤로 현상'이라고 부른다.[8] 잘 알려진 대로, 이 위대한 예술가는 자기는 결코 조각상을 창조한 적이 없으며, 대리석 안에 원래 잠들어 있던 형상이 모습을 드러낼 때까지 돌을 쪼았을 뿐이라고 말했다. 미켈란젤로의 눈에 그 자신은 그 유명한 조각상들의 창조자가 아니라, 해방자였다. 이와 유사하게, 우리는 파트너가 우리를 주형에 부어 모양을 만들어주기를 갈망하는 것이 아니라, 우리가 최선의 본래 자기를 향해 성장해나가고 그 자기를 해방할 수 있게 도와주기를 갈망한다. 우리는 파트너가 우리에게만 신경을 쓰는 게 아니라, 우리의 성장과 잠재력에도 신경 써 주기를 바란다. 이것이 정확히 내가 인터뷰했던 사람들이 제2전환기 때 파트너들에게 간절히 바랐던 부분이었다.

인간 심리에 관한 제일 유명한 모델 중 하나인 매슬로의 욕구위계이론은 우리의 욕구를 피라미드 구조로 설명하는데, 음식, 온기, 안전에 대한 기본적인 욕구들이 바닥에 배치되고, 최고의 잠재력 상태에 도달하고자 하는 욕구, 즉 매슬로가 '자기실현'이라고 정의한 욕구는 제일 꼭대기에 배치된다. 그의 이론에 따르면, 우리는 피라미드 아래 부분에 있는 욕구들이 이미 충족되었을 때에만 피라미드 꼭대기에 있는 욕구로 관심을 돌린다.[9] 이 논리를 적용하자면, 커플은 자기계발이라는 새로운 층위를 관계의 케이크 위에 입히는 당의로 볼 수 있다. 다른 모든 것이 원만하게 돌아갈 때 노력해볼 수 있는 무엇인 것이다. 하지만 문제는 커플이 자기계발을 케이크의 당의로 보지 않고 기본재료 중 하나로 여긴다는 점이다. 그래서 관계의 다른 차원이 충분히 괜찮아도 파트너가 우리의 자기실현을 썩 돕지 않으면, 우리는 그 관계가 충분하지 않다고 느낀다.

황혼 이혼의 증가

서로의 성장에 별 관심이 없었던 것이 3장에서 소개했던 엘리노어와 크리스토프가 50대 중반에 이혼 위기까지 내몰린 원인이었다. 기억을 돕자면, 크리스토프는 자신과 엘리노어가 결혼 초기부터 모든 것을 다 갖고 모든 것을 다 해내는 게 중요하다고 판단해서 오랜 세월 그렇게 살아왔는데, 이제 와서 보니 그러는 사이에 부부 사이와 서로의 성장은 방치해뒀더라고 말했었다.

의사 부부인 엘리노어와 크리스토프는 항상 목표가 높았다. 그래서 일과 자녀 양육에 어마어마한 노력을 쏟아부었다. 두 사람 다 병원에서 고위직으로 승진했고, 따로 자원 활동을 했으며, 아이들과 시간을 보내는 데다, 또 자신들이 원하는 생활방식도 고수했다. 가령, 거의 모든 음식을 집에서 손수 해먹고, 친구들을 자주 집에 초대하고, 아이들 숙제를 봐주고, 학부모회에서 자원 활동도 했는데, 이 모든 일을 엘리노어와 크리스토프가 다 했다. 이 모든 일을, 다시 말해 서로에게 투자하는 일만 빼고. 엘리노어는 50대 초반에 자신들의 관계가 어땠는지 이렇게 요약했다. "겉에서 볼 땐 우린 없는 것 없이 다 있었어요. 갖고 싶었던 건 다 가졌죠. 하지만 충분하지 못했어요. 이 모든 것들을 얻는 과정에서 관계는 텅 비어버리고 둘 사이에 깊은 골이 패여 있었으니까요."

겉으로 모든 일이 잘 굴러가게 하는 데만 열중한 나머지 엘리노어와 크리스토프는 어느 순간부터 서로의 삶이 기복을 타는 데 대해 적극적으로 관심을 기울이지 않았고, 서로를 최선의 자기가 되게끔 밀어주지도 않았다. 게다가 크리스토퍼의 표현대로 "사소한 일들"에는 더 이상 주의를 기울이지 않았다. 작은 다툼이 벌어지면 같이 머리를 맞대고 해결하기보다는 마음 한 구석에 밀쳐두었고, 사소한 실망들도 털어놓기보다는 속에 담았다. 시간이 지나면서 이 "사소한 일들"이 쌓여 원망과 비난으로 메워진 골이 생겨났다.

하루하루가 정신없이 돌아가던 30, 40대 때는 사소한 일들을 옆으로 밀어두는 것이 당연했다. 항상 아이들을 위해서나, 또는 그야말로 가족이라는 기계를 계속 돌아가게 하기 위해 다급하게 처리해야 할 일들이 끊이질 않았기 때문이다. 결국 나중에 되돌아보고 나서야 이들은 서로의 관계마저 일종의 기계로 바꿔버린 탓에 심각한 손상을 초래했음을 깨닫게 되었다. 두 사람 모두 푸대접 받는 기분이었고 외로웠다. 그리고 자신들이 만들어낸 이 깊은 골 사이에 어떻게 다리를 놓을 수 있을지, 사실, 놓을 수는 있을지 의문이 들었다. 크리스토프가 서글프게 말했다. "아내는 내 인생에 더는 관심이 없을 겁니다. 앞으로 내가 어떤 사람이 될 수 있든 말든. 그런데 이걸 어떻게 되돌릴 수 있을지, 과연 되돌릴 수 있기나 한 건지 모르겠습니다."

엘리노어와 크리스토프의 이야기는 보편적인 패턴을 보여준다. 청장년 시기에 삶이 분주해 짐에 따라 많은 커플이 서로에게, 서로의 관계에 더 이상 투자하지 않는다. 이런 커플들 중에는 서로 유대가 강하고, 안정적이고, 서로 사랑하고, 육체적으로도 결속이 강한 경우가 많다. 그러나 이들은 상대를 최고의 자기로 조각해내려는 노력을 그만둔 것이고, 상대의 성장 과정에 관심 기울이기를 포기한 것이다. 또한 이들은 사소한 것들이 쌓이게 내버려둔다. 그날그날 살아가다 보면 이 사소한 것들을 무시하기 쉽고 아예 무시해야 한다고 스스로에게 요구하는 사람도 많지만, 결국에는 이것이 건드려볼 엄두도 낼 수 없는 거대한 벌집처럼 커져버린다. 엘리노어와 크리스토프의 이야기는 또한 관계 초기에 우리가 내리는 결정과 우리가 형성하는 패턴들이 어떻게 나중에 커플을 막다른 골목으로 몰아갈 수 있는지에 대해서도 보여준다. 모든 것을 다 해내려던 선의의 노력이 결국에는 회복이 가능할지 둘 다 의심하는 수준까지 관계를 무너뜨리고 말았다.

우리가 성장을 촉진하는 관계를 원하고 우리의 온전한 자기를 이해해주는 파트너를 희망한다 해도 그런 식의 관계를 형성하는 데는 오랜 정성과 노력이 따른다. 관계의 사소한 부분에 끊임없이 주의를 기울이면서도, 동시에 미래를 내다보면서 파트너가 어떻게 성장하고 싶어 하는지도 계속 주시해야 한다. 이 정성과 노력이 중단될 때 커플은 수명이 유지될지는 몰라도 번영하기는 어려울 수 있다.

커리어의 후반기에 접어들면 인생이 서서히 속도를 늦춰 가는데, 내가 인터뷰했던 이 단계의 커플들 중 많은 이들이 '수명 유지'만으로는 충분하지 않다는 사실을 아프게 깨달았다. 이 커플들은 그 이상을 원했고, 변화를 일으킬 시간 여유가 있었다. 그리고 특유의 절박감 속에서 뭔가 시도해봐야 한다고 느꼈다. 9장에서 보게 되겠지만, 일부 커플에게 이 시도는 그 거대한 벌집을 건드리고 서로에게 다시 정성을 들이는 것, 그래서 관계에 다시 시동을 걸고 자신들이 누구이며 누가 되고 싶은지에 대해 함께 알아가는 것을 의미한다. 물론 일부 커플에게는 각자의 길로 갈라서는 것을 뜻한다.

소위 말하는 황혼 이혼의 증가에 관해서는 연구와 기록이 활발히 진행되었다. 가령, 미국에서만도 이혼율이 50대에 이르러 두 배로 뛰는 현상이 1990년대부터 계속되었다. 왜일까?[10] 그 이유는 다시 상실감과, 앞서 살펴본 새로운 기회들에 대한 막연한 기대로 귀결된다. 기존의 '충분히 괜찮은' 관계에 만족하지 못하는 사람들은 눈앞에 건강하고 생산적인 날들이 창창하게 펼쳐져 있는 것을 마주하는데, 이들은 과거 어느 때보다 재정적으로 자유로운 데다 좀 더 자기 자신을 위해 살고 싶어 한다.[11] 결국 이러한 이유들로 더 매력적이고 지나온 날들보다는 위험 부담이 적은 새로운 관계로 뛰어드는 것이다. 그리고 갈수록 남성보다는 여성이, 전에 없이 재정적 자유를 얻게 된 여성들이 이런 이혼을 요구하는 사례가 늘고 있다.[12] 황혼 이혼의 증가는 또 다른 경향을 불러왔는데, 바로 늦사랑이다.

늦사랑

훈훈한 온정이 느껴지는 책《늦사랑Late Love》에서 저자 아비바 위텐버그 콕스Avivah Wittenberg-Cox는 자신이 직접 경험했던 늦사랑에 대해 이야기하면서 같은 경험을 하고 있거나 하고 싶어 하는 이들에게 교훈을 들려준다.[13] 그녀는 늦사랑의 두 가지 패턴을 소개하는데, 이두 패턴은 내가 인터뷰했던 늦사랑 커플들에게도 그대로 나타나 있었다. 첫째, 늦사랑은 복잡성의 모순을 드러낸다. 한편으로 보면, 이사랑은 통상적인 양육의 나이가 지나고 직장은 탄탄하게 자리 잡혀 있을 때 찾아오기 때문에 커플들이 한결 단순한 제1 전환기를 지나간다. 아이나 직장은 문제가 되지 않고, 주로 돈과 집을 둘러싼 갈등이 떠오른다. 그러나 다른 한편으로 보면, 두 파트너 모두 기존의 복잡한 관계망을 이 새로운 사랑 안으로 끌고 들어온다. 가령, 양쪽의자녀들이 부모의 이전 관계가 깨지는 데 대해 저항할 수도 있고, 친구들이 이전 파트너의 편에 서기도 하며, 나이든 부모들이 이들의 선택을 이해하지 못할 때도 많다. 따라서 늦사랑은 젊을 때 꽃 피우는 사랑보다 더 단순하지만 동시에 더 복잡하다. 두 번째, 인생의 이 시기에 맺어지는 커플은 관계를 올바로 정립하기 위해 굉장히 공을 들이고, 과거의 실수를 되풀이하지 않으려고 힘겨운 노력을 쏟는다.

올리비아는 50대 초반에 고통스러운 이혼을 겪고 난 뒤에 늦사랑을 찾았다. 그러기 1년 전에 그녀는 남편이 자기 몰래 바람피운다는 사실을 알게 됐는데, 그녀로서는 그것이 더 이상 견디기 어려운 마지막 결정타였다. 두 사람의 관계는 오랫동안 악화일로를 걸어왔지만 그녀는 십대 자녀들을 위해 참고 사는 중이었다. 그러나 배신은 도저히 참을 수 없었다. 그녀는 아파트를 임대한 뒤에 제일 아끼는 물건들을 차에 척척 실어 올리고 자유를 위한 탈주를 감행했다.

지난 결혼 생활을 돌아보면서 올리비아는 그 결혼이 왜 파경에 이르렀는지 이해하게 되었다. "그때는 잘 몰랐지만 지금은 뭐가 문제였는지 정확히 보여요. 우린 둘 다 어느 순간부터 서로에게 헌신하지 않았거든요. 일과 아이들을 위해서만 살았죠. 그러는 사이 우리 관계는 길을 잃었어요. 사소한 불만이 점점 쌓여갔고, 관계가 이렇게 된 데 대해 서로를 비난하기 시작했고요."

친정집에 다녀오는 길에 올리비아는 어릴 때 남자친구였던 월과 마주쳤는데, 월의 부모도 그녀의 부모와 같은 동네에 살고 있었다. 두 사람은 각자의 이혼을 매개로 각별한 유대감을 맺었고 6개월 동안 점점 자주 만나다가 결국 늦사랑으로 발전하게 되었다.

월의 결혼은 올리비아의 경우와는 다르게 끝이 났지만 격렬하기로 치면 다르지 않았다. "진부하게 들리지만 우린 그냥 사이가 멀어졌어요. 원래 딸아이에게 모든 것을 쏟아부었는데, 아이가 떠나고 나니까 아무것도 남지 않더라고요. 후회가 되는 건 마지막 무렵에 관계가 험악해졌던 거예요. 우린 서로를 비난하고 끊임없이 공격을 해댔어요. 정말 힘들었죠. 이런 일을 겪은 뒤에 올리비아를 만나는 건 신선한 공기를 마시는 것과 같았어요."

열여덟 살에 사랑에 빠지든 여든 살에 사랑에 빠지든 최초의 감정적 경험은 똑같다. 누군가와 연결되어 있다는 들뜨는 감정, 누군가에 대한 생각으로 머릿속이 가득 차 있는 느낌, 황홀감. 월은 올리비아와 처음 만나던 때를 이렇게 회고했다. "다시 열아홉 살이 된 기분

이었어요. 몇십 년 동안 그렇게 행복하기는 처음이었죠." 올리비아
와 월은 서로 지지하고 사랑하는 관계를 만들어 가기로 마음먹었지
만, 이전 관계를 생각할 때 조심스럽게 접근하지 않으면 안 되었다.
"우린 가시로 뒤덮인 고슴도치 두 마리였답니다." 올리비아가 설명
했다. "둘 다 자기가 상대를 찌를까 봐 걱정했고 또 상대에게 찔릴까
봐 걱정했어요."

2년 동안 두 사람은 계속 각자의 집에서 따로 살면서 새로운 사랑
을 향해 더듬더듬 나아갔다. 그들은 올리비아 아이들의 강력한 반대
도 극복해야 했다. 처음에 아이들은 월을 만나주지도 않았고 엄마가
아빠와 화해할 거라는 희망에 여전히 매달려 있었다. 그런가 하면 직
업 면에서는 올리비아와 월 둘 다 안정적인 위치에 있었다. 그러나
사생활에 변화를 겪으면서 직업 영역에서도 정체성을 묻기 시작했
다. "우린 답을 찾아야 할 것들이 많았어요." 월이 내게 말했다. "사적
인 면에서 다른 사람이 될 수 있다면 직업 면에서도 다른 사람이 될
수 있잖아요?"

늦사랑은 올리비아와 월의 사례처럼 이전 관계가 끝이 난 후 시
작되는 경우가 많다. 어떤 이들은 깊이 사랑했던 파트너의 죽음 이후
에 만나기도 하고, 어떤 이들은 첫사랑을 다시 만나기도 한다. 커플
의 형태가 어떻든 간에 늦사랑 관계에 있는 모든 파트너들은 다른 모
든 커플들이 이 인생의 단계에서 직면하는 정체성 질문에 똑같이 직
면한다.

이제 우리는 누구일까?

커플이 어떤 경로를 따라 제3전환기에 닿았든, 그리고 그들의 관계가 어떤 단계에 있든, 가령 새로 시작된 사랑이든 결혼 30년차든 **'이제 나는 누구일까?'**를 묻는 것만으로는 충분하지 않다. 커플들은 반드시 함께 **'이제 우리는 누구일까?'**를 물어야 한다. 이 질문에 답을 하는 것이 커플이 제3전환기에서 수행해야 할 발달 과제다. 다른 전환기들과 마찬가지로 맞벌이 커플들은 이 질문에도 함께 답을 찾아야 한다. 또한 답을 찾는 이 과정은 자기발견을 위한 탐구로서 과거를 다시 점검해야 하고 미래를 다시 상상해야 한다. 다른 두 전환기처럼 세 번째에도 함정들이 숨어 있다. 함정들을 성공적으로 피해간다면 그다음에는 두 파트너가 사랑과 일에서 함께 번영하는 새 경로를 다시 짓게 될 것이다.

9장에서는 커플들이 이 마지막 전환기의 투쟁 과정을 헤쳐 나가는 동안 현혹되기 쉬운 함정들을 탐구할 것이다. 또한 자기발견의 과정에 초점을 맞추고 이 인생의 단계가 제공하는 새로운 기회들을 잡을 수 있는 방법들을 알아볼 것이다. 그리고 나서 10장에서는 일하는 커플 세 쌍의 이야기를 공유할 것이다. 이 커플들은 각각 정체성 질문들을 통과한 다음 제3전환기로부터 생산적인 경로를 만들어냈다.

제3전환기를 본격적으로 탐구하기 전에, 먼저 내가 만났던 커플들 중에 충분히 괜찮은 관계 이상이었던 커플들, 그리고 제3전환기를 통과하며 함께 성장했던 커플들의 핵심 패턴을 먼저 소개하겠다.

공동의 취미

살면서 미리 예측하거나 계획할 수 있는 일은 많지 않지만, 50대에 일어나는 역할 변화는 그럴 수 있다. 아이들은 (결국에는) 집을 떠나게 돼 있고, 일은 완숙기에 이르게 돼 있으며, 누구도 육체적 노화를 피해가지 못한다. 커플은 이런 변화들에 다시 적응해야 한다. 그러나 이때까지 커플의 주된 관심이 일과 아이들에게 쏠려 있었다면 제3전환기를 통과하기가 쉽지 않을 수 있다. 이 연구를 통해서 나는 탄탄한 관계를 오래 유지하는 커플들은 바로 공동의 취미를 지닌 커플이라는 사실을 수차례 목격했다.

공동의 취미란 커플이 일과도, 아이들과도 상관없이 함께 관심을 쏟는 어떤 일이다. 이것은 두 사람이 커플로서 누구인지를 나타내는 표현이며, 공동의 '우리' 의식을 유지하는 중요한 한 방법이다. 내가 인터뷰했던 커플들은 음악 밴드 활동을 같이하는 것에서부터 아이들 스카우트 팀 운영, 요트 타기, 주택 수리해서 되팔기에 이르기까지 공동의 취미가 무척이나 다양했다. 이 중에서 어떤 취미들은 원대했고 어떤 것들은 소박했다. 어떤 것들은 꾸준했고 어떤 것들은 띄엄띄엄했다. 그러나 이 취미들을 아우르는 공통점은 커플이 공동의 관심사나 목표 아래 뭔가를 함께 도모할 공간이 생긴다는 점이다.

나와 이야기했던 한 커플은 오페라에서 노래하는 것이 공동의 취미였다. 그들은 지역 오페라 협회에서 모차르트의 〈돈 조반니Don Giovanni〉 공연을 연습하다가 오페라에 푹 빠져들었는데, 그 뒤로 노래에 대한 열정과 서로에 대한 열정까지 계속 뜨겁게 유지했다. 직장일이 바빠지고 아이들이 태어나면서 더는 전체 작품을 연기할 시간은 없지만 그래도 열정이 식지는 않았다. "우린 항상 노래해요." 남편이 말했다. "주방에서, 차에서, 기분 좋을 때, 기분 안 좋을 때. 노래가우리를 하나로 묶어주죠. 우린 같이 연습도 해요. 고전 아리아를 부르는 걸 무척 좋아하거든요. 친구와 가족 들이 축하 파티나 생일, 결혼식 같은 때 우리에게 같이 노래해달라고 요청할 때도 많고요. 심지어 직장 모임에서도 이따끔 공연을 한다니까요." 그의 아내는 자신들이 "이중창 커플"로 통한다면서, 이 공동의 정체성이 두 사람 모두에게 자부심의 원천이 된다고 덧붙였다.

공동의 취미가 있다고 해서 그 활동을 항상 한다는 뜻도 아니고, 그것이 일이나 아이들과 상관없이 하는 유일한 활동이라는 뜻도 아니지만, 공동의 취미가 있다는 것은 서로를 위한 특별한 공간이 있다는 것, 로맨스의 불꽃이 꺼져가더라도 거기에 크게 영향받지 않는 공간이 있다는 것을 의미한다. 내가 만났던 많은 커플이 관계 초기에는 공동의 취미가 있었지만 커리어에 가속이 붙고 가정에서의 힘든 의무들도 집약되는 중년 시기에는 대부분 포기하고 말았다. 아이들이집을 떠나기 전에 이 공동의 취미를 마련하는 것이 특히 중요하다.

내가 인터뷰했던 한 여성은 막내가 11학년에 올라갔을 때 남편의 생일을 맞아 남편과 함께 라틴댄스 수업에 등록했다. 그 10주 코스가 두 사람이 15년도 넘는 시간 만에 처음으로 뭔가 새로운 것을 함께 한 사건이었는데, 그 덕분에 그들은 춤에 대한 사랑을 키웠고 서로에 대한 사랑도 새롭게 발견했다. "오랜만에 처음으로 둘이 같이 초보자가 됐죠. 둘 다 아무것도 모르는 상태에서 시작했기 때문에 아무 부담도 없고 좀 우스꽝스러워도 상관없었어요. 같이 얼마나 웃었던지, 오랫동안 웃은 것을 다 합한 것보다도 더 많이 웃었어요." 남편이 말했다. 그 뒤 3년 동안 두 사람은 독서모임과 걷기 동호회도 취미 목록에 올렸다. 새로 발견한 이 공동의 취미들은 확실히 둘의 관계에 도움이 되었고, 더 놀라운 것은 아이들에게도 도움이 된다는 사실이었다. "아이들이 우리 새 취미 활동을 얼마나 좋아하는지 몰라요." 아내가 말했다. "내 생각에 우리가 뭔가 함께하는 걸 보게 돼서 그런 것 같아요. 그리고 무엇보다도 우리를 부부로, 아이들을 아이들로 단단히 묶어주는 게 바로 이 취미들이라고 나는 믿어요."

잔피에로와 나는 아직 제3전환기에 이르지는 않았지만, 공동의 취미는 내가 우리 관계 안에서 자주 고민하는 주제다. 우리는 같이하는 일이 많은 커플이다. 항상 붙어 다닌다고 해도 과언이 아닐 정도로. 우리는 둘 다 달리기를 사랑하고, 둘 다 야외활동, 스키, 요리도 좋아하는 데다, 또 일도 같이한다. 단순히 같은 장소에서 일하는 게 아니다. 우리는 같이 연구하고, 같이 글을 쓰고, 이따금 같이 가르치기도 할 정도로 정말로 같이 일한다. 그러나 같이 시간을 보낼 때마다 나는 우리가 하는 일이 전부 커리어나 가족의 주위를 맴돌고 있다는 것을 느낀다. 우리는 아직 일과도, 아이들과도 상관없는 우리 둘만의 취미를 공유하고 있지는 못하다.

 이럴 수밖에 없는 이유를 대는 것은 간단하다. 우리 아이들은 아직 하나부터 열까지 다 해보고 싶은 경이로운 나이이고, 게다가 그 모든 일을 우리와 같이하고 싶어 한다. 그러나 우리는 이 시기가 곧 끝나리라는 것을 잘 안다. 또한 우리는 일을 사랑하고 커리어에 혼신을 다하는 사람들이지만, 동시에, 나는 이 연구에서 발견한 커플들의 발달 과정과 패턴들을 진지하게 받아들인다. 따라서 우리만의 고유한 공동의 취미를 개발하는 것은 앞으로 몇 년 안에 이뤄야 할 내 '커플 과제' 목록에 올라 있다.

09

일과 삶을 하나로 묶는
새로운 여행

노라는 하루 종일 울어서 벌게진 눈으로 소파에 털썩 주저앉았다. 어머니의 장례식은 그녀 인생에서 가장 힘든 경험 중 하나였다. 제레미는 옆에 앉아 한 팔로 그녀를 감싸 안았다. 그의 어머니가 돌아가신 지는 20년도 넘었지만, 그는 여전히 깊은 슬픔을 느꼈다.

"다음은 우리 차례겠지." 노라가 말했다.

제레미는 애써 대답을 참았다. 지금은 때가 아닌 것이다.

지난 2년 동안 노라와 제레미에게는 거대한 변화가 불어닥쳤다. 시작은 두 사람의 아버지가 각각 5주 간격으로 예기치 않게 세상을 떠나신 일이었다. 한 분은 뇌졸중으로, 한 분은 심장마비로 떠나셨고, 부부는 크게 휘청거렸다. 그리고 두 사람이 노라의 병든 어머니를 맡아 돌보게 되었을 때 아이들은 둥지를 떠났다.

맏이 맥스는 공과대학에 입학해 집을 떠났다. 막내 딜런은 남아 있는 고등학교 2년을 기숙형 스포츠 학교에서 보낼 수 있는 장학금을 받았다. 나이 마흔에 부모가 되었던 터라 이 변화들을 겪을 즈음 노라와 제레미는 이미 50대 후반이었고, 이때는 둘의 커리어도 매우 불안정한 상태였다.

제레미는 10년 전에 직업을 크게 한 번 바꿨는데 이제 또 다른 변화의 지점에 서 있었다. 경력 초기에 그는 콘퍼런스 기획자로 일했지만 항상 디지털 시각 예술에 대한 꿈을 가슴에 품고 살았다. 그러던 중 40대 중반에 인생의 방향에 대한 질문으로 고민하다가 이 오래된 꿈에 본격적으로 뛰어들어보고 싶다는 결론을 얻었다. 다행히 디지털 시각 예술 산업은 호황기였고, 한동안 엎치락뒤치락하며 실패도 많이 겪은 뒤에 결국에는 꿈을 이뤄 이 새로운 세계에 진입했다. 그뒤 10년 동안 제레미는 한 스튜디오에서 열심히 일했다. 그러나 이제 그 주요 프로젝트들이 끝나가고 있어 다음 거취를 고민해야 했다. 그는 자기 소명의 큰 부분을 차지했던 일의 한 단원을 끝내는 것이 서운했지만, 한편으로는 홀가분하고 앞으로 어떤 일을 하게 될지에 대해 가슴이 설렐 정도로 이제는 자신감이 넘쳤다.

그런가 하면, 노라는 지난 26년 동안 똑같은 소규모 농기계 회사에서 근속하며 그녀의 표현대로 자신이 "회사 비품의 일부"가 된 기분을 느끼곤 했다. 그녀는 동료들을 좋아했고 맡은 일을 잘 했지만 오래 전부터 한곳에 정체돼 있다는 느낌을 떨칠 수 없었다. 더욱이 농업 분야에 늘 관심이 있기는 했어도 그녀가 정말로 하고 싶은 일은 사람과 관련된 일이었다. 그래서 대인관계 기술을 좀 더 잘 활용할 수 있는 직업으로 전환하려 시도했지만 한 번도 뜻을 이루지 못했다. 제일 비상하게 노력했던 때는 마침 제레미가 디지털 예술 분야로 옮겨 앉은 무렵이었다. 제레미처럼 그녀도 교착 상태에 빠져 있었고 2년 동안 다른 대안들을 탐색하려 애썼다. 그녀는 재교육 과정을 거친 뒤에 직업 분야 전문 심리학자가 될까, 인적자원 자문회사로 옮길까, 심지어 교사가 될까도 고려해보았다. 그러면서 제레미가 이 탐구 작업에 같이 열렬히 호응해주기를, 직업을 바꿔 보라고 응원해주기를 간절히 바랐다. 그러나 제레미는 자신의 이직에 정신이 팔려 있었고, 더구나 그가 이미 자기 열정을 좇느라 급여 삭감을 감수했다는 것은 적어도 가족이 기존의 생활양식을 유지할 생각이라면 노라까지 쉬면서 직업 재교육을 받을 형편은 못 된다는 뜻이었다.

이제 노라의 오랜 정체가 독이 되어 돌아왔다. 어머니가 세상을 뜨기 3주 전에 조기 퇴직으로 포장된 자발적 퇴사를 권고받은 것이다. 더 이상 명민한 청년이 아니었으므로 그녀는 자신의 실력이 예전 같지 않다는 것을 알고 있었다. 그렇지만 평생 회사에 헌신하다가 이제 쉰일곱 살에 폐품 더미 위에 버려지게 된 것은 너무나 굴욕적이었다. 그녀는 혼란스러웠고 완전히 길을 잃은 기분이었다.

소파에 앉은 채로 노라와 제레미에게 뒤뜰이 내다보였다. 참새 두 마리가 모이통에서 어린것들에게 줄 먹이를 쪼아 모으는 중이었다. "목적이 아주 분명하네." 노라는 생각했다. "우리와는 다르게."

아이들과 부모가 모두 떠난 집에 덩그러니 남아, 두 사람은 거의

20년 만에 처음으로 서로 말고는 돌봐야 할 사람이 아무도 없었다. 슬프기는 했어도 제레미는 이것이 새로운 기회가 될 거라는 뚜렷한 예감을 감지했다. 그들은 스스로를 재창조하고 새로운 뭔가가 될 수 있었다. 세상에서 의미 있는 일을 해보는 거야. 새로운 여행을 시작하자. 반면 노라는 상실감에 깊이 빠져 있었다. 직장도 없고, 부모도 없고, 돌볼 아이들도 없는데, 이제 나는 누구일까? 그녀는 이 질문을 대면하기조차 어려웠다.

세 번째 투쟁

역할 상실과 이 상실이 불러오는 공허한 정체성 앞에서 노라와 제레미 같은 커플들은 제3전환기의 투쟁 속에 던져진다. 제2전환기 때 만들었던 확장된 경로가 허물어지기 시작하고, 자신들이 진정으로 바라는 것을 찾았다는 믿음도 흔들린다. 이렇듯 두 파트너가 모두 정체성과 목적에 관한 질문을 붙들고 씨름할 때 커플들은 서로의 삶에서 수행했던 역할들을 다시 한 번 점검해야 한다.

제3전환기의 투쟁 기간에도 고유한 함정들이 잠복해 있는데, 이 함정들은 커플의 투쟁을 더욱 심화하거나 장기화할 수 있고, 이 마지막 전환기의 핵심 질문, 즉 '이제 우리는 누구인가?'에 답하지 못하게 방해하기도 한다. 첫 번째 함정은 커플이 앞선 두 전환기 때 마무리 짓지 못한 문제에 휘말릴 때 나타난다. 이때 뿌리 깊게 고착된 관계의 패턴들과 차선을 선택했던 합의들의 실상이 명백해지는데, 커플들은 앞으로 어떤 인생을 함께 살아갈지 답을 찾기 전에 이 문제들을 해결해야만 한다. 두 번째 함정인 편협한 시야는 커플이 심리적으로 선택의 폭을 좁히고, 전에 없던 이 인생의 시기에 그들 앞에 새롭게 떠오르는 가능성들을 고려하지 못할 때 걸려든다.

커플이 얼마나 오랫동안 투쟁하고 얼마나 혹독하게 투쟁하느냐, 그리고 이 투쟁에서 살아남을 수 있느냐는 두 사람이 이 함정들을 잘 극복하고 다시 탐험에 뛰어들 수 있느냐에 달려 있다.

함정 1: 마무리 안 된 문제들

제3전환기의 공허한 정체성과 싸울 때, 이 공허한 정체성이라는 것이 실제든 아니면 예감이든 간에 커플은 백지 상태에서 싸움을 시작하는 것이 아니다. 인생의 이 단계에 이를 무렵에는 이미 앞선 두 전환기 동안 형성된 습관들이 있다. 다시 말해, 늦사랑으로 새롭게 맺어졌든, 이미 수십 년을 같이 살아왔든, 이 시기 커플들은 앞으로 제3전환기가 어떻게 전개될지에 영향을 미치는 기존의 관계 패턴들, 자신들만의 익숙한 접근방식, 과거에 내렸던 결정들, 고정관념 등이 한데 어우러진 바다를 헤엄치고 있다는 뜻이다. 이 패턴들 중 일부는 커플이 가라앉지 않고 수면 위에 떠 있게 도와준다. 가령, 서로 간에 균등하게 지원하는 방법을 개발했거나, 두 파트너가 같이 번영하고 어려움도 같이 이겨내는 접근방식을 익힌 경우다. 그러나 일부 패턴은 커플을 수면 저 아래로 끌어내린다.

문제가 있는 패턴들은 커플이 이전 전환기의 발달 과제를 해결하지 못하거나 또는 그 과정에서 서로를 지원하는 습관을 기르지 못하는 경우에 차곡차곡 쌓인다. 또 이전 전환기의 발달 과제를 완전히 해결하지 못한 채 새 전환기로 옮아갈 수 있다 해도 마무리되지 않은 그 문제가 다음 단계에서 두 사람의 진로를 방해한다. 이는 파트너를 바꾼다 해도 마찬가지다. 왜냐하면 우리는 주로 문제 있는 사고방식과 습관 들을 새로운 관계 안으로 끌고 들어가기 때문인데, 이 역시 제3전환기를 방해할 수 있다.

제2전환기는 어떻게 제3전환기에 영향을 미치는가

제2전환기의 발달 과제는 상호 간 개별화다. 즉 두 파트너가 자신의 일과 삶, 관계로부터 바라는 것을 각각 발견해내고 추구해야 하는 것이다. 이 과제를 성공적으로 완수하기 위해 커플들은 자기가 정말로 원하는 것이 무엇인지 찾아내야 하고, 그런 다음에는 제1전환기 때 확립했던 커리어와 가사노동의 분담, 그리고 서로가 상대의 삶에서 수행하던 역할들에 대해 다시 협상해야 한다.

7장에서 보았듯이, 제2전환기를 무사히 통과하지 못하는 파트너들은 두 사람 모두 첫 번째 전환기 끝에서 만들었던 경로에 정체되거나, 또는 두 사람의 경로가 갈라져나간다. 한 사람은 개별화된 경로로 옮아가는데, 또 한 사람은 정체된 채로 남는 것이다. 정체돼 있는 쪽은 가령, 회사의 경력 사다리를 꾸준히 타고 오르는 등 객관적으로는 여전히 성공적일지 몰라도 발달상으로는 진짜 자신의 길이 아닌 경로 위에 갇혀 있는 셈이다. 이것은 자기 성공이 아닌 성공이다.

이렇듯 상호적이지 않고 일방적인 개별화는 제2전환기의 투쟁 과정에서 비대칭적 안전기지 관계를 형성한 커플들에게 흔히 나타난다. 6장에서 설명한 대로, 사람은 누구나 안전기지가 필요하다. 즉, 탐험하고 모험하도록 용기를 북돋는 동시에, 성장을 위해 물러나 쉴 수 있는 안전한 장소를 제공하는 누군가가 있어야 한다. 비대칭적 안전기지 관계를 형성한 커플은 둘 중 한 파트너만 상대를 위해 이 역할을 수행한다. 보통 안전기지의 혜택을 누리는 파트너가 개별화된 인생 경로로 전환하는 반면, 안전기지를 주기만 하고 받지는 못하는 파트너는 제자리에 정체된다. 일부 커플들은 이 비대칭의 영향을 한시적으로 묻어둔 채 제3전환기로 무사히 나아가지만, 그렇다 해도 그 영향은 불가피하게 다시 떠오른다.

이것이 노라와 제레미의 상황이었다. 제2전환기 때 노라는 제레미의 안전기지가 되어주었다. 그녀는 남편에게 디지털 예술을 향한 열정을 좇으라고 격려했고, 처음에 이력서를 냈던 일자리 몇 군데에서 거절당했을 때도 그를 지원했다. 그리고 남편이 결과적으로 10년 동안 일했던 그 스튜디오에서 처음 일자리를 얻었을 때도 급여가 줄어 가족의 재정 상태가 안 좋아지는데도 무조건 도전해보라고 열렬히 응원했다. 제레미는 노라의 지원에 부채감을 느꼈지만 되갚지 못했다. 자신의 전환 과정에 온통 정신을 빼앗긴 나머지 그녀에게 안전기지가 되어줄 기력도, 의지도 없었다. 그는 대인관계 기술에 관한 노라의 열정에 적극적으로 관심을 보이지 않았고 그 열정을 따르도록 격려하지도 않았다. 오히려 다니던 직장에 잘 붙어 있으라고 은근하게 부추겼다.

두 사람의 경로에서 발달상의 단계가 어긋나기 시작하자 한동안 노라와 제레미 사이에 갈등이 빚어졌지만, 수년이 지나면서 노라는 원망을 묻어버렸고 두 사람은 계속 앞으로 나아갔다. 현실적으로는 모든 게 순탄했다. 제레미와 노라 둘 다 직장에서 꾸준히 성장하면서도 아들들에게, 그리고 서로에게 헌신했다. 그러나 좋은 시절도 제2전환기에서 마무리되지 못한 비대칭 문제를 없던 일로 해주지는 못했다.

역할에 변화가 생기고 제3전환기가 시작되자 비대칭 문제가 다시 수면 위로 떠올랐고, 이들은 감정 스펙트럼의 양극단에 놓이게 되었다. 노라는 이때 겪고 있던 상실감 속에서 헤어 나오지 못한 반면, 제레미는 새로운 기회들에 이끌려갔다. 제2전환기 때 이미 제레미는 변화의 기술을 익히며 마음의 근육을 탄탄하게 다져놓은 상태였다. 그는 자기성찰에 능했고 거절과 상실도 거뜬히 이겨낼 줄 알았다. 그리고 인생의 경로를 성공적으로 전환할 수 있다는 자신감도 컸다. 이미 스스로를 재창조한 경험이 있기 때문에 제3전환기가 시작됐을 때 다시 한 번 해낼 용기를 낼 수 있었던 것이다. 제2전환기를 통해 제레미가 변화 앞에 더 개방적이고 더 기대하고 더 능수능란한 사람이 됐다면, 노라는 변화를 향해 더 폐쇄적이고 더 두려워하는 사람이 되었다.

노라 역시 제2전환기를 거치면서 상실과 거부를 경험했지만, 아무 지원을 받지 못하고 긍정적인 해법도 찾지 못한 것이 결국 그녀를 더 움츠리게 하고 변화 앞에 주눅 들게 만들었다. 그녀는 실의에 빠졌고 제레미를 향한 오래된 원망과 분노가 다시 수면 위로 떠올랐다. "남편은 항상 다 바꿔버리려 해요. 자기는 그래도 괜찮죠. 한참 신나게 놀았으니까. 너무 놀아서 덩치만 커다란 열정 덩어리 강아지가 돼버렸어요. 그이는 내가 얼마나 힘들었는지 전혀 이해를 못해요. 지금 얼마나 힘든지도요. 그래놓고 또 새로운 시작에 온통 정신이 팔려 있는데, 도대체 15년 전에는 어디 있었던 거죠? 난 그때 기억에서 벗어날 수가 없는데 말이죠."

제레미는 노라의 기분을 이해 못하는 것은 아니었지만 곧 그녀의 반응이 너무 답답하게 느껴졌다. "그래요, 노라는 지금 힘든 상황이에요. 하지만 우린 거기서 벗어나야 한다고요. 그런데 아내는 감상에 푹 빠져서 헤어 나올 마음이 없어요. 우리가 할 수 있는 일이 얼마나 많은데 말이죠. 난 우리가 좀 창의적으로 생각하고 같이 새로운 인생을 창조해나가면 좋겠어요. 아내를 정신 차리게 하려고 계속 애를 썼지만 아내는 번번이 같은 자리로 돌아가버려요. 정말 맥 빠지는 일이죠."

이 양극화는 긴장과 교착 상태로 이어졌다. 그리고 제2전환기 때 시작된 불균형이 둘 사이에 이제는 다리를 놓기도 어렵게 느껴질 정도로 아득한 골을 만들어냈음이 분명해졌다. 나와 이야기 나눴던 비슷한 처지의 다른 커플들과 마찬가지로, 노라와 제레미는 둘 다 난해한 정체성 질문에 답을 구해야 한다는 것을 알았지만 양극단으로 벌어진 입장 사이에 다리를 놓기 전까지는 어느 누구도 앞으로 나아갈 수가 없었다. 이 골 사이에 다리를 놓는 방법에 대해서는 뒤에서 다시 살펴보기로 하겠다. 여기서는 먼저 제1전환기에서 유래하는 역학에 대해서도 깊이 들여다보고 전체 그림을 완성하도록 하자.

제1전환기는 어떻게 제3전환기에 영향을 미치는가

제1전환기의 발달과제는 커플이 어떻게 장기적인 관점에서 두 파트너 모두 번영할 수 있는 방식으로 서로의 삶과 일을 조율할 것인지 그 방법을 찾아내는 것이다. 그러나 지나치게 경제적인 결정 기준에만 의존한다거나, 단기적인 결과에만 집중하고, 현실적인 문제들을 우선적으로 고려하는 커플들의 경향을 볼 때, 이 조율이 항상 의식적으로 이루어지지는 않는다는 것을 알 수 있다. 더욱이 이때의 결정과 합의 들이 일단 실생활에 적용이 되고나면 많은 커플들이 수십 년이 지나도록 두 번 다시 거들떠보지 않는다. 그러나 이렇듯 방치해두게 되면 의식적이지 않게 선택했던 일들에 대한 후회가 제3전환기 때 표면 위로 다시 나타난다.

파블로와 소피아는 40대 후반에 주말 그림 수업에서 처음 만나 사랑에 빠졌다. 소피아의 전남편은 딸아이가 겨우 세 살 때 자동차 사고로 세상을 떠났다. 그 뒤로 그녀는 15년 동안 혼자 딸을 키우며 지역의 작은 로펌에서 고문 변호사로 일했다. 그녀는 자신의 직업에 대해 자부심이 컸고 딸의 우수한 학교 성적도 자랑스러웠다. 이제 그 딸이 대학에 입학할 시기가 되어 엄마처럼 법을 공부할 계획을 세우자, 소피아는 마침내 한숨을 돌리고 앞으로 어떤 인생을 살지 궁리해볼 수 있겠다고 생각했다.

그림 수업에 나오기 전까지 파블로가 살아온 여정은 매우 달랐다. 대단히 종교적인 사람으로서 그는 이른 나이에 결혼했고, 그 뒤 10년 동안 선교사로 활동했다. 그의 아내는 잘나가는 인재였다. 두 사람은 외교관인 그녀의 직업을 최우선에 두고 그녀의 수입으로 먹고 사는 데 합의했고, 그는 그녀의 근무지를 따라 다니며 어디로 가든 거기서 선교 일을 찾기로 했다. 20대 중반에 그들은 필리핀으로 파견되었다. 그리고 의미 있는 일을 하며 살고 싶은 소망에 이끌려 부모가 없는 쌍둥이 아기를 입양했다. 파블로는 대표 부모가 되었고, 그의 선교 사명은 확연하게 부차적인 위치로 밀려났다. 그렇기는 해도 그는 20년 동안 전 세계로 아내를 따라 다니며 가톨릭 선교 단체에서 일했다. 그 뒤, 두 아이가 집을 떠났을 때, 아내는 갑자기 그를 떠나겠다고 선언했다. 파블로는 큰 충격을 받았다. 그는, 이혼이라는 것이 아예 사고 체계 안에 들어 있지도 않았던 사람으로서 그 여파로 크게 휘청거렸고 다시 온전히 일어서기까지 힘겨운 싸움을 벌여야 했다. 4년 동안 고통스럽게 적응하고 나서야 그는 자기가 누구인지 조금씩 보이기 시작했는데, 바로 그 무렵 소피아를 만났다.

파블로와 소피아는 각자의 첫 번째 전환기로부터 전혀 다른 보따리를 끌어안은 채 새로운 관계로 들어섰다. 소피아는 남편의 비극적인 죽음 앞에서 어쩔 도리 없이 일차 커리어의 위치에 서야 했고 한 부모 역할도 맡아야 했다. 이제 그녀는 다르게 살 준비가 되어 있었다. 파블로는 결혼생활을 하면서 부차 커리어 위치와 대표 부모 역할을 기꺼이 수용했지만 나중에 돌아보면서 이 선택들을 후회했다. 그는 자신이 선교 사명을 배신했다고 느꼈고 잃어버린 시간을 간절히 만회하고 싶었다. 이 회한과 후회는 두 사람이 앞으로 어떤 인생을 함께 살고 싶은지 고민할 때 그들을 정반대 방향으로 떠밀었다. 늦사랑 커플들이 흔히 그렇듯이, 그들은 제3전환기를 직면한 채로 동시에 제1전환기도 다시 경험해야 했다.

"나는 시골에서 작은 민박집이나 운영하면서 느긋하게, 그냥 둘이 같이 지내는 게 꿈이에요." 소피아가 설명했다. "도시의 치열한 경쟁에서 빠져나오는 게 무엇보다 중요하고요. 더 이상 너무 힘들게 일하고 싶지 않아요. 일보다 더 중요한 것들이 생겼으니까요. 우린 여유롭고 평온하게 전원생활을 즐기는 커플이 될 수 있을 거예요."

그러나 파블로는 계획이 달랐다. "앞으로 10년 동안은 정말로 선교에 전념하고 싶습니다. 새로운 지도자를 구하는 기숙형 청년 센터들이 몇 군데 있거든요. 이 일을 우리가 함께하면 대단히 뜻 깊을 거예요. 뜻 깊은 일에 같이 헌신하는 거죠. 우리 이력은 서로 훌륭하게 보완이 된답니다. 소피아가 행정 업무를 맡고, 나는 사회 선교에 집중하고요. 이제 나는 제대로 한 번 일해볼 준비가 돼 있어요."

여러 가지 면에서 파블로와 소피아는 운이 좋았다. 두 사람 모두 뭔가를 같이 도모하고 싶어 했고, 개인으로서, 그리고 커플로서 새 인생을 살고 싶어 했다. 그러나 두 사람이 머릿속에 그리는 상상의 골자는 각자 제1전환기 때부터 짊어지고 온 회한들 때문에 방향이 전혀 달랐다. 소피아는 커리어에 힘을 덜 쏟고 싶은 반면, 파블로는 더 왕성하게 쏟고 싶었다. 이런 상황은 커플들 사이에서 드물지 않다. 그러나 남성보다는 여성들이 주로 파블로의 위치에 서서 경력의 후반부에 더욱 치열하게 분발하고 싶어 한다.

젠더 간 경력 주기의 차이는 커플들 간에 좀처럼 논의되지 않지만 사실 매우 중요한 주제다. 젊은 세대들은 추세가 빠르게 변하고 있지만, 1960년대나 그 이전에 태어난 세대 커플들의 경우 여전히 남성이 대표 커리어 위치와 부차 부모 역할을 맡는 반면 여성이 부차 커리어 위치와 대표 부모 역할을 맡는 경우가 제일 보편적이다. 이 전통적인 합의가 일단 성사되고 나면 20년 이상 그 형태가 고착되는데, 그에 따라 남성과 여성은 결과적으로 판이하게 다른 위치에 도달하게 된다.

집중적인 자녀 양육 시기인 30, 40대에 대표 부모 역할을 맡은 여성들은 경력이 둔화되지만 일에 대한 욕망까지 약해지는 것은 아니다. 그 뒤 아이들이 집을 떠날 때 이 여성들은 일할 수 있는 시간이 15년이나 20년가량 더 남게 되고, 흔히 이때 더 속도를 높이거나 새로운 경로를 개척하고 싶어 한다. 이들은 직업을 아예 바꾸고 싶어 하기도 하는데, 따라서 여성들의 경력이 남성들보다 더 늦게 절정에 이르는 것은 당연한 결과다. 동시에, 이들의 남성 파트너들은 수십 년에 걸쳐 전속력으로 성공을 좇는다. 그리고 제3전환기의 시작을 알리는 공허한 정체성을 경험할 무렵에는 직업 안에서 이미 절정에 근접해 있을 공산이 높다. 그 결과 치열한 경쟁에 피로감을 느끼기도 하고 전혀 다른 목표에 도전할 준비가 되어 있을 수도 있다. 두 파트너 모두 제1 전환기 때 했던 선택들에 만족해할 때조차 세 번째 전환기에 이르고 나면 미진하게 남은 후회들과 그것을 벌충할 시간이 많지 않다는 사실이 커플을 서로 다른 방향으로 이끌어가기도 한다.

마무리 안 된 문제들 해결하기

앞선 두 전환기의 마무리 되지 않은 문제들을 해결하는 것은 세 번째 전환기를 헤쳐 나가기에 앞서 반드시 선행돼야 할 과제다. 풀기 제일 어려운 보따리는 노라와 제레미처럼 일부 커플이 형성하고 있는 비대칭 안전기지 관계다. 비대칭은 제3 전환기에서의 발달과 전망 속에서 두 파트너를 양극화시킬 뿐 아니라, 한쪽 파트너로 하여금 다른 한쪽이 자신들의 성장을 위해 노력하지 않는다고 확신하게 만든다. 이 비대칭을 해소하려면 커플은 자신들이 현재의 위치에 이르게 된 과정을 인정해야만 하고, 앞으로 서로를 위해 새로운 역할을 수행하기로 재다짐해야 한다.

노라와 제레미는 오랜 세월 함께 해온 많은 좋은 기억들에 의지해 서로 간의 긴장과 갈등을 풀어보려 애를 썼지만 쉽게 되지 않았다. 처음에 노라는 피해자의 위치에서 문제에 접근했다. "나는 원망으로 가득 차 있었어요. 오랫동안 꾹꾹 눌러놨던 게 한꺼번에 터져 나왔던 것 같아요. 내가 지금 이렇게 된 게 다 제레미 탓이라고 비난했고, 제레미가 나만큼 상실감을 느끼지 않는다는 것도 너무 억울했죠." 노라의 원망은 제레미의 죄책감과 환멸에 부딪혔다. "노라에게 정말 미안했어요. 더 지원을 해줬어야 했는데 못했으니까요. 하지만 그렇다고 내가 나쁜 인간은 아니거든요. 그런 취급 받는 게 짜증나고 마음 아팠죠."

상처와 환멸을 솔직하게 터놓고 얘기하면서 노라와 제레미는 서서히, 노라가 말한 대로 "손바닥이 마주쳤으니 소리가 났다"는 것을 알게 되었다. 비대칭 관계에 각자가 나름의 기여를 했다는 것을 서로 인정하게 된 것이다. 어릴 때부터 노라는 친구와 가족, 연인들과의 관계에서 주로 착한 역할을 맡았다. 끊임없이 자기를 희생했고, 그것은 때때로 손해가 됐지만 자신이 고귀하고 가치 있는 사람이라는 자부심도 주었다. 그런가 하면 제레미는 자기만의 열정에 완전히 사로잡혀서 노라의 희생을 기쁘게 받아들였다. 표면적으로는 노라가 피해자이고 제레미가 가해자였지만 그들은 서로의 상호작용으로 비대칭을 만들어냈음을 이해하게 되었다.

비대칭을 바로잡기로 결심하고 나자, 두 사람은 처음에는 과도할 정도로 보상에 나섰다. 제레미는 노라를 완벽하게 지원하기 위해 무리하게 애를 쓰면서도 그 보답으로 아무것도 요구하지 않았다. 노라는 지원을 받는 것이 좋기는 했지만 익숙한 영역 바깥으로 밀려나가기가 꺼려지기도 했다. 어찌됐든 오랫동안 정들었던 역할, 제레미의 지원자 역할을 잃게 되기 때문이었다. 두 사람은 서서히 균형을 되찾고 상호 간 안전기지 관계를 만들어가기 시작했다. 그러는 사이, 제3전환기를 향해 양극화됐던 입장도 누그러져갔다. 노라는 눈앞에 펼쳐진 새로운 기회들에 마음을 열었고 차츰 제레미의 기대와 흥분에 동조하기 시작했다. 마찬가지로, 제레미는 두 사람이 경험하고 있는 여러 상실들에 더 공감하게 되었고 미래를 향한 열정 속에 과거에 대한 애도의 자리를 조금 비워두게 되었다.

노라와 제레미의 이야기가 잘 보여주듯이, 비대칭 안전기지 문제를 푸는 최선의 방법은 커플이 어떻게 해서 그런 관계를 형성했는지 이해하고 인정하는 것이며, 그런 다음 그것을 바꾸기 위한 구체적인 단계를 밟아나가는 것이다. 한편, 제1전환기 때부터 끌어안고 온 커리어 우선순위 지정에 관한 회한을 극복하는 일은 중요하기로 치면 똑같지만 전혀 다른 단계를 따라야 한다. 자세히 살펴보기 위해 8장에서 만났던 자라와 모하메드의 이야기로 돌아가보자.

이 커플은 결혼생활 내내 모하메드가 일차 커리어 역할을, 자라가 부차 역할을 맡아 해왔다. 아이들이 집을 떠났을 때 자라는 공허한 정체성에 시달리며 자존감에 큰 타격을 입었다. 물론 경제학 연구자로서 모하메드를 따라 전 세계를 다니면서도 지역 대학에서 항상 일자리를 구했지만, 역동적인 부모로서의 정체성을 상실한 것을 벌충할 정도로 투철한 직업적 정체성은 없었다. 반면, 모하메드는 자기 커리어의 정점에 도달해 있었고 이제 쉬고 싶어 했다. 일부 남성들은 모하메드처럼 정점에 올라서고 나면 그 자리를 내려놓고 싶어 하지 않는데, 모하메드는 속도를 줄인다고 생각하면 즐거웠다.

"해법은 그야말로 분명해 보였습니다." 모하메드가 설명했다. "자라는 오랫동안 내가 가는 곳으로 따라와주었죠. 그러면서 자기 경력도 훌륭하게 쌓았고요. 자라가 했던 일 중에 아주 중요한 프로젝트들도 몇 번 있었는데 내가 무척 자랑스럽게 여기는 일들이랍니다.

하지만 자라는 왠지 허전해했어요. 아이들이 집을 떠난 뒤로 특히. 그래서 제가 말했죠. '좋아, 이제 당신이 이끌어갈 차례야. 나는 어디든 기꺼이 따라갈게. 어디서든 내가 할 일을 찾을 거고.'"

모하메드의 제안은 정확히 자라에게 필요했던 충격이었다. "모하메드는 나를 정신이 번쩍 들게 해서 절망에서 꺼내줬어요. 내 상실감은 아이들의 독립 때문에 시작됐지만 그게 전부는 아니었다는 걸 알게 됐죠. 그리고 다시 돌아보면서 생각했어요. '난 이제 쉰세 살이야. 뭔가 새로 해볼 만한 시간이 충분하고도 남아.' 남편과 역할을 바꾼다고 생각하니까 정말 신이 났어요."

자라와 모하메드가 첫 번째 전환기 때부터 누적됐던 회한을 해결한 방법은 싱거울 정도로 간단했다. 커리어 우선순위를 획 뒤집었던 것이다. 그렇게 해서 모하메드는 여유를 찾았고 자라는 주도적 위치에 설 수 있었다. 하지만 상황이 늘 이렇게 간단하지는 않다. 사람들은 회한을 만회하고 싶어 하는 파트너의 욕망에, 그것이 역할을 맞바꾸는 것이든 중간 접점을 찾는 것이든 간에 저항할 때가 많다. 가령, 파트너가 일차 커리어 위치에서 물러나고 싶다고 선언하면 우리는 내심 반가우면서도 위협을 느낀다. 일을 그만둘 여력이 되는 거야? 남는 시간에는 뭘 한다는 거지? 또한 둘 중 한 사람은 커플이 나란히 쉬면서 시야를 넓히기를 바라는데, 또 한 사람은 커리어에 계속 전념하고 싶어 할 때도 어려울 수 있다. 중요한 것은 커플들 사이에 첫 번째 전환기에서 비롯된 회한이 남아 있다면 두 사람이 그 전 과정을 정밀하게 지도로 그려보는 것이다. 이 경우에 4장에서 소개했던 '커리어 지도 제작' 방법을 다시 살펴보면 도움이 될 것이다. 또한 커플이 둘 사이에 존재하는 회한에 대해 서로를, 또는 자기 자신을 비난하지 않으면서 어떤 선택들이 그런 회한을 불러왔는지, 그 회한을 바로잡기 위해 앞으로의 시간을 어떻게 활용하면 좋을지에 집중한다면 일이 훨씬 수월하게 풀릴 수 있다.

파블로와 소피아처럼 늦사랑 커플이면서 이전 관계에서 비롯된 커리어 우선순위에 대한 응어리와 씨름하는 경우에는 문제를 해결하기가 매우 까다로울 수 있다. 과거를 공유하고 있지 않아 우선순위를 결정했던 애초의 기준으로 거슬러 올라갈 수가 없기 때문이다. 결국 이 커플들은 힘들게 문제를 풀어나가지 않으면 안 된다. 파블로와 소피아의 경우, 두 사람은 파블로의 직업적 소명을 따르기로 하고 스페인 중부에 있는 가톨릭 청년 센터 대표 자리를 맡았다. 그러나 소피아는 파트너로서 일에 전면적으로 뛰어드는 것은 사양했다. 대신 그녀는 인근 도시의 법률 사무소에서 시간제 근무를 시작했고 나머지 시간에는 전원생활을 즐기며 뒤에서 파블로를 응원했다. 두 사람 중 누구도 꿈을 완벽하게 실현하지는 못했지만, 두 사람 모두 인생의 다음 단계에서 만족감을 찾았다.

자기발견과 재창조

마무리 되지 않았던 문제를 해결하고 나면 커플은 제3전환기의 주요 과제인 재창조로 넘어가야 한다. 커플들은 두 가지 자기발견 여행, 즉 낡은 자기를 애도하고 새로운 자기를 환영하는 여행을 해야 하며, 또한 그 두 자기가 서로 어떻게 어울리는지 알아야 한다. 그런 뒤에는 기존의 인생 경로를 두 사람이 얻고 싶은 새로운 정체성을 뒷받침하는 형태로 조정해야 한다. 제2전환기에서처럼 나는 제3전환기를 성공적으로 통과하는 커플들도 재창조 여행의 시작 단계부터 서로가 서로를 포함한다는 사실을 알게 되었다. 물론 일부 자기발견은 혼자 해내거나 다른 사람들과 같이하기도 하지만, 일하는 커플들은 그 과정에서 서로의 생각과 감정을 나누고 여정을 함께 헤쳐 나간다.

이 여행에서 요구되는 재창조는 역할들의 변화와 공허한 정체성에 밀접하게 연결돼 있다. **더 이상 촉망받는 인재가 아니라면, 양육 중인 부모가 아니라면, 부모를 모시는 자녀가 아니라면, 이제 나는 누구일까? 인생의 다음 단계에서 나는 어떤 사람이 되고 싶을까? 남아 있는 시간을 어떻게 의미 있게 보낼 수 있을까?** 전에도 정체성 문제로 고민했었다 해도 이제 이전에 얻었던 답을 재고하고 새로운 답에 마음을 열어야 한다. 텅 빈 공허는 우리의 삶에 어둠을 드리우기도 하지만, 또한 새로운 정체성이 움틀 공간도 제공해준다.

이 재창조 여행은 커플을 제2전환기의 성찰과 탐험 과정으로 다시 데려간다. 6장에서 자세히 살펴봤듯이 성찰과 탐험을 하는 데는 다양한 방법이 있지만 핵심은 무엇보다 그것을 수행하려는 자기의지다. 제3전환기 때 자기발견을 해나가기 어려운 이유 중 하나는 의욕적이고 호기심 많은 참가자가 두 명이 필요하다는 점이다. 두 파트너는 자신들이 앞으로 어떤 사람이 될 수도 있을 것인가라는 질문을 가지고 놀 준비가 되어 있어야 하는데, 이 놀이의 측면은 두 번째와 세 번째 전환기를 가르는 결정적인 차이다.

직업 전환에 관한 최고 전문가인 허미니아 이바라와 나는 정체성을 붙들고 씨름하는 것과 정체성을 가지고 노는 것 사이의 차이에 관해 글을 쓴 바 있다.[1] 정체성을 붙들고 씨름할 때 우리는 목적의식을 가지고 A에서 B로 이동한다. 제2전환기 때 하듯이 시간을 들여 B가 무엇인지 알아낸 다음 의도적으로 거기로 옮겨가는 것이다. 이때 A에게 있는 제약들을 버리고 떠나는 것은 거의 아무런 부담이 되지 않는다. 반대로, 정체성을 가지고 놀 때 우리는 재창조의 목적 아래 여러 가능성들을 재미 삼아 타진해보고 다양한 대안들을 탐험한다.

인생의 이 단계에 이르면 사람들의 야심과 우선시하는 가치들이 매우 다양해지는 경향이 있기 때문에 제3전환기에서 이런 놀이 차원의 접근은 매우 중요한 요소지만, 사람들은 제약을 지닌 자기가 아니라 대개 아끼는 자기를 버리고 떠나기 두려워한다. 따라서 커플들은 이 아끼는 자기의 요소들을 그대로 지닌 채 과거의 소중한 성취들 위에 새로운 자기의 기초를 세울 방법을 찾아야 한다.

제3전환기의 자기발견은 커리어를 포함하지만 커리어에 한정되지는 않는다. 이 시기에 사람들의 생각은 지역 사회에 환원하는 문제나 일종의 유산을 남기는 문제, 젊은 세대에게 멘토가 되어주거나, 젊은 시절의 열정을 회복하거나, 친구들과의 우정에 더 헌신하는 일 등에도 관심을 갖는다. 초점이 '나'에게서 '우리'로 많이 옮아가는 것이다.

내가 누구이며 지나온 삶에 비추어 이제 어떤 사람이 되고 싶은지 발견하기 위해서는 사랑과 일, 삶이 서로 어떻게 공존할 수 있을지 다시 생각해야 한다. 다행하게도 직업 세계는, 특히 숙련된 전문가들에게는 갈수록 유연해지고 있는데, 이를 바꿔 말하면 인생의 여러 중요한 일들을 하나로 결합하기가 이전 세대에게는 가능하지 않았던 수준으로 쉬워질 수 있다는 뜻이다. 나와 인터뷰했던 커플들 중에 자기발견에 열중하던 많은 이들이 전인적인 한 인간으로서 스스로 살고 싶은 삶을 다른 이들과 더불어 살게 도와주는 새로운 기회들을 톡톡히 활용하고 있었다. 다음은 참조하면 좋을 몇 가지 예시이다.

재교육과 새로운 시작: 50세가 넘어도 앞으로 일할 수 있는 시간이 20년 넘게 남아 있기 때문에 이 연령대 이상인 사람들 중에서 재교육을 받고 경력을 새로 시작하는 사례가 점차 보편화되어 간다. 흔히 이런 변화를 도모하는 사람들은 오랜 세월 동안 한쪽에 제쳐두었던 관심사들에 다시 접근하는 경우가 많다. 이는 생산적인 에너지 보유고의 문을 열어 새로 선택한 이 분야에서 탁월한 능력을 발휘하게 해 줄 수 있다.

프리랜서: 8장에서 소개했던 노암처럼 커리어의 후반부에 이르러 프리랜서로 전환하는 사람들이 늘고 있다. 이들은 전문성과 경험이 풍부하지만 회사의 치열한 경쟁에 피로감을 느끼거나, 또는 자신이

도달할 수 있는 최고의 자리에 이미 이르렀을 수도 있다. 프리랜서로 일하는 것은 자신의 능력을 활용하는 동시에 다른 관심사들에도 똑같이 집중할 시간과 자유를 버는 탁월한 방법이다.

포트폴리오 커리어: 포트폴리오 커리어 방식으로 일하는 사람들은 여러 가지 시간제 일거리를 동시에 수행해나간다. 흔히 프리랜서 일과 조직 내 시간제 근무를 같이 묶고, 심지어 자기 이상을 실현하는 데 일조하는 무료 공익 활동도 끼워 넣는다. 선택의 폭이 다양한 포트폴리오 커리어는 여러 가지 포부를 동시에 추구할 수 있다는 점에서 대단히 즐거운 방식이 될 수 있다.

창업: 재정적으로 위험이 따르기는 하지만, 연배가 높은 이들이 시작하는 사업의 비율이 급격히 상승하고 있다. 재정적 완충장치를 마련하고 싶고 뭔가 도전해보고 싶은 커플들에게는 창업이 제3전환기 커리어를 위한 가슴 뛰는 선택 중 하나다. 창업을 통해 우리는 경험과 재능을 활용하는 동시에 새로운 뭔가를 성장시키는 만족감도 얻을 수 있다.

* * *

자기발견에 이르는 놀이 차원의 접근법을 도입하고, 일과 삶을 하나로 묶는 새롭고도 독특한 방식들을 찾는 것은 제3전환기를 통과하면서 탄탄한 경로를 만드는 데 꼭 필요한 요소들이다. 그러나 이

기회들을 최대한 활용하기 위해서는 두 파트너가 모두 열린 자세와 호기심 어린 태도를 지녀야 한다. 우리를 제3전환기의 두 번째 함정으로 이끄는 것은 바로 편협한 시야다.

함정 2: 편협한 시야

자, 솔직하게 인정해보자. 제3전환기에 이르렀을 무렵이면 당신은 이미 적지 않은 실망과 좌절을 겪어왔을 것이다. 오랫동안 다른 사람들을 돌보느라, 또는 그저 다람쥐 쳇바퀴를 끊임없이 돌리느라 지쳐 떨어졌을 수도 있다. 이제 역할이 바뀌고 공허한 정체성이 확장되면서 재창조에 대한 생각은 당신 마음속에 남아 있는 마지막 희망인지도 모른다.

8장에서 이야기했던 크리스토프와 엘리노어는 평생 최선의 것을 얻기 위해 안간힘을 써왔지만 제3전환기에 들어서자 둘의 경로는 갈라져 나갔다. 엘리노어는 변화하는 상황에 직면해 이제 여유를 찾고 이미 갖춰놓은 것들을 활용할 기회라고 여겼다. 그녀는 자기발견에는 거의 관심이 없었다. 당시 경험하고 있던 상실들을 옆으로 밀어두고 여전히 손에 쥔 것들을 누리고 싶을 뿐이었다. 반면, 크리스토프는 상실을 새로운 존재가 될 기회로 여겼다. 그래서 자기발견의 여정에 뛰어들었고 시야를 활짝 열었다. 그는 뒤늦게 커리어를 전환한 사람들을 만나 이야기를 나누면서 자기가 하고 싶은 일을 찾으려 노력했다.

처음에 크리스토프는 엘리노어의 시야가 자기보다 좁아도 신경 쓰지 않았지만, 두 사람이 같은 여정 위에 있지 않다는 사실은 곧 그들의 발목을 잡았다. "아내는 내 여정을 '중년 말의 위기'라고 부릅니다." 그가 씁쓸하게 말했다. "처음에는 약간 농담 같았지만, 그래요, 솔직히 상처가 되죠. 원래는 아내를 같이 끌고 갈 수 있을 거라고 생각했는데 이제 아내가 할 줄 아는 일이라고는 내 여정을 깎아내리는 것밖에는 없다는 걸 압니다." 엘리노어의 편협한 시야와 크리스토프의 여정에 아무런 호기심을 갖지 않는 태도는 둘의 경로가 갈라진 일만큼이나 타격이 컸다. 이것은 두 사람이 오랫동안 쌓아온 깊은 원망의 골과 함께 커플이 극복하기에는 너무 먼 표류였고, 결국 그들은 각자의 길을 가기로 결정했다.

모든 커플이 크리스토프와 엘리노어처럼 한 사람은 자기발견에 매진하고 또 한 사람은 현상유지에 매달리는 식으로 양극화된 입장에 서 있지는 않을 것이다. 우리는 대부분 인생의 이 단계에서 삶을 재창조한다는 것이 어떤 것인지를 보여주는 롤 모델이 있지 않다. 이전 세대가 커리어의 후반부에 어떻게 했는지 돌아보는 것은 우리의 시야를 더 좁힐 뿐이다. 많은 이들이 인생의 이 시점에 중대한 변화를 추구하지 않거나 또는 필요로 하지도 않지만, 시야가 좁아지면 공허한 정체성을 채울 기회와 인생 경로를 새롭게 정비할 기회를 놓치고 만다. 편협한 시야의 함정을 피하기 위해서는 커플이 서로에 대해 호기심을 가져야 하고 기꺼이 자기발견의 여정을 함께 해나갈 의지를 가져야 한다. 우리는 다시 한 번 탐험가가 되어야 한다.

다시 탐험가 되기

아이들은 끝내주는 탐험가다. 세계와, 자기 자신과, 자기를 둘러싼 모든 것에 호기심을 갖는다. 아이들은 열렬하게 새로운 경험을 찾고, 자기가 좋아하는 것과 좋아하지 않는 것을 놓고 실험을 한다. 또 뭐든 당연하게 받아들이는 일이 없고 끊임없이 "왜?"라고 묻는다. 우리는 어느 나이에든 탐험가가 될 자질을 지니고 있지만, 대다수 사람들은 인생을 살아나가고 책임들을 걸머지면서 유년기의 호기심을 억누른다.

다시 탐험가가 되는 것은 어느 나이에든 인생을 바꾸는 경험이고, 특히 나이를 먹은 뒤에는 다시 젊어지는 경험이다. 사람들에게 일어나는 역할과 정체성의 변화는 현재의 일과 삶, 사랑에 의문을 던지고 다른 대안들과 놀아볼 완벽한 구실을 제공해준다. 사람들은 흔히 탐험을 떠올리면 새로운 선택지들을 발견하는 일과 연관 짓는다. 그런 발견은 물론 매우 중요하다. 그러나 동시에, 탐험은 현재의 믿음과 접근방식에 의문을 제기하고 이렇게 묻는 것이기도 하다. **'정말 이런 식으로밖에는 안 되는 것일까?'**

두 파트너가 다시 함께 탐험가가 되면 그 효과는 특히 강력하다. 자신의 인생과 일만이 아니라 파트너의 인생과 일에도 호기심을 가질 때 우리는 커플 사이에 잠재하는 어마어마한 공동의 부양浮揚 능력을 해방시킬 수 있다. 제3전환기에 있거나 이미 그 시기를 통과한 커플들과 이야기를 하면서 내가 가장 감동 받은 패턴들 중 하나가 바로 이 부양 능력과 이것이 탐험의 재개와 맺고 있는 상관관계였다.

나는 제3전환기에서 새로운 경로를 계획하는 많은 커플을 만났는데, 이 계획들에는 주로 공동의 관심사나 일을 계발하는 것이 포함되어 있었다.

10장에서 소개할 한 커플을 비롯해 나와 인터뷰한 몇몇 커플들은 인생의 이 단계에서 두 파트너의 일과 사랑을 하나로 결합하는 일에 열중하고 있었다. 함께 사업상의 모험을 벌이거나 또는 경력 포트폴리오에서 구체적인 프로젝트를 같이하는 것이 이들에게는 관심을 하나로 묶고 뭔가를 함께 만들어가는 한 방편이었다. 또 어떤 커플들은 직업 세계 바깥에서 공동의 취미를 갖는 편을 선호했지만, 그래도 이들 역시 서로를 새로운 경지로 밀어주기 위해 공동의 탐험을 이용했다.

이따금 제3전환기의 함정에 빠져 다시 탐험가가 되지 못하고 시련을 겪는 커플들은 험로를 마주하게 된다. 일부는 크리스토프와 엘리노어처럼 각자의 길을 걷고, 일부는 최선이 아닌 경로에 주저앉는다. 하지만 과거로부터 끌어안고 온 보따리를 풀 수만 있다면 이 커플들도 미래의 새로운 경험과 정체성을 위한 공간을 지을 수 있다. 이제 마지막 장에서는 제3전환기 때 다시 탐험가가 되어 다음 단계의 인생을 위한 경로를 새롭게 발명한 세 커플을 만나볼 것이다.

10

일하는
이 파워 커플을 보라

이번 장에서는 세 쌍의 일하는 커플들 이야기를 들려주려 한다. 일하는 커플이란, 하나의 삶과 두 개의 커리어를 공유하기로 굳게 다짐한 커플이고, 사람은 일을 사랑하거나 다른 사람을 사랑하거나 둘 중에 하나만 진정으로 사랑할 수 있다는 시각에 절대로 안주하지 않는 커플이며, 서로의 관계를 당연한 것으로 받아들이지 않는 커플, 또한 사랑과 일에서 일생동안 같이 번영하는 데 따르는 온갖 일들을 다하는 커플이다. 지금쯤이면 당신도 이 책에서 다루는 '일'이라는 것이 단순히 직업 안에서 들이는 수고만이 아니라는 것을 알아챘을 것이다. 이 일은 내가 이제까지 설명한 투쟁과 전환기 들을 이겨내기 위해 커플이 서로에게 들이는 수고다.

이번 장에서 소개하는 세 커플은 내가 이야기 나눴던 시점에 커리어의 마지막 단계에서 새로운 부흥의 시기를 누리고 있었다. 세 커플 모두 역할 변화에 직면해 소중한 정체성을 잃는 경험을 했고, 이제 우리가 누구인지에 관한 근본적인 질문과 씨름했으며, 그리고 다시 탐험가들이 됐다. 이 모든 과정을 통해 이들은 앞으로 어떤 사람이 되고 싶은지 발견해냈다.

세 커플은 저마다 삶의 배경과 커리어의 궤적, 인생 경로가 모두 다르다. 서로 다른 결정들을 내렸고 삶의 다른 측면들에 우선적인 가치를 부여했다. 인생의 부침들도 더러는 예기치 못하게, 더러는 자청해서 겪었지만 그 내용은 다 달랐다. 그리고 이들은 결국 물리적으로, 실용적으로, 개인적으로 저마다 다른 장소에 가 닿았다. 이들의 공통점은 접근법이다. 이 커플들은 사랑과 일을 훈련과 투자를 통해 숙달되는 하나의 예술로 대우했고, 직업과 커플을 사랑의 노동으로 여겼으며, 또한 내가 이 일하는 커플들의 유일하고도 진정한 비밀을 이해하게 도와주었는데, 이들에게는, 노동이 곧 사랑이다. 이 커플들의 이야기는 제3전환기를 직면한 이들에게, 그리고 일생에 걸쳐 사랑과 일에서 번영하고자 노력하는 모두에게 중요한 교훈을 전해준다.

앤젤라와 로버트, 긴 여정에 나서다

앤젤라와 로버트는 스카이프 전화를 끊고 눈물이 그렁그렁한 얼굴로 활짝 웃었다. "우리가 할아버지, 할머니가 된대!" 로버트가 탄성을 지르자 두 사람은 기쁨에 겨워 키득키득 웃음을 터뜨렸다. "축하 전화였어, 축하 전화!"

맏딸 마리아가 첫 손주를 임신했다는 소식은 예비 할머니 할아버지의 3년에 걸친 노후 생활을 멋지게 마무리해주었다. 34년 전, 뮌헨에 있는 한 반도체 생산 공장에서 같은 부서에서 일하며 처음 만난 이후로, 두 사람은 인생을 한 바퀴 돌아 제자리로 돌아왔고 이제 같은 업계에서 컨설턴트로서 다시 한 번 같이 일하고 있었다. 이 결정을 내리기가 쉽지는 않았지만 결과적으로 잘한 선택이었다. 업계에 대한 이들의 전문성은 사업에 안정적인 흐름을 불어넣었고, 이들은 스스로 구미가 당기는 일만 까다롭게 가려서 했다. 일주일에 나흘만 일해도 두 사람이 생활하기에는 충분할 정도로 벌었고 그래서 일주일에 하루는 각자만의 프로젝트에 할애했다.

로버트는 그 닷새째 되는 날에 그토록 좋아하는 모형 비행기를 만들었고, 앤젤라는 난민 어린이들을 위해 예술 수업을 진행하는 어떤 단체에서 자원 활동을 했다. 시야를 넓힌 덕분에 두 사람은 만족감과 의미를 얻은 것이었다. 일하는 방식을 바꾸자 생활 방식의 변화도 뒤따랐다. 31년 만에 처음으로 그들은 한집에서 같이 살았다. 매일 하루 24시간 붙어 있는 데는 적응 기간이 좀 필요했지만, 나와 만났을 때는 이미 서로에게 푹 빠져 있었다. 나는 이들이 무척 운이 좋았다는 느낌을 받았는데, 이들도 부인하지 않았다.

"우린 서로를 다시 알아가고 있는데, 새로 알게 되는 것들이 아주 마음에 들어요." 로버트가 멋지게 말했다. "오해하진 말아요. 예전에도 잘 지냈지만 요즘이 그야말로 황금기라는 뜻이니까."

앤젤라가 끼어들었다. "맞아요, 황금기예요. 하지만 여기까지 오느라 우리가 얼마나 고생했는지는 잊지 맙시다. 우린 운이 좋지만, 어휴, 이 자리까지 오려고 정말 열심히 노력했으니까요."

많은 커플들이 그렇듯이 앤젤라와 로버트는 직장에서 만났다. 스물세 살이었던 앤젤라는 발랄한 엔지니어링 전공자로서, 당시 최첨단이었던 분야에 대해 배우고 싶어서 반도체 회사에 들어갔다. 로버트는 스물다섯 살이었고, 제조공장에서 이미 서열의 사다리를 오르고 있었다. 그는 어린 시절 연인과, 그의 표현대로 "멋모를 때의 실수"로 스물한 살에 결혼했지만, 앤젤라를 만났을 때는 한창 이혼 과정을 밟는 중이었다.

앤젤라는 곧바로 로버트의 준수한 외모와 강단진 성격에 끌렸지만, 그의 이혼에 대해 알았기 때문에 같이 엮이기에는 문제가 너무 많다고 생각하고 거리를 유지했다. 하지만 같은 업무를 배정받았을 때 앤젤라는 로버트의 시선을 사로잡았다. "아내는 자연의 신비 자체였어요." 그가 회상했다. "사무실로 걸어들어 오는데 쳐다보지 않을 수가 없었죠. 눈부시게 아름답고 말도 못하게 지적이었으니까요. 솔직히, 처음에는 좀 주눅이 들더라고요."

서로 반한 이들은 곧 사내 연애를 시작했지만, 1년여의 달콤한 밀월기는 앤젤라가 예기치 않게 임신을 하면서 느닷없이 끝이 났다. "임신 사실을 처음 알았을 때 덜컥 겁이 났어요. 우린 만난 지 얼마 안된 데다, 어렸으니까요. 더구나 로버트는 이혼이 아직 마무리 되지도 않았었고요. 지금도 생생하게 기억나요. 로버트는 어떤 연수를 받으러 멀리 가 있었는데 당시에는 휴대폰이란 게 없어서 연락할 길이 없었죠. 나는 하룻밤을 꼬박 지새면서 심지어 아이를 지우고 그이에게는 말하지 말까도 생각했었어요."

로버트가 돌아왔을 때 앤젤라는 이 소식을 전했고, 로버트가 크게 기뻐하는 모습을 보고서야 안도의 한숨을 돌렸다. "나는 다시 결혼하는 건 절대로 반대였고 이때껏 같이 살면서도 끝까지 결혼은 안 했어요. 하지만 앤젤라와 같이 아기를 낳는다는 건 너무나 황홀한 일이었죠. 그때가 우리 두 사람이 서로에게 완전히 헌신하기로 약속한 순간이었어요."

그들이 부모가 된다는 생각에 막 익숙해지던 바로 그 무렵, 로버트는 두 사람의 고향에서 500킬로미터쯤 떨어진 곳에서 새로운 공장을 열게 될 부서로 발령이 났다. 그때만 해도 젊은 연인은 이것이 그 후 30년 동안 떨어져 살면서 사이사이 그 절반의 시간만큼만 같이 지내는 긴 주말 커플의 시작이라는 것을 알지 못했다.

로버트는 이렇게 설명했다. "당시에는 승진을 협상하는 게 없었어요. 군말 없이 가는 거죠. 그래서 어떻게든 상황을 타개할 방법을 찾아야 했어요." 커플은 느닷없이 제1 전환기에 들어섰다. 그리고 두 사람 모두 직장생활도 잘 하고, 서로 좋은 관계도 유지하고, 거기다 좋은 부모까지 되려면 서로의 삶을 어떻게 구축해야 할지 답을 찾기 위해 전전긍긍했다. 로버트는 실패한 결혼으로부터 힘든 대화를 피하지 않고 하는 것이 얼마나 중요한지 배웠기 때문에 앤젤라와 이 일을 의식적으로 해결해나가려고 노력했다.

"몇 달에 걸쳐 우린 몇 가지 원칙에 합의했는데, 그 원칙들은 지금까지도 고수하고 있어요." 앤젤라가 설명했다.

첫 번째는 일의 중요성이었어요. 우린 둘 다 프로테스탄트 노동윤리를 강하게 신봉하는 가정에서 자랐죠. 근면과 성실의 가치가 어릴 때부터 몸에 밴 거예요. 둘 다 고위 관리직에 오르겠다는 특별한 야심은 없지만 일을 한다는 건, 그리고 일을 잘한다는 건 이루 말할 수 없이 중요하답니다. 두 번째는 아이들을 독립적으로 길러내는 일이었어요. 우린 헬리콥터 부모가 아니죠. 우리에겐 아이들이 어릴 때부터 사회의 독립적인 구성원이 되는 게 중요했으니까요. 세 번째는 우리 관계였어요. 아무것도 감추고 지나가지 않는다, 항상 모든 것을 터놓고 얘기한다는 데 동의했죠.

세 가지 원칙을 신중하게 정한 뒤에 앤젤라와 로버트는 상대적으로 안정적인 시기에 들어섰다. 두 사람은 6년 동안 아이 셋, 그러니까 마리아, 엠마, 알렉산더를 낳았고, 그사이 로버트는 주말에는 고향인 뮌헨에서 보내고 평일에는 직장이 있는 드레스덴에서 보내며 운전으로 다섯 시간 가까이 걸리는 거리를 통근했다. 이들 업계의 변덕스러운 성격 탓에 장거리 통근은 두 사람이 직장을 다니는 내내 계속되었다. 아이들이 집을 떠나기 전까지 로버트는 9년 동안, 그리고 앤젤라는 4년 동안 타지에서 일했고, 2년 동안에는 두 사람 모두 주중에는 집에 없었다. 다행하게도 양가 부모님이 모두 뮌헨에 살면서 손주들을 헌신적으로 돌봤고, 앤젤라와 로버트가 모두 타지에서 일했던 2년 동안에는 아예 그들의 집으로 들어와 사셨다.

당시를 매우 힘들었던 시기로 회상하기는 하지만 앤젤라와 로버트는 가정을 꾸리고 나서 처음 6년 동안 자신들이 진정한 커플로 거듭났다고 느꼈다. 그들은 회복탄력성의 샘과 서로의 커리어를 뒷받침하는 기쁨을 발견했다. 같은 분야, 같은 회사에서 일하는 장점 중 하나는 서로에게 실질적인 도움을 줄 수 있다는 점이었다. 두 사람은 서로의 보고서를 검토해주었고, 새로운 생산 공정의 전략을 짰으며, 사내 정치에 대응하는 법에 대해 같이 의논했다. 일은 몸이 멀리 떨어져 있을 때조차 두 사람을 정서적으로 가깝게 느끼도록 해주었다.

앤젤라와 로버트의 두 번째 전환기는 30대 후반에 삶의 방향에 대한 질문에 봉착하면서 시작되었다. 불행하게도 이 질문의 시기는 경기침체로 회사가 심각한 타격을 입었던 시기와 맞물렸다. 그리고 겨우 4주를 간격으로 두 사람 모두 정리해고를 당했다. 자기탐구는 갑자기 감당할 여력이 안 되는 사치가 되어버렸고 그들은 일단 밥벌이를 해야 했다. 그런데 앤젤라가 회사를 떠나는 날이 코앞에 다가왔을 때 다른 회사로부터 일자리를 제의받았다. 지위도 더 낮았고 급여도 더 적었지만, 그래도 엄연한 일자리였다. 그녀는 두말 않고 제의를 받아들인 뒤 로버트가 일을 찾는 동안 1년가량 혼자 가족을 부양했다.

"그 무렵이 내가 살면서 제일 바닥까지 내려간 때였어요." 로버트가 설명했다. "정말 우울했죠. 일이 그렇게 나라는 사람의 핵심이었던 겁니다. 그래서 일이 없어지니까 어쩔 줄을 몰랐어요. 자존감도 바닥으로 떨어졌고요." 결국 그는 좀 더 작은 회사에서 일자리를 얻었고 두 사람은 스스로 "경력의 암흑시대"라고 표현하는 10년의 기간에 들어서게 되었다. 업계는 회복되기까지 오랜 시간이 걸렸고, 커플은 회사를 이리저리 옮겨 다니며 능력도 쌓고 밥벌이도 될 일을 좇았다. 그래서 가족이 계속 먹고는 살았지만 아무도 제2전환기의 존재론적 질문에 집중하지 못했고, 질문은 그저 마음 한 구석에서 희미하게 어른거릴 뿐이었다.

그러나 경력은 침체를 겪었어도 가족은 한창 꽃을 피웠다. 이제 세 아이들은 독립적인 청소년이 되어 저마다 자기만의 열정과 꿈을 좇았다. 애정을 쏟지만 간섭하지 않는 그들의 양육법이 결실을 맺은 것이 눈에 보였고 이제 그들은 자녀들과 성인 대 성인 관계의 기초를 놓는 즐거움을 누렸다.

막내인 알렉산더가 둥지에서 날아갔을 때 제3전환기의 정체성 질문이 전면에 나타났다. 또 동시에, 제2전환기 때 풀지 못했던 삶의 방향성 질문도 여전히 어른거렸다. 앤젤라와 로버트 둘 다 막다른 골목에 다다랐다. "우린 최고가 되려고 한 적은 없지만 그래도 직업 세계에서 뭔가를 이루고 싶었어요. 게다가 10년째 파편적인 일들만 닥치는 대로 보니 상처가 되기 시작했죠. 우린 직업적 정체성을 잃어버렸고 그러면서 삶의 방향도 잃었어요." 앤젤라가 회상했다.

직업 면에서 더 큰 성취를 갈망하는 동시에 그들은 다른 중요한 일들에 대해서도 마음이 끌리기 시작했다. 먼저 서로의 관계에 더 투자하고 싶었고 다시는 떨어져 살지 않아도 되게 하고 싶었다. 또 잃어버린 취미에도 다시 불을 붙이고 새로운 취미도 찾고 싶었다. 특히 앤젤라는 고향인 뮌헨의 지역사회에 어떤 식으로든 좀 더 기여하고 싶은 욕구가 강했다. 마지막으로, 두 사람은 오랫동안 부모님들에게 도움을 받았듯이 이제 연로한 그분들을 도우며 은혜를 갚고 싶었다.

매우 실용적인 사람들인 만큼 앤젤라와 로버트는 스스로를 성찰하는 데 익숙하지 않았고, 방향과 정체성이라는 딱히 이해하기 어려운 질문을 붙들고 무슨 '일'을 어떻게 해야 할지 감이 잡히지 않았다. 그들은 가능성들을 다루는 게 어려웠다. 치열하게 고민하려 자리를 잡고 앉을 때마다 결국에는 미래를 스프레드시트 위에 설계해보려 애를 쓰게 되었다. 그러나 이것들은 한때 그들이 함께 작업했던 회사 스프레드시트들처럼 결과가 필연적으로 맞아떨어지는 느낌이 전혀 들지 않았다. 두 사람은 인생의 다음 단계에서 어떻게 살고 싶은지 이해하려던 시도가 실패를 거듭하자 점차 실망과 낙담이 커져갔다.

좁은 시야에 갇힌 채 1년쯤 버둥거린 뒤에 그들은 엉뚱한 곳에서 불쑥 영감을 얻었다. 둘째 아이, 엠마였다. 가족의 대표 탐험가인 엠마는 부모가 교착 상태에 빠져 있는 게 눈에 보였다. 어느 크리스마스 방학 때 집으로 돌아와 있던 엠마는 부모에게 잘 좀 해보라고 자극했다. 그리고 젊은 청년 자녀만이 할 수 있는 방식으로 부모가 정체 상태이며 너무 편협해서 주위 기회들을 보지 못하고 있다고 직설적인 일격을 날렸다. "스물한 살 된 딸이 거울을 들이대고 내 생각이

얼마나 꽉 막혀 있는지 보여주는 건 정말 보통 일이 아니에요." 로버
트가 인정했다. "솔직히 말해서, 짜증났죠."

　하지만 엠마가 대학으로 돌아갔을 때 그녀가 남긴 문제 제기가
마음 깊이 와 닿았고, 앤젤라와 로버트는 서서히 다시 탐험가가 되기
시작했다. 그들은 인생에, 서로에게, 그리고 커플로서 두 사람이 지
닌 가능성들에 다시 호기심을 품었다. 그리고 당연히 어떤 회사에 들
어가서 일을 해야 한다고 믿어왔던 오래된 고정관념에 의문을 제기
하고 좀 더 유연한 대안들을 찾아 나섰다. 자신들의 전문성을 활용하
면서도 영향력을 발휘할 수 있고 일과 삶의 다른 요소들 사이에 균형
을 맞추게 해줄 그런 대안이 필요했다. 그들은 업계에서 이제 사내
전문가보다는 외부 전문가를 선호하는 쪽으로 추세가 바뀌었음을
알아챘다. 두 사람은 엄청나게 잘 나갔던 적은 없지만 둘 다 면밀하
게 연구하고 꼼꼼하고 성실하게 일하는 것으로 평판이 좋았다. 더구
나 오랫동안 여러 직장을 옮겨 다닌 덕에 독일의 반도체와 과학 기술
업체 들 사이에서 광범위한 인맥을 형성하고 있었다.

　이야기를 잘 들어주는 한 친구의 도움을 받아 그들은 프리랜서
컨설팅 사업을 시작할 방안을 설계했다. 이미 대출도 다 갚았고 씀씀
이가 크지 않은 데다 건강보험 체계가 탄탄한 지방에 살고 있어서 단
둘이 창업하는 위험을 감수해도 좋을 것 같았다. 우선 아이들이 쓰던
방을 사무실로 꾸몄다. 노트북과 전화기를 들여놓은 게 전부이기는
했지만, 아무튼. 모험을 시작하기 전에는 망설였어도 같이 일에 대해
의논하고 중구난방 튀는 아이디어들에 대해 즐겁게 이야기하다 보

니 일이 잘 되리라는 믿음이 생겼다. 이 사업은 두 사람을 젊은 시절의 동료 관계로 되돌려주고, 따로 떨어져 일했던 긴 세월을 만회해줄 터였다. 이들의 재창조는, 맞다, 이들의 오랜 이력을 기반으로 했다. 그렇지만 두 사람은 1년의 테스트 기간을 거치기로 결정했다. 해보나 마나, 오랫동안 실력을 쌓아온 만큼 나머지는 다 끝난 이야기나 마찬가지였다. 그러나 둘만의 사업은 이들에게는 전에 없이 새로운 이야기이기도 했다.

앤젤라와 로버트의 사연에서 가장 인상 깊었던 부분은 그들이 난처한 대화를 절대로 피하는 법이 없었다는 점과 힘든 상황을 이겨내기 위해 끊임없이 노력했다는 점이었다. 그들이 결단을 내렸던 몇몇 큰 결정들은, 가령 오랫동안 떨어져 산 것이나, 헬리콥터 부모가 되지 않은 것, 그리고 같이 사업을 시작한 것은 최근의 유행과 충고를 완전히 무시하는 처사였다. 많은 사회에서 부모들은 죄책감에 떠밀려 항상 자녀 곁을 지켜야 하고 적극적으로 개입하는 부모가 돼야 한다고 믿는다. 그런가 하면 커플이 오래 떨어져 살면 관계가 깨지기 마련이라고 흔히들 말한다. 마찬가지로, 나는 수많은 기사와 책에서 커플은 직업을 따로 가질 때 제일 행복하다는 선의의 충고를 수두룩하게 읽었다. 앤젤라와 로버트와 같은 커플들의 이야기는 이 믿음들이, 판에 박힌 다른 조언들도 다 그렇듯이 전혀 사실이 아님을 내게 일깨워주었다.

유념하기 바란다. 이들 두 사람은 이를테면 늘 같이 붙어산다든가 하는 중요한 것들을 포기했고 어느 정도 만회하고 싶어 하기는 했지만, 결정적으로, 이미 놓친 것들에 대해 후회하지 않았다. 왜 그랬을까? 자신들이 바라는 삶을 살기 위해 그것들을, 둘이 같이 대가로 지불한 것이기 때문이었다. 그래서 일단 교착 상태를 벗어나고 나자 탐험 단계로 넘어가기가 한결 수월했다. 이루지 못한 소망들은 분명 있었지만 후회는 거의 없었으니까. 이 소망과 후회의 조합이 제3전환기와 그 이후의 삶을 잘 헤쳐 나가는 최선의 전략일 것이다.

내가 앤젤라와 로버트를 보면서, 그리고 가치관도 다르고 선택도 달랐던 다른 많은 커플들도 보면서 배웠던 점은 내가 '**무엇을**' 하느냐가 아니라, '**어떻게**' 하느냐가 차이를 만든다는 사실이었다. 진부하게 들릴지 몰라도 정말로 중요한 것은 과정이지, 특정 선택들이 아니다. 하지만 앤젤라와 로버트처럼 일찍부터 과정에 열심히 공을 들여온 사람이라면 역시 신뢰할 수 있는 것도 과정밖에 없다. 세상에는 수많은 양육법과 관계 방식이 있고, 그중 어떤 방법으로든 아이들을 건강하고 정서적으로 안정된 어른으로 길러낼 수 있으며, 어떤 방식으로든 솔직하게 드러내서 협상하고 합의하기만 한다면 견고한 관계를 형성할 수 있다. 마찬가지로, 남편과 같이 일하는 시간이 많은 사람으로서 나는 같이 일하는 게 어떤 커플에게는 피하는 게 최선일지 몰라도 또 어떤 커플에게는 장점이 아주 많은 방식일 수 있다는 점을 증언할 수 있다.

파워 커플, 리와 메이

리와 메이의 넘치는 활기는 두 사람을 처음 만나자마자 내게 깊은 인상을 남겼다. 비가 오는 오후였고 그들은 손을 맞잡은 채, 내가 이 연구를 통해 20여 쌍의 커플에게서 목격했던 그런 열정과 가능성의 기운을 발산하며 커피숍으로 들어섰다. 나는 이런 이들을 볼 때마다 인터뷰 바로 전에 사랑을 나누고 온 커플처럼 보인다고 생각하곤 했다. 각각 쉰여덟과 쉰일곱 살에 리와 메이는 두 사람의 제3전환기 맨 끄트머리에서 새로운 인생과 직업을 창조해냈다.

리와 메이는 이 연구 기간 동안 내가 만난 커플을 통틀어 가장 서열이 높은 고위직 임원들이었는데, 리는 한 소매업체의 CEO였고 메이는 미디어 기업의 이사였다. 두 사람은 최근에 한 국제적인 경영 잡지에서 '파워 커플'로 선정되기도 했다. 하지만 이들의 눈부신 이력 뒤에는 좀 더 곡절 많은 사연이 숨어 있었다.

리와 메이는 경영전문대학원 환영파티 때 처음 만났다. 리는 신입생이었는데, 상급생이자 파티 기획자들 중 한 명이었던 메이에게 첫눈에 함빡 빠졌다. "메이는 단연코 파티의 분위기 메이커였어요. 그날 하룻밤 동안 그야말로 수백 명과 얘기를 나눴을 거예요. 하지만 나는 그녀의 관심을 끌기로 마음먹었죠. 내 운명의 여인이라는 걸 단박에 알았으니까요." 새벽 1시에 리의 결심은 열매를 맺었고, 그들은 그로부터 얼마 지나지 않아 연인이 되었다.

둘 다 야심이 크고 경력을 중시하는 사람들이어서 두 사람은 석사 과정 이후 첫 5년 동안 관계보다 직업을 우선시하기로 결정했다. 그래서 거의 대부분의 시간 동안 따로따로 생활했는데, 각각 다른 도시에서 밤늦게까지 일하며 커리어에 전념하다가 주말에만, 그것도 종종 경영대학원 시절 친구들과 같이 어울려 만났다. 그들은 우수한 인재들의 사교집단에 속해 있는 게 좋았고, 이것이 그들을 직업 세계에서 더 높은 곳을 욕망하도록 부추겼다.

30대 중반에 들어서자 두 사람의 생각은 삶의 안정을 찾는 쪽으로 기울었고, 첫 번째 전환기를 맞이했다. "결혼을 하는 건 고민할 여지도 없었어요. 리를 사랑했고 리가 나에게 최고의 남자라는 걸 알았으니까요." 메이가 설명했다. "하지만 아이를 낳는 문제는 좋기도 하고 싫기도 했어요." 메이는 동창들이 아이를 낳은 뒤에 경력이 궤도에서 이탈하는 것을 여럿 목격했었는데 자신은 그런 희생을 하고 싶지 않았다. 하지만 리는 너무나 간절하게 가정을 꾸리고 싶어서 몇 달 동안 끈질기게 그녀를 설득했다.

메이는 리가 당시 하고 있던 경영 컨설턴트 일을 그만두고 좀 더 안정적인 회사에 들어가겠다고 약속하고 나서야 결국 백기를 들었다. 경영 컨설턴트를 할 때는 쉴 새 없이 출장을 다녀야 했지만 차분하게 직장 생활을 하면 공동 육아에 적극적으로 동참할 수 있을 터였다. 두 사람은 결혼을 하고, 살림을 합치고, 그런 뒤에 쌍둥이를 임신했다. 전부 5개월이라는 시간 동안 일어난 일이었다. 메이와 리는 준비성이 철저한 사람들인 만큼 메이의 배가 불러오자 두 직장과 육아의 일정을 모두 어떻게 소화할지 꼼꼼하게 계획했다. 출산일이 됐을 때 그들은 인생의 다음 장으로 넘어갈 만반의 준비를 갖춘 채 자신만만하게 병원으로 향했다.

그 뒤 상상조차 할 수 없는 일이 벌어졌다. 쌍둥이 중 한 명이 태아절박가사(분만 중에 태아로 전달되는 산소가 부족하여 태아의 심박동 수가 급격히 감소하는 것을 말함―옮긴이) 상태가 되어 출산 도중 목숨을 잃었다. "다들 부모가 아이를 잃는 게 세상에서 가장 끔찍한 일이라고 말하죠. 전 감히 상상할 생각조차 하지 말라고 하겠어요." 리가 회상했다. "모든 면에서 엄청난 트라우마였어요. 그리고 너무, 너무 혼란스러웠죠. 이렇게 예쁘고 완벽하게 건강한 여자 아기가 우리 품에 있는데, 그 애가 태어나서 정말 행복하고 그 애가 사랑스러워서 정신을 못 차리겠는데, 또 한편으로는 그 애의 쌍둥이 자매를 위해 장례식을 준비해야 했으니까요. 기쁨과 한 덩어리가 된 슬픔은 정말 말할 수 없이 힘들었어요."

전 과목 A를 맞던 학생들이자 아이비리그 대학 출신인, 그리고 출세밖에 몰랐던 사람들로서 리와 메이는 그때껏 살면서 큰 좌절을 겪어본 적이 없었다. 그러나 이제는 상상조차 할 수 없는 상실을 마주하고 있었다. 슬픔에 억눌린 채 그들은 모든 것에 의문을 품기 시작했다. "딸이 너무나 소중한 나머지 우린 온갖 일에 피해망상이 되어갔어요. 이번에 고용한 보모는 괜찮은 사람일까? 그냥 우리가 하루 종일 아이를 돌봐야 하는 거 아닌가? 이런 일이 일어난 마당에 커리어가 다 무슨 소용이지? 모든 게 불확실했어요." 메이가 설명했다.

슬픔 전문 상담가의 도움으로 두 사람은 서서히 다시 일어설 기력을 되찾았다. 리는 회사에 들어가 새로운 일을 시작했고, 5개월 뒤에 메이도 일터로 복귀했다. 슬픔은 밀려왔다가는 또 밀려가곤 했다. 슬픔이 삶의 일부로 남아 있었지만, 이 슬픔을 끌어안고서라도 그들은 다시 충만하게 사는 삶으로 돌아가기로 마음먹었다. 생기 넘치는 딸아이, 줄리아를 위해서였다.

리와 메이의 첫 전환기는 비극으로 시작되긴 했어도 다른 초기 커플들과 크게 다르지 않은 패턴을 따랐다. 그들은 꼼꼼하게 세워놓은 계획을 실행에 옮기느라 힘겨운 투쟁을 벌였다. 두 사람의 직장 모두 이따금 출장 일정이 잡혔고, 그래서 누구 일이 더 중요한지를 놓고 자주 싸웠다. 줄리아를 기르는 최선의 양육법에 대해서도 티격태격했는데, 둘 다 자기 방법이 최선이라고 주장하면서 상대의 스타일은 미묘하게 깎아내렸다. 부모로서의 첫 3년은 한마디로, 팽팽한 긴장이었다.

그러나 어느 주말, 경영전문대학원 동기들과의 동창회가 돌파구가 되어주었다. 이날 모임에는 인생의 비슷한 단계를 거치고 있는 친구들이 많았는데, 그중 한 무리가 자신들이 겪는 어려움들을 솔직하게 공유했고, 각 커플마다 그런 어려움들을 이겨내기 위해 자신들이 어떤 방법을 시도해왔는지 이야기했다. 이날 메이와 리는 자신들이 일상적인 문제들만 붙들고 씨름해왔을 뿐 그 이면에 숨은 주제들을 풀어볼 노력은 하지 않았다는 사실을 깨달았다. 누구의 커리어가 더 중요할까? 우리는 어떤 부모가 되고 싶은 걸까? 줄리아만큼은 인생에서 절대로 아무 시련도 겪지 않게 하겠다고 노심초사하느라 오히려 줄리아에게 떠안기고 있는 그 모든 부담은 어떻게 해소해줘야 할까? 오래 논의한 끝에 두 사람은 공동 일차 커리어 모델에 합의했다. 그리고 두 사람 모두 각자의 시간 중에서 출장을 10퍼센트 이하로 제한하는 대신, 현재 살고 있는 뉴욕에서 해결 가능한 일들만 주로 맡기로 했다. 또 그때까지는 양가 부모님이 줄리아의 양육에 관여하지 못하게 막아 왔지만 이제부터는 적극적으로 손을 빌리기로 했다.

그리고 나서 7년간의 안정과 성장, 모험이 뒤따랐다. 새로 찾아낸 리듬 속에서 행복해하는 사이 리와 메이의 커리어도 빠르게 성장해 나갔다. 두 사람 다 처음으로 고위 관리직으로 승진됐고 둘 다 탁월하게 일을 해냈다. 동시에, 무럭무럭 자라나는 아이의 양육도 즐겁게 해냈다. 줄리아의 호기심에 감탄하며 주말에는 박물관과 동물원으로 나들이를 다녔고, 휴가 때는 조부모님들과 함께 바닷가로 놀러 갔다.

두 번째 전환기는 스타트업 분야가 크게 성행하던 시기에 찾아왔다. 이 무렵 리와 메이는 40대 중반이었고 처음으로 최고 경영진으로 발돋움하는 중이었다. 그러나 이러한 성공이 오히려 두 사람에게 뭔가 다른 일을 해볼 만한 게 없을지 질문을 던지게 했다. "우린 다른 사람들에게 돈을 벌어주는 일에 우리 커리어를 다 바쳤죠. 우린 능력도 있고 지식도 있는 데다, 둘 다 우리만을 위한 뭔가를 해보고 싶었어요. 스타트업은 꽤 매력적이었죠. 무엇보다도 그 무렵에 그쪽으로 전환하는 친구들이 많았고 일부는 대박을 터뜨리기도 했으니까요." 리가 설명했다.

유행에 휩쓸린 채 두 사람은 스타트업 업계에서 할 만한 일을 찾아보기로 결정했다. 그러다가 리는 고급 패션을 콘텐츠로 하는 신생 온라인 업체로부터 합류 제안을 받았다. 급여는 거의 없다시피 했지만 CEO 몫의 스톡옵션 제안은 거절하기 힘든 유혹이었다. 발 벗고 나서서 붙잡은 기회는 아니었어도 어쨌든 그의 이직은 메이의 차례를 늦춰야 한다는 뜻이었다. 그들에게는 회사에서 나오는 안정적인 수입이 필요했기 때문이다. 그러나 리의 스타트업은 성장 전망이 높았고 두 사람은 메이가 1년에서 1년 반 뒤에는 회사를 그만둘 수 있으리라고 추정했다.

1년 반은 곧 3년으로 불어났고, 그 기간 내내 메이는 대표 부양자이자 대표 부모로서 가족을 짊어져야 했다. "스타트업은 완전히 진을 빼는 일이었어요." 메이가 하소연했다. "3년 동안 리는 휴가도 없었고 주말에도 항상 일했죠. 밤에도 거의 매일 일하다시피 했고요. 정말 지독하더군요. 회사가 이제 좀 잘 풀리겠다 싶으면 번번이 또 다른 문제가 터지는 거예요. 어떻게든 버텨보려 했지만 3년이 다 되어갈 무렵에는 완전히 번아웃이었죠."

3년 뒤, 회사는 리의 표현대로 "참담한 실패"로 끝이 났다. 회사가 쫄딱 망했을 뿐만 아니라, 리와 메이는 거기에 투자했던 저축까지 크게 날렸다. 죄책감에 휩싸여 리는 닥치는 대로 아무 회사나 들어갔고 메이는 사직했다. 그녀는 리가 열심히 일하는 동안 다시 기운을 모으기 위해 6개월 동안 쉬었다. 그리고 기력이 회복됐을 무렵, 생애 처음으로 집행이사 자리를 제안받았다.

이것은 파격적인 도약이었고, 메이는 여전히 다른 경로로 이동할 꿈을 품고 있었다. 그러나 리의 스타트업 경험에 둘 다 질린 데다, 이 새로운 자리를 수락하면 그녀는 늘 열망하던 수준의 영향력을 거머 쥘 수 있었다. 리의 격려를 받으며 그녀는 일에 뛰어들었고 그녀의 경력은 치솟았다. 이 무렵 리의 일도 다시 제 궤도에 들어섰는데, 메이는 이 시기를 이렇게 설명했다. "우리 커리어에서 가장 짜릿했던 시기였어요. 바깥에서도 사람들이 많이 알아봐주니까 우린 거기에 취했죠. 너무 취했어요. 결국 집에서 일을 그르치고 있었는데, 그 사실을 겨우 알아차린 건 줄리아가 거식증 진단을 받고 나서였어요."

줄리아의 진단은 "배를 깔로 찌르는" 고통이었다고 리가 고백했다. "살면서 그렇게 죄책감을 느꼈던 적은 없었어요. 우린 벌써 딸 하나를 잃었는데 이제 남은 딸 한 명마저도 우리의 오만함 때문에 위험에 밀어 넣었으니까요." 부부는 즉시 근무 시간을 줄이고 가족 치료에 들어갔다. 회복까지 오래 걸리기는 했지만, 줄리아가 열여섯 번째 생일을 맞았을 무렵에는 다시 건강을 되찾았다. 생일 기념으로 가족은 2주 동안 카리브해 크루즈 여행을 떠났다. 푹 쉬면서 즐거운 시간도 보내고, 또 줄리아의 요청에 따라 그녀의 대학 입학 전략도 같이 짜기 위해서였다.

"부모라면 다들 잘 알겠지만 아이를 자기가 원하는 대학에 입학시키는 건 보통 일이 아니잖아요." 메이가 말했다. "2년 동안 대학들 견학 다니고, 대학입학시험 공부하고, 여기저기 입학지원서 넣으러 다니던 게 다 눈 깜짝할 사이에 지나버리고는, 어느 순간 우리 둘만

남았더라고요."

줄리아의 독립은 부부에게 큰 타격을 주었다. 생전 처음으로 두 사람은 아무 목적이 없는 기분을 느꼈다. 그들은 줄리아가 태어난 이후로 자신들이 끊임없는 활동의 쳇바퀴 위를 달려왔으며, 그것이 부분적으로는 일 욕심 때문이었고 부분적으로는 둘째 딸의 죽음에 대처하는 한 방식이었음을 깨달았다. 슬픔을 이기기 위해 분주하게 일을 벌이고 곁에 있는 아이에게 온 정성을 쏟았던 것인데, 이제 그 슬픔이 거대한 파도처럼 되돌아와 그들을 덮쳤다. 두 사람의 세 번째 전환기는 맹렬한 기세로 시작되었다.

"이번에는 제대로 처리 과정을 거쳐야 한다는 걸 알았어요." 리가 말했다. "그런데 이제는 슬픔이 다가 아니었어요. 인정하기 어려웠지만, 그사이 우리는 우리 자신을 잃어버리고 말았습니다." 25년간 힘겹게 애쓰며 살아온 끝에 둘의 관계를 위한 시간은 거의 남아 있지 않았다. "우린 기계가 되어버렸던 거예요." 메이가 말했다. "그러는 동안 그냥 같이 있는 법도 잊어버렸고요." 그들은 둘 사이에 거리가 벌어져 있는 것을 보았고 거기에 다리를 놓아야 한다는 것도 알았다. 그대로 사이가 멀어지고 마는 것도 충분히 일어나고도 남을 일이었다.

리와 메이는 다행히 경력 기간 거의 내내 높은 급여를 벌어왔고 한편으로는 워낙 소박한 가정환경에서 자란 데다 스타트업의 실패까지 겹치면서 재정적으로 꽤 알뜰하게 살았다. 이렇게 해서 모아둔 돈 덕분에 두 사람은 삶을 돌아보고 재평가하기 위한 1년간의 안식

년을 얻었다. 이것은 다른 커플들은 거의 누리지 못하는 호사로서, **'우리는 어떤 사람이 될 것인가?'**라는 제3전환기의 핵심 질문에 답을 구하는 데 100퍼센트 전념할 수 있는 기회였다.

"그 1년은 정말 놀라운 한 해였어요. 완전히 새로운 인생의 장을 열어준 한 해였고요." 리가 말했다. 그들은 6개월 동안에는 고국인 중국에서 자선 활동에 참여했고, 2개월 동안에는 휴가를 보냈으며, 나머지 4개월은 집에서 메이의 표현대로 "재발견의 여행"을 했다. 그들은 전문 코치를 고용해 인생의 다음 단계를 어떻게 계획할지 도움을 얻었고 여러 훈련 과정에도 참여했다. 그런가 하면 둘이서, 또는 친구나 지인들과 함께 얘기하고 의견을 나누는 데도 많은 시간을 할애했다.

그들은 서로 상대가 앞으로도 계속 커리어에 매진하고 싶어 한다고 막연히 짐작했지만 두 사람 다 속으로는 인생의 균형을 다시 맞추고 싶어 한다는 것을 알고 거의 당황하다시피 했다. 그들은 현재 속해 있는 지역 사회와 중국에 더 많이 공헌하고 싶었고, 청년들의 멘토가 되어 자신들이 누려온 직업상의 성공을 그들도 누리게 해주고 싶었다. 그러나 먼저, 두 사람 모두 회사에서 마지막으로 한 번 더 중요한 직책을 맡고 싶었는데, 포트폴리오 커리어로 옮겨가기 전에 조직 내에 족적을 남길 기회를 얻고 싶어서였다.

내가 그들을 만난 것이 바로 그 즈음이었다. 각각 CEO와 이사로서 인생의 마지막 요직을 맡아 자신들이 정한 5년의 기한을 향해 순조롭게 나아가고 있을 때. 이 5년이 차면 두 사람은 균형 잡힌 인생과 포트폴리오 커리어로 전환할 것이고, 60대에 들어서 있을 터였다.

리와 메이는 제3전환기의 투쟁 기간을 1년의 안식년, 개인 코치, 훈련 과정 등을 동원해 보통 사람들은 거의 따라할 수 없는 방법으로 헤쳐 나갔다. 그러나 이들의 재력은 아니더라도 이들의 접근방식은 누구나 따라할 만하고 배울 점도 많다. 첫째, 두 사람은 자신들의 시야를 넓혀줄 일들을 일부러 찾아서 했다. 가령, 새로운 프로젝트에 참가하고, 자신들이 온 뿌리로 되돌아가고, 학습자 모드로 들어갔는데, 이런 일들은 우리 모두 할 수 있다. 주말이나 저녁 시간에 자원 활동을 하거나 취미 생활을 하는 것, 우리의 뿌리와 삶의 장소에 대해 성찰하는 것, 책이나 인터넷 강의, 또는 그 밖의 다른 자원들을 활용해 배워나가는 것은 모두 우리가 추구해봄직한 일들이다. 둘째, 메이와 리는 많은 시간과 노력을 들여 다양한 주제들에 관해 깊이 이야기하고 서로 피드백을 얻었다. 둘이서도 그렇고, 다른 사람들과도 그렇게 했다.

내가 리와 메이의 사례를 의미 있게 여기고 또한 이번 장에 소개하고 싶었던 이유는 이들의 이야기가 소위 말하는 파워 커플에 대한 신화를 깨뜨리는 데 일조하기 때문이다. 우리는 신문과 잡지를 통해 파워 커플에 대한 이야기를 수없이 읽는데, 완벽해 보이는 그들의 삶을 부러워하지 않거나 그보다 못한 우리 자신의 수준에 우울해하지 않기란 어렵다. 잔피에로가 어느 날 내게 액자에 담긴 카툰을 가져왔는데, 지금은 내 사무실에 걸려 있는 그 카툰 아래 이런 설명이 달려 있었다. "당신의 속 모습을 다른 사람의 겉모습과 비교하지 말라." 출근하는 날마다 이 액자를 쳐다보면서도 나는 여전히 소위 파워 커플이라고 하는 사람들은 모든 것을 잘 정리하고 잘 관리할 거라고, 한마디로 모든 것을 다 가졌을 거라고 믿는 함정에 빠진다. 리와 메이의 이야기에서 알 수 있듯이, 표면을 긁어내보면 파워 커플들의 삶도 사실은 우리 보통 사람들의 삶과 크게 다를 바 없다는 사실이 드러난다. 리와 메이는 운이 좋게도 똑똑했고 아낌없이 지원해주는 가정에서 자랐다. 의지와 끈기도 엄청나게 강했다. 그리고 청년 시절이 끝나기도 전에 그들은 우리 대다수가 갖지 못한 물적 자원을 누렸다. 그럼에도 불구하고 두 사람 역시, 심리학적으로 말해서 우리 보통 사람들과 별다를 바 없는 어려움들에 직면했다.

공식적으로 '파워 커플'이라는 이름을 얻었던 사람들로서, 나는 메이와 리가 그 호칭에 어떻게 반응하는지 궁금했다. "사람들이 그렇게 부르면 나는 말도 안 되는 찬사를 받는 기분이 들어요." 메이가 말했다. "그러니까 우리도 다른 사람들처럼 좋은 날도 있고 안 좋은 날도 있는 정말 평범한 커플인데 다른 사람들이 그걸 잘 보지 못하는 거죠. 우리가 완벽할 거라고 기대하는 거예요. 나는 사람들에게 아니라고, 누구나 그렇듯이 우리도 큰 결점들이 있다는 걸 이해시키려고 무척 애를 써요."

리가 덧붙였다. "나는 우리가 객관적으로 큰 성공을 누려왔다는 걸 인정합니다. 그런 게 내게 정말 중요했던 시기도 있었고요. 아이러니하게도 그 시기는 우리가 개인적으로 실패를 경험하고 있을 때였어요. 줄리아는 아프고, 우린 비참하고, 관계는 파탄하기 직전이었을 때. 이제 우린 남들의 부러움을 사는 위치를 막 떠나려는 참이에요. 장담하는데, 3년 뒤에도 우리를 파워 커플이라고 부르는 사람은 아무도 없을 겁니다. 하지만 나는 이제야 정말로 내 개인적인 삶에서 성공을 거두고 있다는 기분이 들어요. 부부로서 멋진 시기를 보내고 있고, 줄리아도 잘 살고, 우리에겐 분명한 방향이 있으니까요."

힐케와 세르게이, 늦사랑의 결실을 맺다

각각 쉰두 살과 마흔아홉 살이었던 힐케와 세르게이는 이미 오래 전에 사랑을 찾는 것을 단념한 이들이었다. 힐케는 20대 중반부터 그녀의 모국에서 가장 명망 높은 방송사 기자였는데, 한 번도 누군가와 오래 사귄 적이 없었다. 오직 일에만 100퍼센트 전념한 채 그녀는 여러 전쟁 지역을 다니며 세계가 최근에 목격해온 가장 참혹한 분쟁들에 관해 보도할 뿐이었다. 그녀가 기자가 된 이유는 기자라는 직업이 자신의 소명이라고 생각하기 때문이었다. 이 소명감은 그녀가 경력 기간 내내 받아온 상대적으로 적은 급여조차 다소 수월하게 받아들일 수 있게 해주었다.

"나는 집도 없고, 차도 없고, 사람들이 성인으로서 보통 과시하곤 하는 것들이 아무것도 없어요. 큰 여행 가방 두 개에 내가 가진 모든 소유를 집어넣을 수 있죠. 한마디로 나는 노마드입니다." 계속해서 힐케는 어떻게 해서 이십대 후반부터 삼십대 초반까지 짧게 만난 인연들만 있을 뿐 같이 제1전환기를 이겨내고 상호의존적인 삶을 만들었던 상대가 전혀 없었는지 설명했다. "종군기자와 데이트를 하는 건 그렇게 재미있기만 한 일은 아닌데, 나는 내 일에 관해서는 절대로 타협할 마음이 없었어요. 그래서 결혼이니 뭐니 다 포기했죠. 어차피 아이를 갖고 싶었던 적은 한 번도 없었기 때문에 뭔가 중요한 걸 놓쳤다는 기분은 전혀 들지 않아요. 오랫동안 내 열정대로 원 없이 살았으니까, 나는 그걸로 족하죠."

세르게이는 어린 나이에 결혼했다. 결혼 후 처음 2년 동안은 그가 유엔 수자원부의 현장 요원으로 세계 곳곳을 다닐 때마다 아내가 동행했다. 세르게이는 개발도상국에서 저비용 물처리 시설을 설계하고 건설해주는 일을 하는 엔지니어였다. 힐케처럼 세르게이도 자기 일을 소명으로 여겼고, 높은 보수와 편안한 삶을 마다하고 세상을 더 나은 곳으로 만드는 데 일조하는 것이 좋았다. 아내가 첫 아이를 임신했을 때 그들은 아내가 러시아의 상트페테르부르크 외곽에 있는 고향으로 돌아가는 게 좋겠다고 결정했다. 두 사람은 작은 아파트를 샀다. 그리고 세르게이는 석 달마다 두세 주씩 집으로 돌아가 지냈고, 아내는 육아를 거의 도맡아 했다.

아이가 둘이 되고 10년의 시간이 지나는 동안 둘의 관계는 깨지기 직전 상태까지 한계에 다다라 있었다. 세르게이의 아내는 그에게 최후통첩을 보내, 집으로 돌아와 러시아에서 안정된 직장을 얻든지, 그렇지 않으면 자신은 이혼소송을 제기하고 아이들의 독점적 양육권을 청구하겠다고 통고했다. "너무 괴로웠지만, 현장에 있지 않으면 내가 죽고 말 거라는 걸 잘 알았어요. 내 심장은 저 세계로 나가서 문제를 해결하는 데 있지, 러시아에서 가정을 지키는 남자가 되는 데 있지 않았으니까요. 힘들었지만 이혼에 동의했습니다." 이혼한 아내와 아이들로부터 멀어진 채 세르게이는 힐케가 익히 잘 아는 노마드의 삶을 선택했다. 그리고 결혼이 실패로 끝이 난 뒤로는 새로운 인연을 만드는 것을 애써 피하면서 이후 15년 동안 거의 독신주의자처럼 살았다.

힐케와 세르게이는 르완다 키갈리에 있는 한 호텔 바에서 만났다. 힐케가 다시 그곳을 찾은 것은 르완다 학살 종식 20주기를 기념하는 기사 몇 편을 쓰기 위해서였는데, 젊었을 때도 오스트리아 종군기자로서 당시의 학살을 취재했다. 세르게이는 6개월 째 그 도시를 본부로 삼은 채 2시간 거리에 있는 외곽지역 물처리 시설 네트워크에서 일을 하는 중이었다.

"정말이에요, 나는 러시아 사람답게 아주 이성적인 인간이죠. 하지만 솔직히 말해서 당신이 그날 밤에 대해 묻는다면 나는 그 바에 큐피드가 우리와 같이 있었다고 대답할 거예요."

세르게이와 힐케는 마음이 통했고 사랑에 빠졌다. 3주가 채 되지 않아 두 사람은 오래 만나보기로 약속했다. "나는 온갖 논리적인 설명을 다 댈 수 있어요." 힐케가 말했다. "우린 둘 다 자연적인 전환기에 이르러 있었고, 인생의 다음 단계에 대해 고민하는 중이었죠. 타인에게 좀 더 마음을 여는 인생의 시점에 도달해 있기도 했고요. 하지만 진실은 이런 게 아니라, 우리가 사랑에 빠졌다는 거였죠. 난 내 영혼의 반려자를 찾았어요. 52년이나 걸렸지만 난 우리가 만날 운명이었다는 사실을 100퍼센트 확신해요."

이 새로 시작된 커플은 아테네를 둘의 본거지로 삼기로 했다. 그리스의 경제 위기 이후 그들은 도시 외곽 해안가에 있는 아파트 한 채를 겨우 살 수 있었고 그곳은 생활비도 저렴했다. 아테네는 또 유럽 중에서 두 사람이 주로 일하는 중동과 아프리카에 가장 가까운 도시이기도 했다. 그들은 새 집에 적어도 한 달에 한 번은 돌아왔고, 둘 다 이 예기치 않은 삶의 변화를 즐겼다.

힐케는 이후 3년 동안, 그녀의 표현을 빌리자면 "영혼이 열리는 경험"을 했다. 살면서 처음으로 그녀는 기사보다 더 관심이 가는 것을 찾았는데, 그것은 단순히 세르게이와의 사랑에 대한 관심이 아니었다. "바다 수영이 얼마나 좋은지 처음 알았어요. 매일 아침마다 우린 밥을 먹기 전에 수영을 해요. 심지어 겨울에도요. 아파트에서 나가서 곧장 바다로 가는 거죠. 설명하기가 어려운데, 말하자면 완전히 새로운 물속 세계에서 내 정신과 몸이 활짝 열리는, 그런 경험이에요. 그리고 시도 다시 쓰고 있어요. 대학 때 그만두고는 한 번도 안 썼는데." 이 새로운 열정과 되찾은 열정만이 아니라 힐케는 사랑이 일에도 영향을 미쳤다는 것을 알게 됐지만, 그녀가 예상했던 방식대로는 아니었다.

"그렇게 오랫동안 연애를 기피했던 이유는 연애가 내 일에 피해를 줄 거라고 믿었기 때문이었어요. 100퍼센트 집중하지 않으면 글도 못 쓰고 보도도 못 할 거라고 생각했으니까요. 세르게이를 만나고 나서는 오히려 정반대 일이 일어났어요. 일의 성과가 더 좋아진 거죠. 이 놀라운 남자와 사랑을 하는 것이 내 가슴을 열어줬고, 그래서 이전에는 가능하지 않았던 방식으로 전쟁 지역의 인간적 측면에 대해 보도할 수 있게 됐어요. 나는 전과는 다른 방식으로, 좀 더 진심 어린 방식으로 사람들과 연결될 수 있었고, 내 보도는 새로운 수준, 더 깊은 수준에 이르렀습니다. 당신이 이해할 수 있을지 모르겠지만요."

힐케와 세르게이는 서로의 일에 적극적으로 관심을 기울였고, 둘의 관계가 힐케의 일에 영향을 미친 것처럼 세르게이에게도 똑같은 상황이 벌어졌다. 세르게이는 자신의 일을 항상 소명으로 생각하기는 했지만 열정은 이미 시들어가고 있었다. 그러나 힐케를 만난 뒤부터 열정과 에너지가 되돌아왔음이 느껴졌다. "일은 나에게 더 중요하기도 하고 동시에 덜 중요하기도 했어요. 온갖 종류의 아이디어가 떠올랐고 새로운 시도들을 해보고 싶어졌죠. 하지만 그건 100퍼센트 예전의 내가 아니었어요. 뭐랄까, 지금의 나는 일에 더 열중하면서도 더 거리가 있어요. 힐케 덕분에 일을 더 잘하게 된 것 같아요." 힐케처럼 세르게이도 지난 25년 동안 매달려온 소명을 넘어서서 관심의 폭이 더욱 넓게 확장되는 것을 경험했고, 은퇴를 생각해도 처음으로 두려움이 밀려오지 않았다.

힐케와 세르게이가 시작한 사랑의 여정은 두 사람의 세 번째 전환기와 시기적으로 맞아 떨어졌다. 힐케가 잘 간파했듯이 그들은 삶의 다음 단계에서 어떤 사람으로 살 것인가의 질문에 이미 직면해 있었다. 그들은 지금까지 고집해온 생활 방식이 한없이 지속되지 않을 것임을 감지했지만, 그 방식을 멈출 때 열리게 될 텅 빈 정체성을 채울 방안은 달리 없었다. 차이가 있다면 이제 두 사람이 함께 질문에 봉착해 있다는 점이었다. 태생적으로 호기심이 많은 사람들인 데다, 이전 전환기들로부터 마무리되지 않은 문제들이 거의 남아 있지 않은 까닭에 이들의 투쟁은 극복 과정이라기보다는 힐케의 말마따나 "변모와 새로운 시작"에 가까웠다. 앞으로 마지막 남은 10년의 경력 기간을 내다보면서 두 사람은 자신들의 소명에 대해 새로운 열의를 발견했고 일이 끝났을 때는 별 후회 없이 새로운 장으로 넘어가리라는 강한 느낌을 받았다.

힐케와 세르게이의 사연이 독특하기는 하지만 내가 여기에 소개하는 이유는 이 이야기가 맞벌이 커플에 대한 보편적인 믿음에 이의를 제기하기 때문이다. 즉 맞벌이 커플이 바랄 수 있는 것은 기껏해야 서로의 커리어에 지장을 최소화하고 사랑이 식지 않게 유지해주는 괜찮은 타협안들을 성사시키는 정도가 전부라는 통념에 균열을 내고 있는 것이다. 힐케와 세르게이도 그렇지만 내가 수집한 이야기들의 많은 주인공들도 커플 관계를 통해 자신들이 진정한 자기가 되는 데 도움을 얻었음을 알게 되었다. 이들은 사랑에도 불구하고 일에서 성공한 게 아니라, 사랑 때문에 성공했다. 파트너를 배제하고 일만 해서 꿈을 이룬 게 아니라, 파트너와 함께 일해서 꿈을 이뤘다. 이들의 성공은 관계에 의해 한층 강화되었지, 관계를 대가로 내주고 얻은 게 아니었다.

힐케와 세르게이를 생각할 때마다 나는 레오 톨스토이의 문장이 떠오른다. "일하는 법을 알고 사랑하는 법을 아는 사람은, 사랑하는 사람을 위해 일할 줄 알고, 일을 사랑할 줄 아는 사람은 세상에서 멋진 삶을 살 수 있다." 성인이 된 이래로 거의 평생 동안 일과 사랑이 양립할 수 없다고 믿었던 힐케와 세르게이는 늦사랑을 통해 사는 법을, 사랑하는 법을, 멋지게 일하는 법을 발견했다.

사랑과 일의 기술

사랑에 관해 내가 제일 좋아하는 책은 정신분석학자 에리히 프롬 Eric Fromm이 쓴《사랑의 기술 The Art of Loving》[1]이다. 프롬은 제목에서 '사랑 love' 대신 '사랑하기 loving'라고 썼는데, 이는 사랑이 매일 학습되고 발전되고 훈련되는 기술임을 논증하기 위해서였다. 세상에 사랑은 없고 다만 사랑하기만이 있으며, 사랑하기에 능한 사람들은 이것을 연마할 수 있는 기술로, 즐기고 활용할 수 있는 기술로 여긴다. 프롬은 이 명작을 1950년대에 썼는데, 당시는 **맞벌이 커플**이라는 개념이 만들어지기도 전이었고 사랑과 일은 분리돼 있는 게 보통이었다. 남성들은 일을 담당하고 여성들은 사랑에 마음을 썼던 것이다. 오늘날, 대다수 남성과 여성 들은 두 가지 모두 잘 하려 노력한다. 우리는 더 이상 사랑과 일 둘 중에 하나를 정복하려 분투하지 않는다. 사랑과 일 둘 다 정복하려 노력한다. 우리는 우리 자신과 파트너가 모두 번영할 수 있는 방식으로 그 두 가지를 결합하려 애쓴다.

이 책을 연구하고 집필하는 과정에서 나는 사랑과 일을 결합하는 것이 그 자체로 기술이라는 사실을 배웠다. 그러나 여기에는 지름길이 없다. 커리어 꿀팁 같은 것도 없고, 사랑 잘하는 꿀팁도 분명 없다. 또한 이것만 알면 성공할 수 있다는 식의 몇 가지 핵심 비법도 없으며, 모두에게 성취를 약속하는 만능 처방전도 없다. 그런 처방전이 없다는 것이 일부 독자에게는 실망이 될지도 모르겠다. 특히 시급한 문제가 떠오를 때마다 깔끔하게 포장된 해법들을 배포하는, 소위 "생각의 리더들"이 각광받는 요즘 추세를 감안하면 말이다. 대신 내가 이 책에서 제시하고자 한 것은 사랑과 일을 둘 다 잘하기 위한 접근법을 안내해주는 것이었다.

지그문트 프로이트가 남긴 것으로 널리 알려진 한 인용구는 다음과 같다. "사랑과 일은 우리의 인간다움을 지탱해주는 주춧돌이다." 이 문장은 출판된 프로이트의 저서들 안에는 기록되어 있지 않다. 그가 쓴 문장 중에 제일 유사한 것은 이렇다. "따라서 인간의 공동생활에는 두 겹의 토대가 있었다. 그중 하나는 외적 필요에 의해 생긴 일에 대한 강박이었고, 또 하나는 사랑의 힘이었다."[2] 프로이트의 관점에는 선견지명이 있었다. 일하는 커플이 오늘날 직면한 딜레마가, 우리는 사랑과 일을 둘 다 잘하고 싶어 하지만 그중 하나, 즉 일은 외적 세계에 의해 과대평가 되고, 또 하나, 즉 사랑은 힘이 막강한데도 바로 그 외적 세계에 의해 종종 과소평가 되는 점이기 때문이다. 우리는 사랑을 잘한다고 누군가에게 마지막으로 찬사를 받아본 때가 언제이던가?

우리가 사랑과 일에 균등하게 가치를 부여하고 있지 않다는 사실은 쉽게 부정 당하곤 한다. "죽어가는 침상에서 일을 더 하지 못하게 된 것을 애석해하는 사람이 어디 있겠는가?" 우리는 항변한다. 물론 사랑이 더 중요하다. 우리가 이렇게 믿을지는 몰라도 실제로 이 믿음을 기반으로 행동하는 사람은 거의 없다. 그런가 하면, 일하고 결혼할 수는 없다고 우리는 생각한다. 하지만 그렇다고 일을 깎아내릴 이유도 없다. 사실, 일은 많은 이들에게 의미와 성취감을 안겨준다. 이것을 부인하는 것은 우리의 인간다움을 부인하는 것이다. 사랑과 일에 부여하는 가치 사이의 불균형은 또한 그 둘을 적대관계로 인식하게 한다. 하나를 잘하면 틀림없이 다른 하나는 어려움을 겪을 거라고 추론하게 되는 것이다. 우리의 논리는 사랑과 일을 제로섬 게임으로 바꿔버린다. 그러나 꼭 그런 식일 필요는 없다.

일하는 커플들은 맞벌이를 하느라 겪는 어려움을 기술의 문제로 접근한다. 어떻게 그렇게 할까? 첫째, 사랑과 일이 둘 다 우리 영혼에 중요하다는 것을 인정하고, 그 사실에 입각해서 행동해야 한다. 사랑과 일은 우리에게 각기 다른 기쁨을 가져다주고 각기 다른 요구를 하지만, 둘 다 우리 삶의 기본 요소이므로 우리는 각각의 요소에 균형 있게 가치를 부여해야 한다.

둘째, 우리는 매일 적극적으로 두 가지 모두에 투자하는 쪽을 선택해야 한다. 나는 일부러 '투자'라는 표현을 쓴다. 뭔가에 투자할 때 우리는 그것의 가치를 높이려는 목적으로 시간과 에너지를 바친다. 사랑에 투자하는 것은 가령, 파트너에게 전적인 주의를 기울이는 것, 껄끄러운 대화를 받아들이는 것, 서로 간에 친절한 것, 섹스를 활발히 즐기는 것, 파트너를 항상 염두에 두는 것 등이 포함된다. 이 투자는 탄탄하고, 충족감을 주고, 한없이 깊어지는 관계를 수익으로 올린다. 일에 대한 투자에는 업무에 최선을 다하려 노력하고 주위 동료들도 그렇게 할 수 있게 돕는 것, 남들의 기대보다는 스스로의 소명에 부합하는 직업 경로를 찾는 것, 끊임없이 새로운 것을 배우고 스스로를 계발하는 것 등이 있다. 이 투자는 즐겁고, 충족감을 주고, 의미 있는 커리어를 산출해낸다.

셋째, 사랑과 일을 실천해나가면서 더 잘하기 위해 전심을 다해야 한다. 더 낫게 사랑하고 더 낫게 일하는 법을 배우고 싶어 간절히 욕망해야 하는 것이다. 예술가들이 그렇듯이, 우리도 사랑과 일에 관한 모든 비밀을 풀었다며 스스로를 기만하는 일은 없어야 한다. 대신 우리는 항상 더 나아질 방법, 기술을 더 연마할 방법을 찾고 또 찾아야 한다. 마지막으로, 이 모든 것을 우리는 파트너와 함께 해나가야 한다. 사랑과 일의 기술은 혼자 익힐 수 있는 것이 아니기 때문에 본질상 이것은 함께 연마해나갈 수밖에 없다.

잔피에로와 나는 우리의 첫 합동 강연 제목을 도발적으로 "같이 하기(Doing It Together, Do It Yourself에 대비되는 개념. 약칭으로 DIT라 한다―옮긴이)"라고 지었다(그리고 이것이 몇 달 동안 이 책의 작업 제목이었다). 이 합동 강연은 인시아드 경영대학원 학생들이 우리에게 맞벌이 커플로서 살아온 삶에 대해 말해달라고, 그리고 그들의 경력에 도움이 될 수 있는 내 연구에 대해서도 소개해달라고 초대한 것이었다. 강연을 준비하는 동안 우리는 청중의 입장에서 바라보고 생각하기가 무척 쉬웠다. 우리 두 사람이 처음 만나 연애를 시작한 것이 바로 내가 경영대학원 과정을 막 마쳤을 때였기 때문이다. "취리히로 이사 가자." 두 번째 데이트 날 잔피에로가 제안했다. "거기서 6개월 동안 지내면서 우리 관계에만 집중하는 거야. 생각해봐, 요즘 네가 얘기 중인 자문회사들 중 한 곳에서 일을 하기로 결정이 된다면 어떤 프로젝트에 6개월을 투자하는 건 별 고민도 없이 결정하겠지. 지금은 일 대신 우리 자신에게 투자하자."

나는 좋다고 했다. 이 남자에게 푹 빠져서 사실 남극으로 가자고 했어도 좋다고 했을 것이다.

몇 주 후, 우리는 시칠리아의 바위 많은 해안에 앉아 12월의 바람에 에워싸여 있었다. 와인 한 병, 잔 두 개, 노트 하나, 펜 두 개를 앞에 두고서. 우리는 일터에서 수백 번도 더 했던 것을 이번에는 사랑을 위해 했다. 각자 우리 관계에서 바라는 점과 염려되는 점들을 적은 뒤에 공유했던 것이다. 길고 구불구불하게 이어진 대화 끝에 우리는 만일 위급한 상황이 온다면 사랑을 위해 일을 희생하자는 데 동의했다. 우리 역시, 제로섬 게임에 투자하고 있었던 듯하다.

2004년이 2005년으로 넘어갔을 때 우리는 취리히의 작은 아파트로 이사해 값싼 이케아 가구들을 들이고 비싼 와인 잔들을 갖췄다. 결국 이것은 18개월 동안의 신혼여행이 되었다. 우리는 같이 열심히 일하고 공부했다. 나는 박사 과정에 지원하고 잔피에로는 일자리를 구하러 다녔으며, 주로 우리는, 에리히 프롬의 문장을 빌리자면, 사랑에 참여했다.

이것은 이미 오래 전 일이다. 그동안 10년 넘게 우리는 직장에서 전일제로 일해왔고, 아이들을 길렀으며, 저 당시에는 감당할 수 있으리라고 상상도 못했던 만큼의 책무들을 짊어져왔다. 우리에게는 서로가 있고, 약간의 돈과 약간의 친구가 있으며, 그리고 원대한 꿈들이 많다. 지금도 이따금 나는 우리 커플이 20대 후반에 사랑을 투자 가치가 있는 프로젝트라고 믿고 우리 커리어를, 사실 내 커리어만이었지만, 옆으로 제쳐 두었던 일을 용감한 행동으로 회고하게 되는 것이 괴롭다. 그것은 그렇게 용기를 내야 되는 행동이어서는 안 된다. 아니 어쩌면, 항상 그렇게 용기가 필요한 행동이어야 할지도 모른다. 사랑이 세상의 어떤 책도 밝혀내지 못할 그 마법을 잃지 않게 하려면.

제3전환기

제3전환기의 특성

앞선 두 전환기를 거치며 형성된 중요한 역할들을 상실하고 나서 남은 텅 빈 정체성을 채운다.

도화선

일터에서는 최고참이 되고, 가정에서는 빈 둥지를 지키는 부모가 되며, 사회에서는 구세대로 여겨지는 등 역할들이 변화하는데, 이 변화에 따른 텅 빈 정체성이 제3전환기의 도화선이다. 텅 빈 정체성은 상실감을 수반하지만 동시에 기회의 예감도 제공한다.

핵심 질문

- 이제 우리는 누구인가?
- 커플은 역할 변화에 따른 상실을 애도해야 하고 그 변화에 수반되는 새로운 기회를 환영해야 하며, 그런 뒤에는 앞으로 살고 싶은 삶을 뒷받침하는 형태로 인생 경로를 조정해야 한다.

함정

• 앞선 두 전환기 때 마무리하지 못한 문제에 다시 휘말린다.

• 정신적으로 시야가 더 좁아지고 새롭게 떠오르는 기회들을 보지 못한다.

해결 방법

재창조에 성공하기 위해서는 먼저 새로 발견한 야심과 중요한 가치들을 고려할 때 우리가 앞으로 어떤 사람이 될 수도 있을 것인가의 질문을 놀이처럼 즐길 수 있어야 한다. 그런 뒤에 과거의 성취들을 기반으로 하고 미래의 가능성에 활짝 열린 방식으로 스스로를 재창조한다.

기술

취미 공유하기: 공동의 관심사나 목표를 두어 커플이 함께 번영할 공간을 마련한다(8장).

성찰

다시 탐험가 되기: 커플 사이에 잠재하는 공동의 부양 능력을 해방시키는 사고방식을 기르는 방법들(9장).

나가는 말

일하는 커플 연구에 대하여

2011년 여름, 잔피에로와 나는 프랑스에 있는 우리 집에서 짐을 꾸려 커다란 슈트케이스 네 개에 최대한 쑤셔 넣은 다음 (아직 어린) 두 아이를 품에 안고 보스턴행 비행기에 올랐다. 우리는 하버드 비즈니스 스쿨에서 1년 간 잔피에로는 방문 교수로, 나는 박사 후 과정 연구원으로 지내러 가는 길이었다. 유럽의 새로운 세계에 적응하면서부터 나는 미국 언론을 통해 접하는 사회적 담화들을 꼼꼼히 챙겨 보는 일에 완전히 중독되어 있었다. 이때는 셰릴 샌드버그Sheryl Sandberg의 기념비적인 테드 강연이자, 그녀의 저서 《린인Lean In》을 탄생시킨 강연, 〈왜 여성 리더는 소수인가?〉가 세상에 나온 직후였다. 샌드버그의 유명한 문구 중 하나, "여성에게 경력상 가장 중요한 결정은 누구와 결혼할 것인가이다"는 집단적 상상을 정확히 보여주었다. 나는 샌드버그의 감성에 딱히 반대할 수 없었다. 하지만 이성 간의 친밀한 관계가 사람들의 커리어 안에서 수행하는 역할은 언론에서는 뜨겁게 논쟁이 된 반면, 그 주제를 조명한 실증적 연구는 전혀 찾아볼 수 없었다.

몇 주 동안 나는 베이커 도서관(하버드 비즈니스 스쿨에 위치한 도서관—옮긴이)에 앉아 전자 데이터베이스를 샅샅이 뒤지며 일과 삶의 균형과 가사노동 분담에 관한 풍부한 연구들과, 여성들은 언제 그리고 왜 노동시장에서 이탈하는가에 관한 무궁무진한 자료들, 그리고 커플들은 언제 그리고 왜 서로의 커리어에 우선순위를 지정하는가에 관한 몇 안 되는 논문들을 찾았다. 이 자료들은 흥미롭기는 했지만 내 관심을 끄는 질문들에 답을 하는 것은 하나도 없었다. 바로 이런 질문들. 파트너는 정확히 언제, 그리고 어떻게 경력상 자산(더 나은 단어를 찾을 수가 없다)이 되고, 또 언제 짐이 되는가? 그저 이상형 남자나 여자를 고른 뒤에 그 뒤로 쭉 "적극적으로 달려들기lean in"만 하면 되는 문제였던가, 아니면 사랑과 일을 병행한다는 것은 더욱 복잡하고 상관적이고 끊임없이 노력을 계속해야 하는 그런 것이었을까? 두 사람의 커리어는 시간이 지나면서 어떻게 조화를 이룰 것인가? 내 개인적인 관심과, 그에 대해 내가 만난 많은 직업인들이 보여준 공명, 그리고 기존 연구의 부재가 결국 내가 수년에 걸친 맞벌이 커플에 관한 연구를 시작하는 계기가 되어주었다.

연구 표본

이 책의 기본 토대를 이루는 연구는 내가 영국 배스대학 조직행동학 교수 오틸리아 오보다루와 함께 작업했던 맞벌이 커플 연구 프로젝트의 중대한 확장이다. 그 연구에서 우리는 맞벌이 커플의 파트너들이 서로의 직업적 정체성 개발에 어떻게 영향을 미치며, 그렇게 형성된 정체성들 사이에서 서로의 관계를 어떻게 경험하고 해석하는가를 밝혀내고자 했다. 이 프로젝트를 진행하는 동안 나는 더 폭넓은 질문들, 즉 맞벌이 커플은 시간이 지남에 따라 어떻게 발달하는가, 어떤 어려움에 직면하는가, 커플 관계가 커리어에 미치는 영향과 그 반대의 영향은 무엇인가 등의 질문에 푹 빠져들게 되었다. 오틸리아와의 연구가 종료되었을 때 나는 더 다양하고 광범위한 커플들의 이야기를 수집하기 위해 이 프로젝트를 나만의 연구로 더 확장했다.

나는 크게 세 가지 경로로 이 연구를 위한 커플들을 모집했는데, 첫째, 내가 2012년부터 교수로 재직 중인 인시아드 경영대학원 총동문회, 두 번째, 내 인맥을 통한 개인적인 추천들, 마지막으로 내 연구에 대해 소문을 듣고 직접 연락해온 사람들이었다. 맞벌이 커플을 연구한 또 다른 학자인 조이 픽슬러Joy Pixley가 추천하듯이, 내가 맞벌이 커플을 정의한 방식은 먼저 지원자들에게 맞벌이로서 스스로를 어떻게 정의하는지 묻는 것이었다.[1] 그런 다음에는 이력서를 통해 그들에게 커리어가 있는지 확인했다. 달리 말해, "높은 수준의 헌신을 요구하고 지속적으로 성장하는 성격을 지닌" 일련의 직업들에 종사해왔는지 확인한 것이다.[2]

내 연구 표본은 무작위로 선택된 것이 아니었다. 질적 연구를 기반으로 하는 사회 과학자들이 "이론적 표본추출theoretical sampling"이라 부르는 원리를 기반으로 삼았다. 마찬가지로, 인터뷰 자료에 대한 분석은 이미 안정적으로 자리 잡힌 "고정비교방법constant comparison method"을 따랐다.[3] 이 접근법에 맞추어 나는 데이터 수집과 분석을 긴밀하게 연결시켰다. 연구가 진전됨에 따라 표본에 합류할 새로운 커플들을 지속적으로 추가 모집했고, 이 새로운 지원자들과 이미 인터뷰를 마친 커플들을 비교, 대조하여 두 집단 사이에 커리어 유형, 야심의 수준, 가족상황, 나이, 관계 연차 등에 차이가 있는지 확인했다. 그런 뒤에 차이들을 메워줄 새로운 커플들을 표본에 추가하고 데이터 수집을 계속 진행해나갔다.

나는 커플들 113쌍의 이야기를 수집했다. 표본에 속한 사람들은 26세에서 63세 사이에 분포했고, 평균 연령은 44세였다. 커플들의 주류인 총 76쌍이 처음으로 맺은 파트너 관계였으며, 나머지 37쌍은 두 번째 이상의 파트너 관계였다. 또한 이 사람들은 네 개 대륙의 32개 국가에서 왔으며, 이들의 민족적, 종교적 배경은 이 다양성을 반영했다. 연구가 진행되던 당시, 커플들의 대략 35퍼센트가 북아메리카에 거주했으며, 40퍼센트가 유럽을 터전으로 했고, 25퍼센트가 세계의 그 외 지역이었다. 68쌍의 커플이 최소한 파트너 중 한 명은 아이가 있었다. 커플 102쌍이 이성애자임을, 11쌍이 동성애자임을 밝혔다. 표본 추출을 성적 지향이나 젠더 지향으로 제한하지는 않았지만, 최종 표본에는 파트너 중 한 명이나 또는 두 명 모두 트랜스젠더라고 밝힌 커플은 포함되지 않았다. 이 표본 가운데 60퍼센트 미만의 사람들만이 기업계에서 커리어를 쌓았다. 나머지 40퍼센트는 의료계, 법조계, 학계 등과 같은 전문직 종사자와 사업가, 공무원, 비영리 분야에서 일하는 사람들이 대체로 고루 분포했다.

인터뷰 방법

　먼저 커플들을 한 명씩 따로 인터뷰했고, 대화 내용이 상대 파트너를 포함해 누구에게도 철저히 비밀에 붙여질 것임을 확실히 약속했다. 이 합의를 기반으로 사람들은 자유롭게 이야기할 수 있었고 나는 두 파트너의 이야기를 서로 비교해볼 수 있었다. 개별 인터뷰에 이어 일부 커플은 합동 인터뷰를 요청했는데, 그럴 때마다 기꺼이 요구에 응했다.

　나는 인터뷰를 자서전 기법에 근거를 두고, 사람들에게 커플이 처음 만난 때부터 상상 가능한 미래에 이르기까지 온 역사를 구술해줄 것을 요청했다.[4] 우리가 논의한 주제들은 커플과 커플의 발달 과정에서부터 각 파트너의 커리어와 성장, 커리어와 커플 사이의 상호작용, 커플의 가족과 친구관계 등 매우 다양했다. 두 번째 이상의 파트너 관계를 맺고 있는 사람들에게는 이전 관계에 관해서도 유사한 질문들을 물었다.

　인터뷰는 아무런 제한이 없었고 대개 이 질문으로 시작됐다. "파트너를 처음에 어떻게 만나게 됐는지 이야기해주세요." 인터뷰는 주로 두 시간이나 그 이상 진행됐고, 짧게는 한 시간, 길게는 네 시간까지 소요됐다. 많은 경우, 나는 인터뷰를 마친 뒤에도 인터뷰이의 이야기를 계속 추적하기 위해 이메일 교환을 통해 후속 작업을 이어갔다. 모든 인터뷰는 녹음되고 기록되었다.

나는 내가 추출한 맞벌이 커플들의 표본을 보충하기 위해 과학기술, 건강관리, 전문서비스 등 다양한 산업분야에 속한 서른두 개 조직의 인재전략 담당자들과도 인터뷰를 했다. 이 인터뷰들은 노동인구 가운데 맞벌이 커플의 수가 점점 늘어나고 있는 현실에 대해 회사들이 어떻게 생각하며 어떻게 적응하고 있는지 혹은 하지 못하고 있는지 이해하게 해주었다. 이 외에 나는 맞벌이 문제로 고민하는 인시아드의 내 최고경영자 과정 학생들, 유사한 현상들을 연구한 동료 연구자들, 인적자원 전문가들과도 더 짧고 격식 없는 인터뷰들을 많이 진행했다. 내 연구 결과를 검증하기 위해 나는 맞벌이 중인 사람들에게 프레젠테이션과 워크숍을 여러 차례 실시했는데, 그럴 때마다 더 많은 이야기와 관점 들을 끌어모았다. 이 모든 보충 작업들은 내 사고는 물론이고 내가 개발해서 이 책에 제시한 모델들을 더욱 정교하게 다듬는 데도 도움이 되었다.

인터뷰 분석

이 연구에서 내 목적은 이론을 세우는 것이었지, 이론을 시험하는 것이 아니었다. 나는 데이터로부터 주제와 유형 들이 도출되는 귀납적 근거이론 발달 과정을 따랐다.[5] 위에서 설명했듯이, 나는 데이터를 수집하고 그와 동시에 인터뷰를 분석했다. 주제들이 초기 데이터 분석으로부터 도출되어 나오면 나는 인터뷰 규칙을 미묘하게 조정하여 이후 인터뷰에 적용했다.

나는 각각의 커플을 내 연구에서 도출된 유형과 개념적 통찰 들을 증명하거나 또는 부정할 수 있는 별개의 사례로 다뤘다. 한 커플에 대한 분석을 시작할 때는 항상 제일 먼저 각 파트너의 인터뷰 기록을 따로따로 검토했으며, 그 안에서 참가자들 일반 사이의 유사성을 드러내는 주제와 범주 들을 선별하고, 좀 더 구체적으로 비슷한 커리어와 인생 단계에 속한 참가자들 사이의 유사성을 드러내는 주제와 범주 들도 찾아냈다. 그런 뒤에는 커플을 양자적 수준에서 분석하기 위해 두 파트너의 인터뷰 기록을 나란히 놓고 검토했다. 이것은 두 파트너가 특정 사건이나 전환점을 설명한 방식 사이의 (불)일치를 찾는 작업이기도 했다.

대략 서른 쌍의 커플들을 인터뷰하고 그 기록을 분석하고 나자 세 전환기의 범주들이 윤곽을 드러내기 시작했다. 이렇듯 윤곽이 잡혀갈 때 나는 앞에서 언급한 이론적 표본추출 방식을 이용해 각 전환기에 속한 커플들의 숫자나 전환기들 사이에 놓인 커플들의 숫자가 모자라는 일이 없도록 주의 깊게 배치했는데, 이는 의미 있는 비교를 가능하게 하고 내 이론화 작업을 더욱 심화시키기 위해서였다.

이 단계에 이르러 나는 내 데이터와 서서히 드러나는 이론, 그리고 정체성·성인 발달·관계·애착·조직행동에 관한 적절한 문헌들 사이를 끊임없이 왔다 갔다 하는 반복 과정을 이용했다. 이 반복 과정을 통해 나는 내 분석을 심화하고, 이론적 모델을 정교하게 다듬었으며, 표본에 추가할 새로운 커플들을 선택했다. 그 결과, 다시 말해

5년 동안 데이터를 수집하고, 분석하고, 이론을 세우고, 집필한 결과가 바로 이 책이다. 독자 여러분이 이 책을 재미있게 읽었기를 바라며, 아울러 이 책이 여러분과 여러분의 파트너가 같이 일을 해나가는 데 도움이 되기를 바란다!

감사의 말

나를 삶 안으로 기꺼이 받아들여주고 내게 인생 이야기를 들려준 커플들이 없었다면 이 책은 세상에 나오지 못했을 것이다. 그들의 이야기 중 겨우 일부만 이 책에 실렸지만 나는 인터뷰했던 모든 커플에게서 대단히 많은 것을 배웠고 그들이 내게 가르쳐준 모든 것에 대해 매우 감사하다. 익명을 유지해야 하는 이유로 그들의 이름을 따로 거론할 수는 없지만 그들 자신은 스스로가 누구인지 잘 안다.

잔피에로는 이 프로젝트를 시작할 수 있게 내게 용기를 주었고 한결같이 나를 지지해주었으며 이야기를 잘 들어주고 늘 영감의 원천이 되었다. 또 일이 잘 되지 않을 때는 나를 격려했고 술술 풀려갈 때는 함께 기뻐했으며, 밤늦도록 이 책의 원고들을 읽고 논평해준 날도 많았다. 내 인생에 잔피에로가 있고 내가 그의 인생 안에 있다는 것, 그리고 그이와 우리 아이들과 인생을 함께할 수 있다는 것이 내게는 크나큰 행운이다. 좋은 의미에서 내가 오늘의 내가 될 수 있었던 것은 잔피에로 덕분이다. 이 책은 내가 이제껏 쓴 가장 긴 연애편

지일지도 모르겠다. 마지막은 아니겠지만.

고맙게도 많은 동료들이 내 생각에 귀를 기울이고 반론도 제기해 주었으며 이 작업을 진행하는 내내 나를 응원했다. 일하는 커플 연구를 처음에 같이했던 오틸리아 오보다루는 이 프로젝트의 기초를 세우는 데 도움을 주었다. 나는 이 책을 쓰는 동안 그녀가 내 동료이자 친구가 되어준 것이 너무나 감사하다. 에린 레이드와 락슈미 라마라잔은 내가 이 책을 계속 써나가고 나 자신의 경로를 걸을 수 있게 독려해준 점에서 특히 힘이 많이 되었다. 인시아드 조직행동학과의 여러 동료들도 도움이 되었고 학교 또한 늘 내 작업이 성장할 수 있는 비옥한 토양이 되었다. 특별히 노아 아스킨, 데렉 데시, 데클란 피츠시몬, 스펜서 해리슨, 수진 장, 조 키니아스, 에린 메이어, 메트 스투어에게 감사드린다. 스벤자 웨버와 하이디 아스킨은 일부 초기 원고들에 대해 더 없이 소중한 피드백을 해주었다. 또한 언제나 훌륭한 멘토가 되어주고 롤 모델이자 든든한 지원자이면서 친구가 되어준 허미니아 아이바라에게 특히 신세를 많이 졌다. 우리가 만난 지는 10년도 넘었는데, 나는 그녀가 내게 가르쳐줄 수 있는 그 모든 것을 이제 겨우 배우기 시작하는 기분이다.

《하버드 비즈니스 리뷰》의 편집자 사라 그린 카마이클은 내가 이 첫 책을 쓰고 출판하는 과정 내내 열정과 통찰력으로 나를 이끌었다. 그녀는 이 작업을, 심지어 내가 시작도 하기 전부터 굳건하게 지지해 주었고, 또한 삶을 변화시키는 아름다운 글쓰기에 대한 그녀의 애정은 늘 영감이 넘치고 전염성이 강했다. 펭귄출판사의 편집자 리디아야디도 내 최종 원고를 정교하게 마무리하고 출판 과정을 잘 헤쳐 나가는 데 크게 기여했다. 내 멋진 친구이자 동료인 크리스 스테폰슨 드레이크는 내 연구 조교로 일하면서 참고문헌들을 꼼꼼하게 점검하는 데서부터 원고를 비평하는 일까지 두루 맡았고 무엇보다 이 작업이 전반적으로 잘 진행되도록 관리해주었다. 좋은 친구이자 동료 작가인 애나 로버츠는 내가 몇 해에 걸쳐 글을 쓰는 동안 덜 외롭고도 더욱 명료한 정신을 유지하게 해주었다. 데비 데거는 이 책을 쓰면서 나 자신이 누구인지 발견하고 주장하고 회복해갔던 전 과정 속에서 나를 잘 안내해주었다. 그녀의 통찰과 자극, 그리고 애정은 내가 나의 그림자를 계속 마주할 수 있게 했고 그녀와의 공동 작업은 내 창의적인 작업과 이 원고를 비롯해 모든 부분에 깊은 영향을 미쳤다.

친구와 가족 들은 내게 사랑과 지지를 아낌없이 주었다. 형제인 댄과 그의 아내 리즈, 그리고 내가 세상에서 처음으로 알게 된 맞벌이 커플인 우리 부모님은 관계와 일에 관한 일생의 호기심을 내게 불어넣었고, 나아가 이 호기심을 발현하는 한 방식이자 삶을 살아가는 한 방식으로서 학계에 몸담을 것을 은근히 권해주었는데, 이분들께 각별한 고마움을 전한다. 사랑하는 나의 오랜 친구들인 앨리슨과 폴은 같이 나이 들어가는 동안 늘 변함없이 경이와 감사의 원천이 되었고, 같이 이야기 나눌 가치가 있는 삶과 사랑을 위해 항상 노력을 멈추지 않는다.

주

1장

1   Pew Research Center, *Raising Kids and Running a Household: How Working Parents Share the Load*," Social and Demographic Trends, 2015, http://www. pewsocialtrends.org/2015/11/04/raising-kids-and-running-a-household-how-working-parents-share-the-load/; Office for National Statistics, *Families and the Labour Market, England: 2017*, https://www.ons.gov.uk/ employmentandlabourmarket/peopleinwork/employmentandemployee-types/ articles/familiesandthelabourmarketengland/2017#employment-rate-for-mothers-increased-by-118-percentage-points-over-the-past-2-decades; and G. Cory and A. Stirling, *Who's Breadwinning in Europe? A Comparative Anal-ysis of Maternal Breadwinning in Great Britain and Germany* (London: Institute for Public Policy Research, 2015), https://www.ippr.org/files/publications/pdf/whos-breadwinning-in-europe-oct2015.pdf.

2   A. Shimazu, K. Shimada, and I. Watai, "Work-Family Balance and Well-Being among Japanese Dual-Earner Couples: A Spillover-Crossover Perspective," in *Contemporary Occupational Health Psycholog y: Global Perspectives on Research and Practice*, vol. 3, ed. L. Stavroula and R. R. Sinclair (New York: Wiley, 2014), 84-96.

3   S. Meers and J. Strober, *Getting to 50/50: How Working Parents Can Have It All* (Jersey City, NJ: Viva Editions, 2013).

4   P. Amato and F. Rivera, "Paternal Involvement and Children's Behavior Problems," *Journal of Marriage and Family* 61, no. 2 (1999): 375-384; and E. Cooksey and M. Fondell, "Spending Time with His Kids: Effects of Family Structure on Fathers' and Children's Lives," *Journal of Marriage and Family* 58, no.

3 (1996): 693-707.

5 N. Chethik, *VoiceMale: What Husbands Really Think about Their Mar-riages, Their Wives, Sex, Housework, and Commitment* (New York: Simon & Schuster, 2006).

6 L. Price Cooke, "'Doing' Gender in Context: Household Bargaining and Risk of Divorce in Germany and the United States," *American Journal of Sociology* 112, no. 2 (2006): 447-472.

7 US Department of Labor, Bureau of Labor Statistics, *Number of Jobs, Labor Market Experience, and Earnings Growth Among Americans at 50: Results from a Longitudinal Study*, news release, 2017, https://www.bls.gov/news.release/pdf/nlsoy.pdf; J. Meister, "The Future of Work: Job Hopping Is the 'New Normal' for Millennials," *Forbes*, August 14, 2012, https://www.forbes.com/sites/jeannemeister/2012/08/14/the-future-of-work-job-hopping-is-the-new-normal-for-millennials/#4fc9009713b8; and A. Doyle, *Bureau of Labor Statistics (BLS): There's No Better Place Than the BLS to Explore Job and Career Information*, https://www.thebalance.com/how-often-do-people-change-jobs-2060467.

8 A. Gini, *My Job, My Self: Work and the Creation of the Modern Individual* (New York: Routledge, 2000).

9 E. Erikson, *Childhood and Society* (New York: W. W. Norton & Co, 1950).

10 D. Levinson, *The Seasons of a Man's Life* (New York: Ballantine Books, 1978); D. Levinson, *The Seasons of a Woman's Life* (New York: Ballantine Books, 1997); and R. Kegan, *The Evolving Self: Problem and Process in Human Development* (Cambridge, MA: Harvard University Press, 1982).

11 J. E. Pixley, "Career Prioritizing in Dual-Earner Couples," in *Women, Feminism, and Femininity in the 21st Century: American and French Perspec-tives*, ed. B. Mousli and E. A. Roustang-Stoller (New York: Palgrave Macmillan, 2009), 79-105.

12 S. Stossel, *My Age of Anxiety: Fear, Hope, Dread, and the Search for Peace of Mind* (New York: Knopf, 2014).

2장

1 R. M. Kreider and R. Ellis, "Number, Timing, and Duration of Marriages and Divorces: 2009," Household Economic Studies, US Census Bureau, Current

Population Reports, 2011, https://www.census.gov/prod/2011pubs/p70-125. pdf; and D. Rotz, "Why Have Divorce Rates Fallen? The Role of Women's Age at Marriage," *Journal of Human Resources* 51, no. 4 (Fall 2016): 961-1002.

2   R. Kegan and L. Lahey, *Immunity to Change: How to Overcome It and Unlock the Potential in Yourself and Your Organization* (Boston: Harvard Business Press, 2009).

3   S. Iyengar, *The Art of Choosing* (Boston: Little, Brown, 2010).

4   D. W. Winnicott, *The Collected Works of D. W. Winnicott*, ed. L. Caldwell and H. Taylor Robinson (Oxford: Oxford University Press, 2017); and J. Bowlby, *A Secure Base: Clinical Applications of Attachment Theory* (Abington, UK: Routledge, 1988).

5   J. Gottman, *The Seven Principles for Making Marriage Work: A Practical Guide from the Country's Foremost Relationship Expert* (New York: Harmony Books, 2000).

6   Gottman, *The Seven Principles*.

7   T. N. Radbury and F. D. Fincham, "Attributions in Marriage: Review and Critique," *Psychological Bulletin* 107, no. 1 (1990): 3-33.

8   J. H. Fowler and N. A. Christakis, "Cooperative Behavior Cascades in Human Social Networks," *Proceedings of the National Academy of Sciences of the United States of America* 107, no. 12 (2010): 5334-5338.

9   J. M. Gottman, *Why Marriages Succeed or Fail: And How You Can Make Yours Last* (New York: Simon & Schuster, 1994).

3장

1   K. Weisshaar, "From Opt Out to Blocked Out: The Challenges for Labor Market Re-entry After Family-Related Employment Lapses," *American Sociological Review* 83, no. 1 (2018): 34-60; S. A. Hewlett, L. Sherbin, and D. Forster, "Off-Ramps and On-Ramps Revisited," *Harvard Business Review*, June 2010; S. A. Hewlett et al., *Off-Ramps and On-Ramps Revis-ited* (New York: Center for Work-Life Policy, 2010).

2   P. Stone and M. Lovejoy, "Fast-Track Women and the 'Choice' to Stay Home," *Annals of the American Academy of Political and Social Science* 66 (2004): 75-79; Hewlett, Sherbin, and Forster, "Off-Ramps and On-Ramps Revisited"; Hewlett et al., *Off-Ramps and On-Ramps Revisited*.

3   P. Stone, *Opting Out? Why Women Really Quit Careers and Head Home* (Berkeley and

Los Angeles: University of California Press, 2007).

4 S. A. Hewlett and C. L. Buck, "Off-Ramps and On-Ramps: Keeping Talented Women on the Road to Success," *Harvard Business Review*, March 2005.

5 A. Crittenden, *The Price of Motherhood: Why the Most Important Job in the World Is Still the Least Valued* (New York: Metropolitan Books, 2001).

6 D. Kahneman, *Thinking, Fast and Slow* (New York: Macmillan, 2011).

7 Weisshaar, "From Opt Out to Blocked Out."

8 K. Weisshaar, "Stay-at-Home Moms Are Half as Likely to Get a Job Interview as Moms Who Got Laid Off," hbr.org, February 22, 2018, https://hbr.org/2018/02/stay-at-home-moms-are-half-as-likely-to-get-a-job-interview-as-moms-who-got-laid-off.

9 P. Stone, *Opting Out?*

10 Hewlett and Buck, "Off-Ramps and On-Ramps."

11 J. Brines, "Economic Dependency, Gender, and the Division of Labor at Home," *American Journal of Sociology* 100, no. 3 (1994): 652-688.

12 S. Meers and J. Strober, *Getting to 50/50: How Working Parents Can Have It All* (Jersey City, NJ: Viva Editions, 2013); and S. Sandberg, *Lean In: Women, Work and the Will to Lead* (London: W.H. Allen, 2013).

13 Pew Research Center, *Raising Kids and Running a Household: How Working Parents Share the Load*," Social and Demographic Trends, 2015, http://www.pewsocialtrends.org/2015/11/04/raising-kids-and-running-a-household-how-working-parents-share-the-load/.

14 Office for National Statistics, *Women Shoulder the Responsibility of "Unpaid Work,"* Employment and Labour Market Report, United Kingdom, 2016, https://www.ons.gov.uk/employmentandlabourmarket/peopleinwork/earningsandworkinghours/articles/womenshouldertheresponsibilityofun-paidwork/2016-11-10.

15 T. Dufu, *Drop the Ball: Achieving More by Doing Less* (New York: Flatiron Books, 2017).

4장

1 I. Padavic, R. Ely, and E. Reid, "Explaining the Persistence of Gender Inequality:

The Work-Family Narrative as a Social Defense against the 24/7 Work Culture," *Administrative Science Quarterly* (forthcoming).

2   S. Iyengar, *The Art of Choosing* (Boston: Little, Brown, 2010).

3   G. Ramey and V. A. Ramey, *The Rug Rat Race* (Cambridge, MA: National Bureau of Economic Research, 2009).

4   The NICHD Early Child Care Research Network, ed., *Child Care and Child Development: Results from the NICHD Study of Early Child Care and Youth Development* (New York: Guilford, 2005).

5   J. Bowlby, *A Secure Base: Clinical Applications of Attachment Theory* (Abington, UK: Routledge, 1988).

5장

1   C. G. Jung, *The Collected Works*, vol. 6, *Psychological Types* (London: Routledge and Kegan Paul, 1971).

2   A. Van Gennep, *Les rites de passage* (1909; Paris: Émile Nourry, 1964); V. Turner, "Betwixt and Between: The Liminal Period in Rites of Passage," *Proceedings of the American Ethnological Society*, Symposium on New Approaches to the Study of Religion (1967): 4-20.

3   H. Ibarra and O. Obodaru, "Betwixt and Between Identities: Liminal Experience in Contemporary Careers," *Research in Organizational Behavior* 35 (2016): 47-64.

4   W. Bridges, *Transitions: Making Sense of Life's Changes*, 2nd ed. (Cambridge, MA: Da Capo, 2004), 142.

5   H. Ibarra, *Working Identity: Unconventional Strategies for Reinventing Your Career* (Boston: Harvard Business Press, 2004).

6   US Census Bureau, "Number of Divorced Individuals in the United States in 2016, by Age and Sex," *Statistics Portal*, https://www.statista.com/statistics/687930/number-of-divorced-individuals-by-age-and-sex-us/; United Kingdom Office for National Statistics, "Divorces in England and Wales," 2017, https://www.ons.gov.uk/peoplepopulationandcommunity/birthsdeath-sandmarriages/divorce/bulletins/divorcesinenglandandwales/2016; OECD Family Database, "Family Dissolution and Children," 2015, https://www.oecd.org/els/family/SF_3_2_

Family_dissolution_children.pdf.

7   C. Dweck, *Mindset: Changing the Way You Think to Fulfil Your Potential* (London: Hachette UK, 2017).

8   C. R. Knee, "Implicit Theories of Relationships: Assessment and Prediction of Romantic Relationship Initiation, Coping, and Longevity," *Journal of Personality and Social Psychology* 74 (1998): 360–370.

9   E. J. Finkel, J. L. Burnette, and L. E. Scissors, "Vengefully Ever After: Destiny Beliefs, State Attachment Anxiety, and Forgiveness," *Journal of Personality and Social Psychology* 92, no. 5 (2007): 871–886.

6장

1   J. L. Petriglieri and O. Obodaru, "Secure-Base Relationships as Drivers of Professional Identity Development in Dual-Career Couples," *Administrative Science Quarterly* (2018), https://doi.org/10.1177%2F0001839218783174.

2   J. Bowlby, *A Secure Base: Clinical Applications of Attachment Theory* (London: Routledge, 1988), 62.

3   J. Bowlby, *Attachment and Loss*, vol. 1, *Attachment* (1969; repr. London: Hogarth Press/ Institute of Psychoanalysis, 1982).

4   E. J. Finkel, *The All-or-Nothing Marriage: How the Best Marriages Work* (New York: Penguin, 2017).

7장

1   E. Galinksy, *Ask the Children: What America's Children Really Think about Working Parents* (Darby, PA: Diane Publishing Company, 1999).

2   R. Clayton, "Can You Afford to Change Your Career?" *Harvard Business Review* digital article, 2018, https://hbr.org/2018/08/can-you-afford-to-change-your-career.

3   R. M. Rilke, *Letters to a Young Poet*, trans. M. D. Herter Norton (New York: Vintage Books, 1929), 34.

8장

1 L. Gratton and A. Scott, *The 100-Year Life: Living and Working in an Age of Longevity* (London and New York: Bloomsbury Business, 2017).

2 J. Oeppen and J. Vaupel, "Broken Limits to Life Expectancy," *Science* 295 (2002): 1029-1031; Gratton and Scott, *The 100-Year Life*.

3 OECD Family Database, "Age of Mothers at Childbirth and Age-Specific Fertility," 2018, OECD Social Policy Division, Directorate of Employment, Labour and Social Affairs, https://www.oecd.org/els/soc/SF_2_3_Age_mothers_childbirth.pdf; and Y. S. Khandwala et al., "The Age of Fathers in the USA Is Rising: An Analysis of 168,867,480 Births from 1972 to 2015," *Human Reproduction* 32, no. 10 (2017): 2110-2116.

4 B. Schwartz et al., "Maximizing Versus Satisficing: Happiness Is a Matter of Choice," *Journal of Personality and Social Psychology* 83, no. 5 (2002): 1178-1197; S. S. Iyengar, R. E. Wells, and B. Schwartz," Doing Better but Feeling Worse," *Psychological Science* 17, no. 2 (2006): 143-150; and A. Roets, B. Schwartz, and Y. Guan, "The Tyranny of Choice: A Cross-Cultural Investigation of Maximizing-Satisficing Effects on Well-Being," *Judgment and Decision Making* 7, no. 6 (2012): 689-704.

5 D. W. Winnicott, *Playing and Reality* (London: Tavistock Publications, 1971).

6 G. Sheehy, *Passages: Predictable Crises of Adult Life* (New York: E.P. Dutton, 1974).

7 E. Finkle, *The All-or-Nothing Marriage: How the Best Marriages Work* (New York: Dutton, 2017).

8 S. M. Drigotas et al., "Close Partner as Sculptor of the Ideal Self: Behavioral Affirmation and the Michelangelo Phenomenon," *Journal of Personality and Social Psychology* 77 (1999): 293-323.

9 A. H. Maslow, "A Theory of Human Motivation," *Psychological Review* 50, no. 4 (1943): 370-396.

10 Renee Stepler, "Led by Baby Boomers, Divorce Rates Climb for America's 50+ Population," Pew Research Center, March 9, 2017, http://www.pewresearch.org/fact-tank/2017/03/09/led-by-baby-boomers-divorce-rates-climb-for-americas-50-population/.

11 D. Bair, *Calling It Quits: Late-Life Divorce and Starting Over* (New York: Random

House, 2007).

12　M. J. Rosenfeld, "Who Wants the Breakup? Gender and Breakup in Heterosexual Couples," in *Social Networks and the Life Course*, ed. D. Alwin, D. Felmlee, and D. Kreager (New York: Springer, 2018), 221–243.

13　A. Wittenberg–Cox, *Late Love: Mating in Maturity* (Carlsbad, CA: Motivational Press, 2018).

9장

1　H. Ibarra and J. L. Petriglieri, "Identity Work and Play," *Journal of Organizational Change Management* 23, no. 1 (2010): 10–25.

10장

1　E. Fromm, *The Art of Loving* (New York: Harper & Row, 1956).

2　S. Freud, *Civilization and its Discontents* (1930; repr. New York: W.W. Norton and Company, 1962), 48.

나가는 말

1　J. E. Pixley, "Differentiating Careers from Jobs in the Search for Dual–Career Couples," *Sociological Perspectives* 52 (2009): 363–384.

2　R. Rapoport and R. N. Rapoport, *Dual-Career Families Re-examined: New Integrations of Work and Family* (London: M. Robertson, 1976).

3　B. G. Glaser and A. Strauss, *The Discovery of Grounded Theory: Strategies for Qualitative Research* (Chicago: Aldine de Gruyter, 1967).

4　R. Atkinson, *The Life Story Interview* (Thousand Oaks, CA: Sage, 1998)

5　A. Strauss and J. M. Corbin, "Grounded Theory Research: Procedures, Canons, and Evaluative Criteria," *Qualitative Sociology* 63 (1990): 284–297.

옮긴이

곽성혜

잡지사 기자와 대안학교 글쓰기 교사로 일했다. 서강대학교 영어영문학대학원에서 수학하다가 현재는 전문 번역가로 활동하고 있다. 옮긴 책으로 《불안과 잘 지내는 법》, 《감정을 선택하라》, 《사장 일기》, 《동물은 전쟁에 어떻게 사용되나?》, 《요점만 말하는 책》, 《아들과 나눠야 할 인생의 대화》 등이 있다.